入りやすい 選びやすい 買いやすい
売場づくりの法則

Reiko Sato
佐藤玲子

同文舘出版

はじめに

「ミセヂカラ®」とは、
• 見せ＝商品・サービスの正確な情報を見せるチカラ
• 魅せ＝商品・サービスの魅力を伝えるチカラ
• 店　＝店自体・スタッフ個々の持つチカラ
お客様の来店の決め手となる、３つのチカラを掛け合わせたもの。リアル店舗を応援し続けるオフィスアールエスが商標登録した造語です。

こんにちは、オフィスアールエスの佐藤玲子です。
昨今は、ネットショップの隆盛や地方百貨店の閉店ニュースなどが続き、リアル店舗の価値が問われています。今こそ、お店のみなさんがすぐに使えて役に立つ、店づくりのヒントになる話がしたいと思い、本書を書きました。

リアル店舗には、リアルならではの見せ方があります。お客様は、小売店では「実際に手に取って買いたい」「会話を通して、納得して買いたい」飲食店やサロンであれば「お店の雰囲気も味わいたい」と思っています。
これは根源的な欲求なので、リアル店舗がある限りなくならない、お客様の気持ちです。新規のお客様の「ちょっと入ってみようかな」という気分を揺り動かしたり、既存のお客様に「また、あの店に行こう」と思い起こしてもらうには、ミセヂカラ®が重要です。

あなたのお店のミセヂカラ®は、お客様に十分に伝わっているでしょうか。

このような話をすると、少なからず「いやいや、センスがないから」というお返事をいただきます。では、その「センス」とはどんなものでしょう。広辞苑では、

センス【sense】

①物事の微妙な感じをさとる働き・能力。感覚。

②思慮。分別。

と、書かれています。

能力や感覚は「知識」と「経験」の積み重ねで身につきます。

あなたのまわりの、オシャレで服のセンスのいい人を思い出してみてください。きっと、その人は、子どもの頃から服に興味があって、テレビでも雑誌でも街を歩いていても、いつでもファッションに注目していて、自分でも試して、知識と経験を積み上げてきたはずです。同じように、誰でもいつでも、センスは身につきます。

本書では、リアル店舗のミセヂカラ®の土台になる、「知識」を集めてお話しています。

もし、あなたが店舗スタッフの新人さんなら、ミセヂカラ®をつける筋肉をそなえるテキストとして読んでください。

もし、中堅スタッフ以上、あるいは店主さんの立場の方なら、「自分の店ではどうだろうか」と、あてはめながら読んでください。

これまでのあなたの経験と掛け合わせ、自分なりの工夫で、「それなら、店のあそこを変えてみよう」「これは、店のあの部分に使える」といったように読み進めていくことで「経験」がさらに積み上がり、ミセヂカラ®の筋力もアップします。

店づくりのセンスは「知識」×「経験」から。

どうぞ、気になる部分から読み進めてみてください。そしてピンときたことがありましたら、すぐにあなたのお店でも試してみてくださいね。

CONTENTS

目次

1章 なぜ、視覚が重要か

2章 お客様に伝わる看板の見せ方

3章 「入りやすい」と感じる入口まわりの見せ方

4章 「選びやすい」商品分類の見せ方

5章 スムーズに回遊できるレイアウト

6章 「選びやすい」陳列の見せ方

7章 「来てよかった」と感じてもらう見せ方

8章 価値を伝えるPOPの見せ方

9章 お店を記憶してもらう見せ方

装丁／齋藤　稔
本文DTP／マーリンクレイン

1章 なぜ、視覚が重要か

01 情報の9割は視覚から

私たちがまわりの様子を知るとき、視覚・聴覚・嗅覚・味覚・触覚の五感を使います。なかでも、「百聞は一見にしかず」という諺《ことわざ》があるように、物事を判断するには、視覚が一番効果的に働いています。

人の脳が、五感から受け取る信号のうち、90・9％が視覚からの信号であると言われています（デンマークの科学ジャーナリスト、トール・ノーレットランダーシュ著『ユーザーイリュージョン―意識という幻想』より）。

多くの本やインターネット検索でも、「視覚8割〜9割説」が取り上げられていて、「見た目が9割」と言われるのも、もっともなことと思います。

朝目覚めてから夜寝るまで、目で見た情報がどれほど脳へと送り込まれていることでしょう。視覚の重要さが身に沁みます。

たとえば、あなたがスーパーで1個98円のトマトを買う場面を思い浮かべてみてください。まず、並んだ姿かたちを見比べますよね。それから、大きさの微妙な違い、色目や肌ツヤや熟し具合を見てから、カゴに入れるのではないでしょうか？　トマトだけではありません。「買うか、買わないか」を決める場面では、ほとんど視覚からの情報で判断しているのです。

お店では、何をどのように見せるのかによって、お客様の受け取り方が変わります。「売れるか売れないか」は、見せ方で左右されるのです。

あなたのお店はどんな看板にしたら、通りがかりの人にお店の情報が伝わるのでしょうか。どんな外観にしたら、入りやすく見えるでしょうか。商品やPOPは、どんな見せ方にしたら魅力がより伝わり、より選びやすくなるでしょうか。

お店も「見た目が9割」です。お客様からの見え方を意識するようにしましょう。

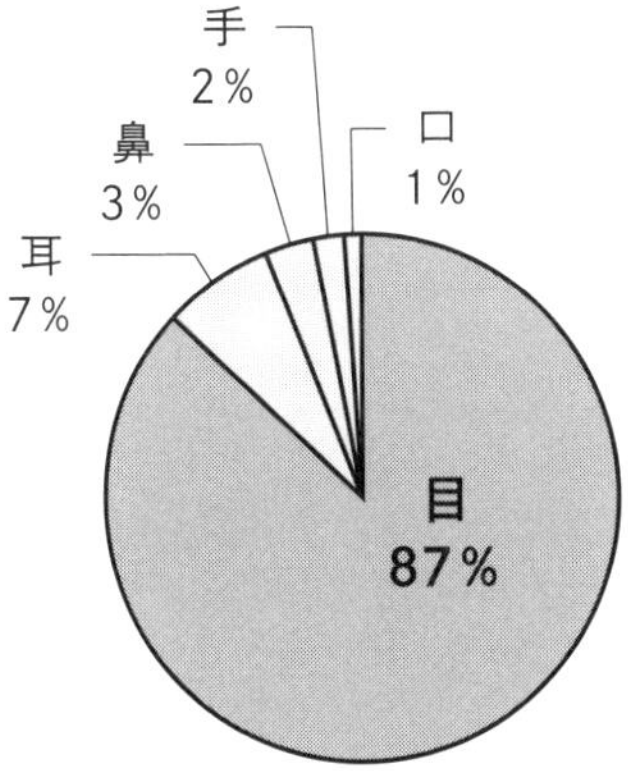

●視覚情報になるもの

- 色
- 図形
- 文字
- 記号
- ロゴマーク
- シンボル
- 表
- グラフ
- 地図
- 絵画
- イラスト
- 写真
- 動画　　…など

●視覚情報の重要性

- 脳の9割は視覚情報処理
- 視覚情報の処理速度は文字情報の6万倍
- 記憶の8割は視覚記憶
- 視覚情報の活用で、学習効率は4倍になる

出典：「学びを結果に変えるアウトプット大全」（サンクチュアリ出版・樺沢紫苑著）

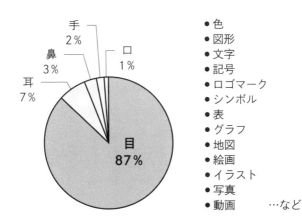

02 見た目が気分を支配する

お客様の買い物の気分「買いたい」、「買いたくない」もまた、見た目で左右されています。

たとえば、ハウジングセンターのモデルハウスを訪れると、素敵にコーディネートされた家具や小物が置かれています。その空間に身を置くと、まるで自分もそんな素敵な暮らしができるような気持ちになりますよね。家を買おうとするお客様ならば、きっとワクワクしながら家族の未来を思い描くことでしょう。では、もし家具も小物もないモデルハウスだったらどうでしょうか？ 家そのものが見られればよいのでしょうか。でも、それでは味気なくて、前者ほど心が躍らないでしょう。

あなたのお店も、お客様の「買いたい」気分を引き出す見せ方にしたいはずです。

以前、あるドラッグストアで棚のレイアウトを変更しました。お客様の購入頻度に合わせて、入口側にあった薬類と、奥にあった日用品類の位置をガラリと入れ替えたのです。位置を変えただけで、商品はまったく同じままです。それなのに、不思議なことに、「これは新商品ね」とか「新しい商品が増えたね」と、常連のお客様が言われるのです。そして、今まで購入していなかった商品を買って行かれたのです。

実は、人の目にはクセがあって、同じ場所ではいつも同じところに注目します。探し物がなかなか見つけられないのも、同じところばかり見てしまうからです。つまり、常連のお客様ほど、来店するたびに同じ棚の同じ商品だけを見ているのです。そして一度も目に入らないままの商品もあるのです。でも、商品の位置が変わるとリセットされて、新しい見方ができるようになります。

あなたのお店も、見た目を変えることで、常連のお客様の気分も新しくすることができます。

いつも、お店の見た目が、お客様の買い物の気分を左右しているのです。

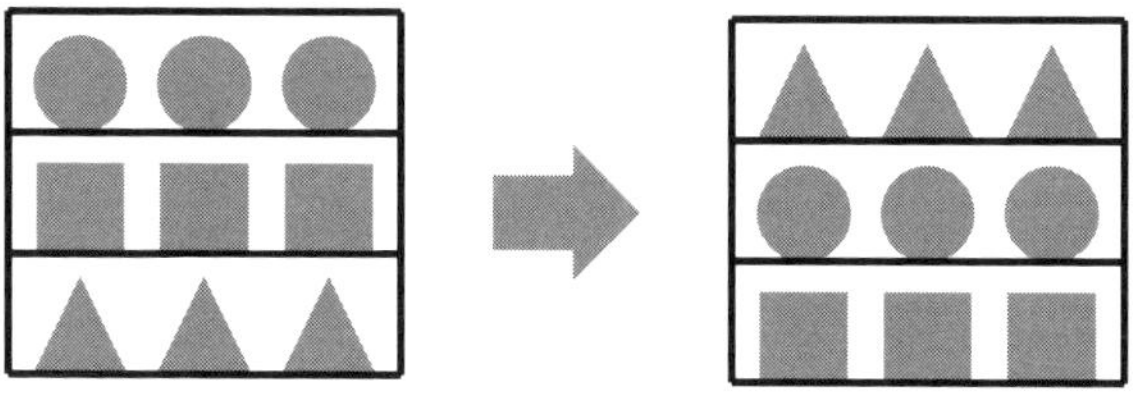

●お客様は、商品が自分の生活で役立つイメージを見たい
●お客様は、変化や新鮮さ、刺激を求めている
●お店は、商品との偶然の出会いを生む、刺激的場所
●お客様は、刺激を受けて気分が高揚すると買う
●お客様は、見慣れたいつもの店でも新しい発見があるとうれしい

03 パッと見て判断したい

誰もが、常に視覚からたくさんの情報を得て、判断を繰り返しています。目に入る情報量はどんどん増え続け、脳はとても疲れています。そこで無意識のうちに、パッと見て、好き／嫌い、要る／要らないと、わかりやすいものが好まれるようになってきています。

インスタグラムがヒットしたのも、伝えたいことが一枚の写真で表現され、わかりやすいからだと言われています。

ここ何年かのうちに、見せる表現もどんどん進化しています。私も、ときどきお世話になる料理レシピサイトは、初めのうちは、手順の写真を並べて、作り方をくわしく文章にして記載する形式のみでした。ところが最近では、実際の調理風景を動画撮影して、1分以内に編集されたもののほうが人気のようです。これも、瞬間的なわかりやすさが受けているのでしょう。

お店でも、売りたい商品をアピールするときは、

- それはいったい何なのか
- どのように使うのか
- 使うと、どんなよいことがあるのか

この3点を、できるだけパッと見てすぐわかるように、表現を工夫しましょう。

単に並べているだけでは、お客様にとっては判断する回数が増えるばかりです。それでは、かえってストレスを増やすことになってしまいます。

たとえば、

- 箱入りのパッケージから取り出して実物を見せる
- 写真やイラスト入りのPOPを添える
- 展示小物を使って、ディスプレイを制作する
- モニターやサイネージで動画広告を流す

などの方法があります。

できるだけわかりやすい見せ方をして、お疲れ状態のお客様の脳にも、スムーズに商品情報をお届けしましょう。

- お客様は、情報疲れしている
- お客様は、迷いたくない

●「買物ストレス回避」の波が生み出す新・買物欲

■お膳立てしてほしい

興味ある商品でも、自分のお気に入りをイチから探すのではなく、あらかじめ絞り込み選択肢を提示してほしい。

■失敗しない保証が欲しい

関心はないけれど失敗したくない、そんな時に口コミを調べるのも面倒。「失敗しない安心基準」を提示してほしい。

■みんなとライトに楽しみたい

好きなら労力は厭わないのではなく、みんなが盛り上がっている商品、楽しみ方に乗っかってライトに充実したい。

■労力なしで買わせてほしい

買物は最低限に省力化。検索する、宅配を待つ、わざわざお店に行く…当たり前の労力さえ減らしたい。

■買物の労力に新たな意義・価値を見出したい

商品探しに労力を使うなら社会貢献、自己承認、やり甲斐など労力に対する新たな意義を見出したい。

■もっと直感的に選びたい

「これほしい！」「使ってみたい！」という買物現場の直感的なひらめきで商品を選び、日常の買物を楽しみたい。

出典：博報堂買物研究所「買物フォーキャスト2018」

04 見た目で売れる

2017年の流行語大賞に、「インスタ映え」が選ばれて以来、「映える」という言葉が普通に使われるようになりました。SNSに投稿する写真が見映えする、おしゃれに見えることが、重要視される時代です。

みなさんもご存じのタピオカミルクティをはじめ、クリームソーダやフルーツ山盛りのパフェやサンドウィッチなどが「映える」と、SNSに写真がたくさん投稿されています。

しかし一方で、「よいものなのに売れていない」という事例を、私もこれまでいくつも見てきました。その原因の多くは、見た目にあります。売れるものとは、「よい物」であるだけでなく、「よい物で映えるもの」なのです。

私の友人の店は、地域物産品を仕入販売するかたわら、オリジナル商品を開発して販売しています。あるとき、ひとつの商品のパッケージを「映える」デザインに変えたところ、以前の8倍も売れるようになっていま す。もともと、中身の味や機能はたしかなものです。しかし、小さなお店のオリジナル商品ですから、自店でのみ細々と販売していました。それが、見た目を変えたことで、お客様が興味を持ってくれる機会が増えたのです。お客様の反応の変化が、初めての販路開拓の自信につながったそうです。彼女の営業努力が実り、その商品は東京のカフェや有名観光地などでも取り扱われるようになりました。見た目で自信を得て、行動につながって売れるようになったのです。

この話を聞いてから私は、見た目や見せ方にいっそうの興味を持つようになりました。

あなたのまわりには、よいものなのに売れていないものはありませんか。あるいは、似たものなのに片方は売れて片方は売れていないといったことはないでしょうか。

それはもしかしたら、見た目の違いかもしれません。同じ商品でも見せ方の違いで、伝わり方が変わります。

▼旧パッケージ　　中身は同じ　　▼新パッケージ

春日井さぼてん・ラボ＆ショップこだわり商店／愛知県春日井市
https://www.kasugai-saboten.jp/

05 視覚で誘導するＶＭＤの仕組み

見せ方には基本の型があります。それが、ＶＭＤ（ビジュアルマーチャンダイジング Visual Merchandising）です。

この言葉は、主にデパートやアパレルで使われてきたので、なじみのない方もいらっしゃるかと思います。ＶＭＤとは、お客様が商品を理解し選択して購入するという、一連の流れを想定して売場をつくる技術のことです。

私が、研修でよくたとえに出すのは、ユニクロの売場です。みなさんも左の図を見ながら、少し思い出してみてください。

ユニクロの店舗入口付近には、複数のマネキンが並んでいます。これは、広告とも連動した、今一番売り出したい季節商品で、自然とお客様の目を引くようになっています。店内全体を眺めてみると、壁面や柱の高い位置にもマネキンやハンガーに掛けられた見本の服が見えます。これで店内が、男性用・女性用・キッズ用の３つの売場に分かれていることがわかります。

それぞれの棚にも、商品紹介のマネキンがあり、上着・シャツ・パンツといったアイテムごとに陳列されています。よく見ると、色違い・型違いの商品が隣り合っているので見比べやすくなっています。商品を取り出してみると、個々にサイズ表示がついています。

この仕組みがあることで、ユニクロではお客様がほしい商品を、自分で見つけて選んでレジへ持って行くことができます。

しかし、この仕組みは特別なものではありません。マネキンの代わりに、同じ役割をするものがあればよいのです。たとえば路面店であれば、気づいてもらう役割は看板です。入口に商品を積み上げて、大きなかたまりに見せて、目立たせることもできます。

あなたのお店の商品やサービスでも、お客様の動きに合わせ、何をどこでどのように見せるかを工夫することで、ＶＭＤを実現できます。

VP VisualPresentation	店頭ディスプレイ	ショーウィンドウのマネキン 入口のディスプレイ
PP Point Presentation	店内ディスプレイ	ラック脇のマネキン 陳列棚上部のディスプレイ
IP Item Presentation	陳列	棚、テーブル、ラックなどの 什器に並べた商品

●デパート・アパレルのVMD

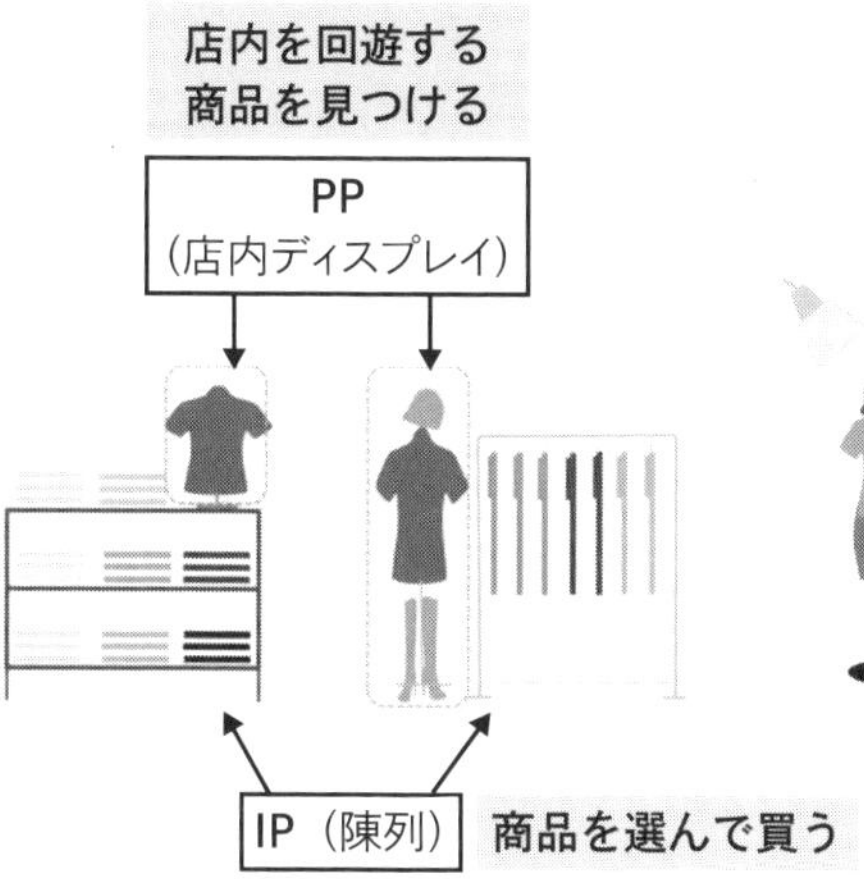

●雑貨店（小売店）のVMD

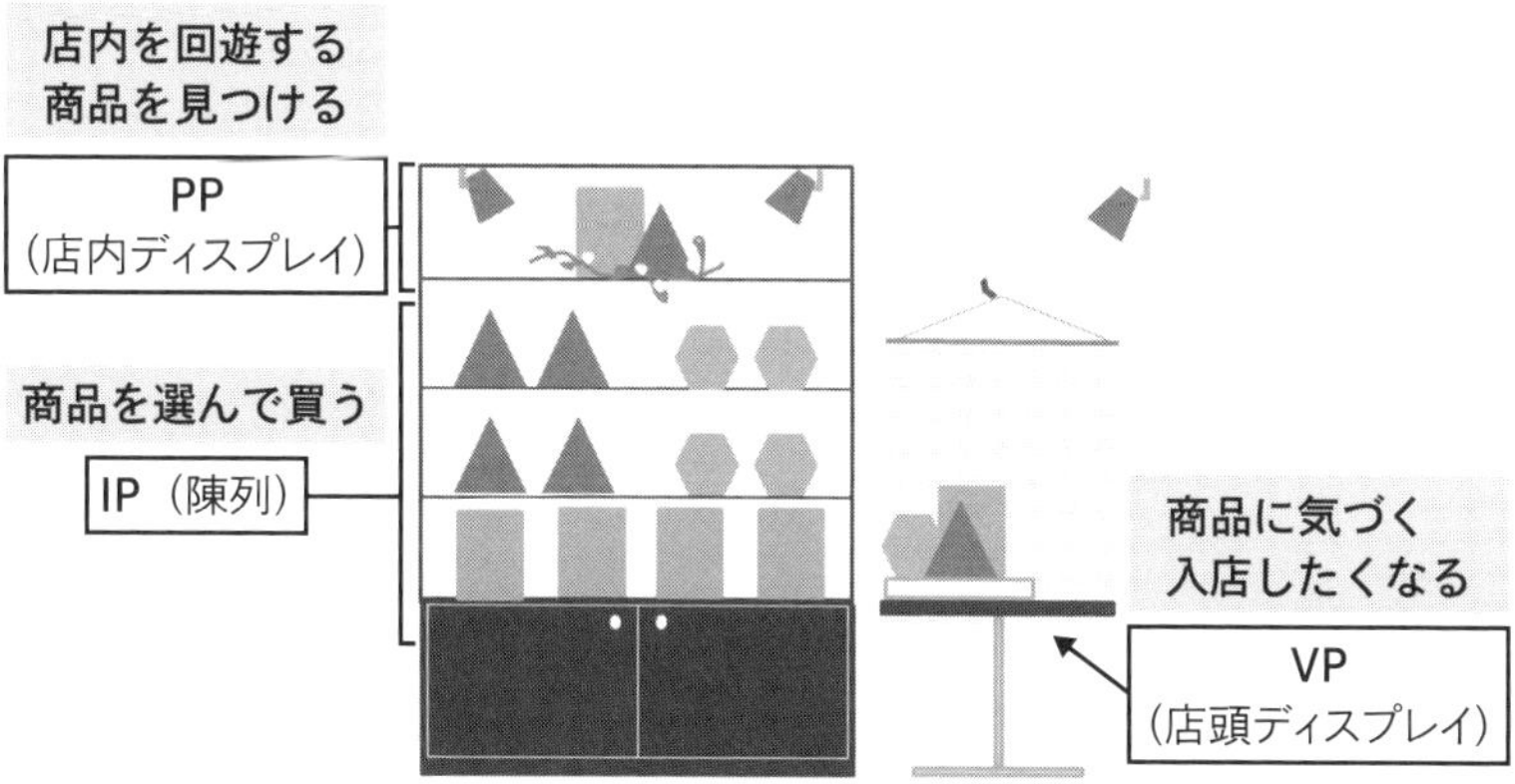

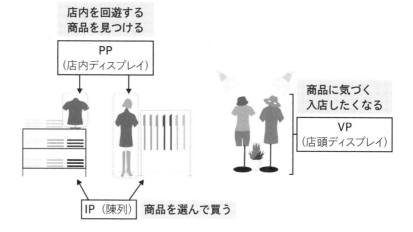

06 購買心理とＶＭＤ

実はＶＭＤの型は、買い物をするお客様の気持ちと行動にぴったりと重なります。

購買心理の動きを明らかにしたのは、アメリカの広告研究者セント・エルモ・ルイス氏で、１８９８年のことです。ルイス氏は、お客様が何か商品・サービスを買おうとするときの気持ちの動きを、

- Attention（商品に気づく）
- Interest（商品の訴求に興味を持つ）
- Desire（商品への欲求を感じる）
- Action（行動を起こす）

この４つに切り分けました。それぞれの頭文字を取って、「ＡＩＤＡの法則」と呼ばれています。その後に、さまざまな研究や時代の流れがあって、Memory（記憶する）を加えたＡＩＤＭＡや、Search（検索する）とShare（拡散する）を加えたＡＩＳＡＳなどへ派生しましたが、１００年以上たっても、基本の型に違いはありません。

このＡＩＤＡの法則に、前章のＶＭＤの図を重ね合わせてみましょう。左の図のように、それぞれの役割が重なります。あなたのお店でも、

- どこでお店に気づいてもらうのか
- どうしたら、入店しやすくなるのか
- どのように、店内をまわってもらうのか
- どのように、商品を見比べて選びやすくするのか

を、この購買心理に沿って整えていきましょう。

本書では、お客様の気持ちの動きや目の動きに沿ってＶＭＤ技術をご紹介していきます。でも実は、お客様をスムーズに引き込むためには、その逆側から整えていくことが重要です。左の図の両端の矢印の向きを、よくご覧ください。

ＶＭＤは、商品の見せ方に、買物の心理や、身体や目の動きに沿った流れを味付けする技術です。どんな業種であっても、お客様にとって入りやすい、選びやすい、買いやすいお店にすることができます。

●AIDAの法則とVMD

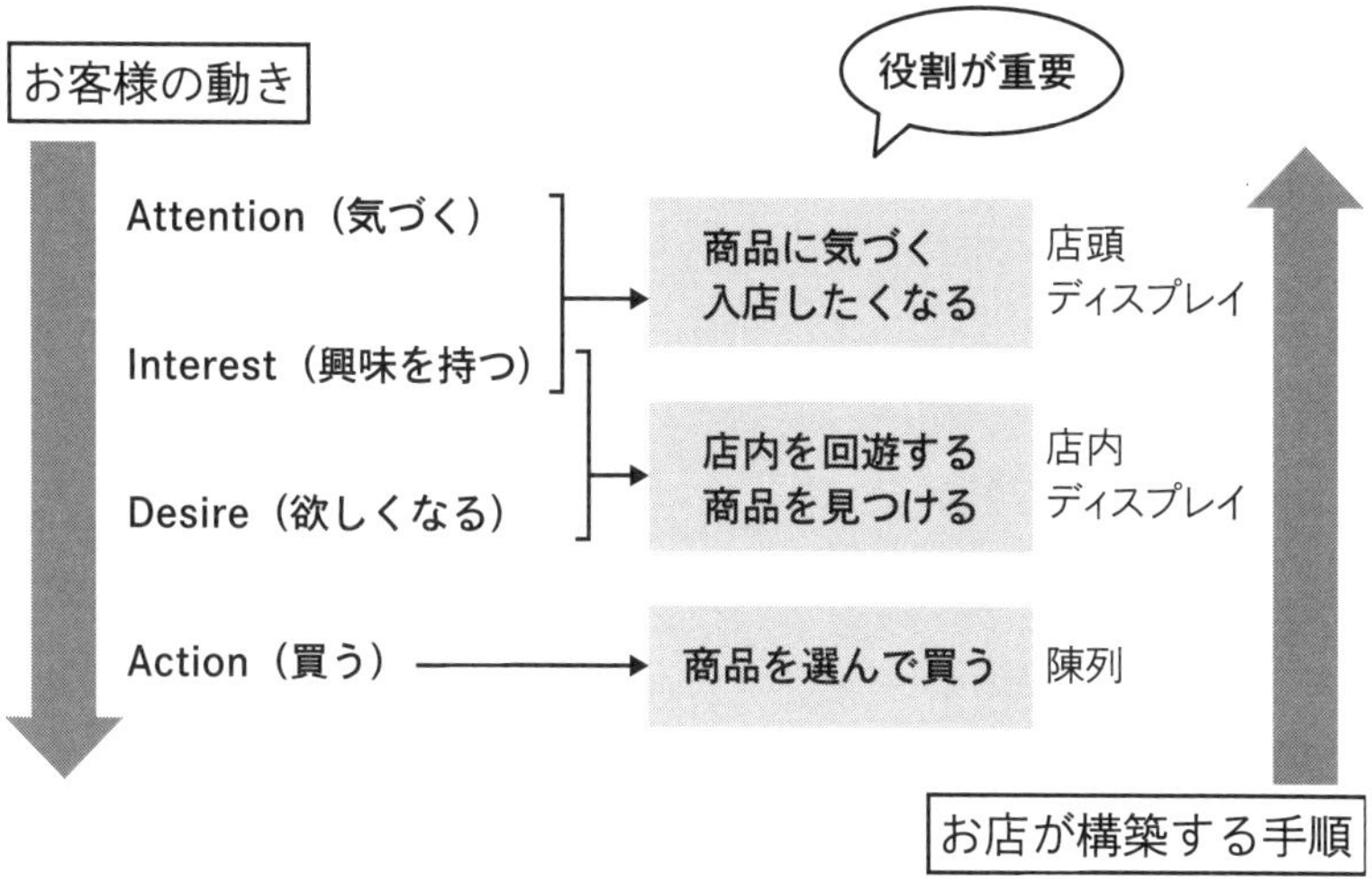

すぐに使える購買心理の法則

- **返報性の原理**　人は、何かもらうとお返したくなる
  試食、サンプル配布、無料体験などが購買につながる
- **ザイオンス効果**　接触回数を増やすと、印象がよくなる
  売りたい商品を店内複数個所で陳列すると購買につながる
- **希少性・限定の原理**　少ないものは欲しくなる
  POPで「残り○個」「○個限り」「限定」などの表示をする
- **松竹梅効果**　3段階の価格表示があると、真ん中が選ばれやすい
  ランチ、エステ等のメニューでは売りたい商品を真ん中にする
- **BGMの効果**　速いテンポのBGMの中では、購買金額が上がりやすい
  遅いテンポのBGMでは、店内滞在時間が長くなり、店舗に対しての印象も、ゆったり居心地よいとなる

2章 お客様に伝わる看板の見せ方

01 看板の種類、いくつ言えますか？

看板はお店の顔、とも言われます。通りがかった人にお店の存在を知らせ、新規のお客様になってもらう、その最初の出会いをつくる重要なものです。

さて、あなたのお店にはどんな看板が付いていますか。看板にはいろいろな形態があります。それぞれに特徴があり、複数の看板を組み合わせたり使い分けたりすることで、相乗効果が得られます。

左の図を見てください。看板にはさまざまな種類と役割があります。お店には、いくつの看板がありますか。それらを使い分けできているでしょうか？

複数の看板を用いる場合、それぞれがバラバラでは伝えられる情報もバラバラになってしまいます。メイン看板をひとつ決めて、他の看板はそれを補助する役割と考えましょう。袖看板も電柱巻き看板も、すべてメイン看板につながっているように見せると効果が得られます。

そのためには、どの看板にもメイン看板の一部を埋め込むようにします。同じロゴ、同じ色、同じフォントなどを繰り返し使うことで印象が統一され、メイン看板にリンクして見えます。

また、ひとつの看板には、ひとつの情報だけを載せると伝わりやすくなります。飲食店であれば、のぼりで「〇〇フェア開催中」とし、懸垂幕でメインのメニュー写真、入口脇の黒板でメニューと価格といった具合です。情報が多くなると、読み取りに時間がかかり理解しにくくなります。看板の内容は、できるだけシンプルにしましょう。

個々の看板を設置するときは、それはどんな人に見てもらう看板なのかをチェックしましょう。看板を見る人は、入店しようとしているのか、通りがかりなのか。歩いているのか、車に乗っているのか。見る側の姿を通して看板の種類、設置場所や向きを選ぶと、より目に入りやすい看板になります。

伝わる看板にするには、個々の看板の種類と役割を押さえて、上手に使い分けましょう。

●主な看板の種類

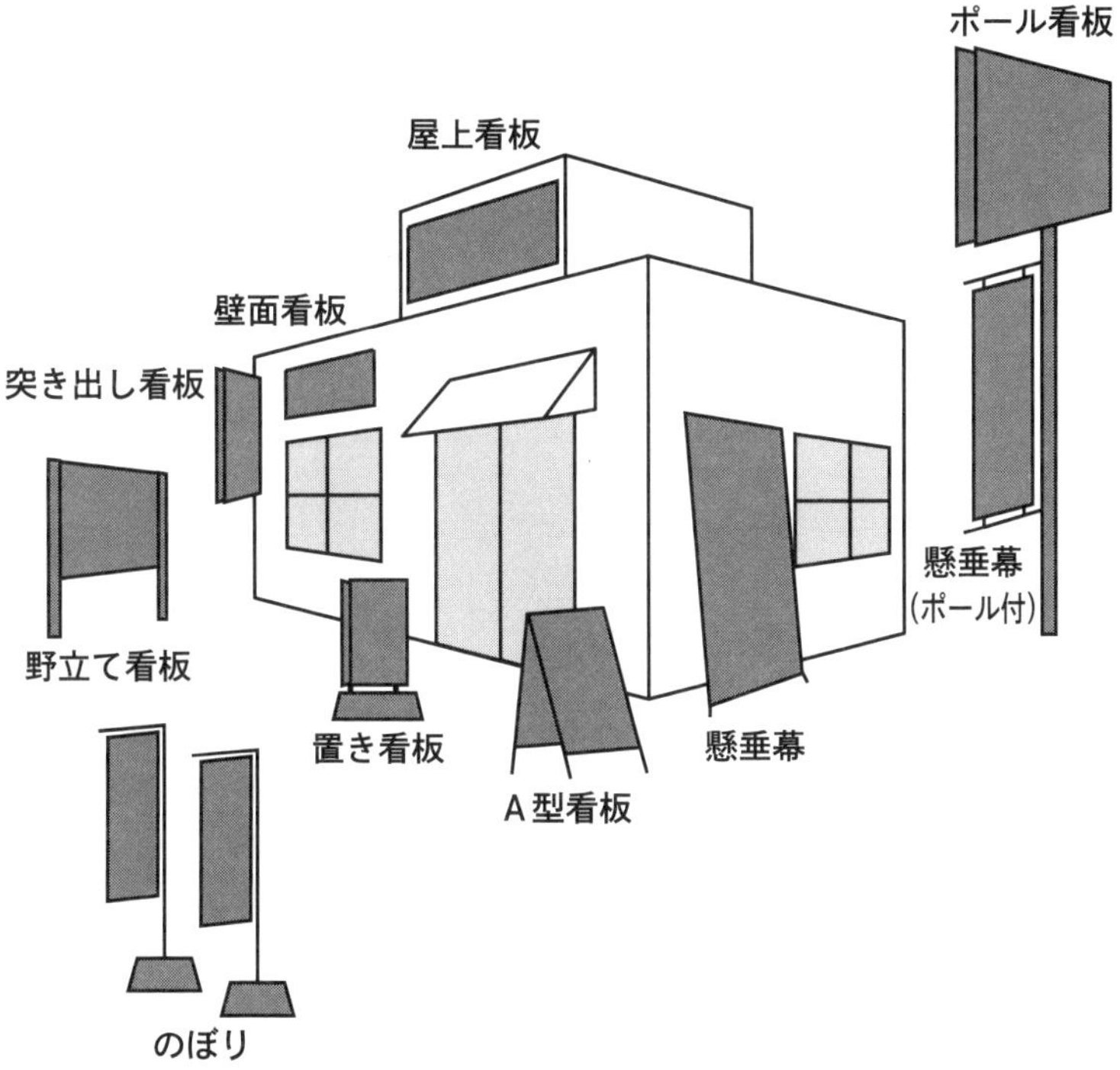

看板の呼称	看板の特徴
壁面看板	お店の表札の役割、多様な素材・デザインが可能
屋ト看板	遠方からよく見える、ビル・郊外店向き
突出し看板	通行中に目に入りやすい、店舗のアクセントになる
ポール看板	高さを出すことで遠方からよく見える、ロードサイド店向き
野立て看板	店舗から離れた位置で広告宣伝できる
置き看板	小型で簡易に設置・移動できる
A型看板	入店前情報を提供する、黒板など手軽に書き換えられる
懸垂幕	簡易な工事で設置・交換できる
のぼり	動きでにぎわい演出になる

02 お客様が店名より知りたいこと

新規のお客様にとって、看板はお店を知る手がかりになります。そのとき知りたいことは、店名でしょうか。

たとえば、あなたが電車で出かけて初めての駅に降りて、すぐに食事をしたいと思ったとしましょう。そんなときは、「佐藤商店」という看板を見ても、それが飲食店かどうかはわかりません。食事をしたいと思っているときには、「うどん」とか「中華」などの看板が目に入りやすいものです。新規のお客様が知りたいことは、店名ではないのです。

さて、その続きです。さらに通りを歩くと2軒並んだ飲食店がありました。片方の店は、窓越しに店内の様子が見えています。きっと、あなたもチラッと窓から店内をのぞくことでしょう。知らない場所を確認したくなるのは、身の安全を確保しようとする本能が働くからです。

もう片方の店は、暖簾《のれん》が出ていて営業中とはわかりますが、扉が閉まっていて店内は見えません。中が見えないと、人は本能的に警戒してしまいます。

ところが、その店は扉の脇に、メニューが書かれた黒板が置かれています。メニュー表を見たあなたは、先ほどの警戒心もすっかり飛んで、「今食べたいモノか」「コスパはよいか」などと、考え始めることでしょう。「何をいくらで売っているか」が先にわかると、頭の中も具体的な検討モードになります。

お客様は、いきなりご来店することはありません。一歩踏み出す前に、必ず店内の情報を集めているものです。お客様が知りたいことは店名ではなく、

- 何を売っているのか
- 店内の様子やスタッフの様子はどうか
- 価格帯はどれくらいか

この3つです。

新規客を獲得するには、看板や店構えで（さらにはweb上でも）お客様の知りたいことを伝える工夫が必要です。

web上の看板　Googleマイビジネス

Googleマイビジネスは、Google社が提供している無料PRツールです。Google検索されたとき、店舗所在地のマップやメニュー、写真、最新情報などがまとめて表示され、これらを店舗側が無料で管理できます。掲載すると、店舗名だけでなく、キーワードや地図からも検索結果に表示されます。

「どこか店はないか」となったとき、「地名+業種」で検索されることがほとんどです。

特に飲食店では移動途中にスマホで検索し、その結果から来店するケースが主流です。

Googleマイビジネスは、web上の看板・メニュー表です。ぜひ整備してくださいね。

03 その「こだわり」は伝わらない

私がよく通る幹線道路沿いに、読めない看板がありました。なぜ読めないのかというと、とても凝った飾り文字なので、車で通りかかる一瞬では読み取れないのです。きっと、こだわりのある文字なのでしょうが、読みにくくては伝わりません。特に、運転者向けの看板ならば、文字の読みやすさにも気配りが必要です。

その看板の前を通るたび、まわりの車の人はちゃんと読めているのかなと気になっています。そういった意味では、たしかに目立つ看板なのかもしれませんね。

読めない看板というと、私自身の苦い経験があります。それはまだ起業する前の7～8年間、自分で作った手芸品をマルシェで売っていたときのことです。

当時の屋号は「Petit fleur」、フランス語で「小さな花」という意味です。もちろんフランス語なんて知りませんから、検索で調べて名付けました。小さな看板も手作りしてブースの隅に掛けました。

ところがなぜか、いつになっても誰も屋号では呼んでくれません。他の人達は屋号で親しく呼び合っているのに、私だけいつも「佐藤さん」です。せっかくおしゃれな屋号を付けたのにと、さびしい思いをしていました。

そうなのです。まわりの人も私と同じで、フランス語を読めなかったのでした。名前を呼べないなんて、親しみも半減です。常連客からのクチコミにもならなかったわけです。後々になってから、ようやく気づいて悔やんだものです。

屋号を新しく付けるとき、他にはない珍しい字体や変わった名前を付けたくなる気持ちもよくわかります。もし、外国語や難しい漢字を使うならば、脇に読み仮名を添えると、お客様には親切です。こだわり過ぎて読めない看板にならないようにしてください。

読めない看板は、親しみも生まれないばかりか、逆に「何て読むのかなぁ」と、お客様のストレスになってしまいます。

目に留まる看板のチェックポイント

- **視認性**　色・フォントが、見やすく読み取りやすいか
- **情報開示**　何の店か、商品は何か、それはいくらか
店内の雰囲気やスタッフの様子
- **通行特性**　看板を見るのは歩行者か、車の運転者か
どの方向から見る人が多いのか
- **周辺特性**　看板を隠すような建物や街路樹はないか
他店の看板に混じったとき差別化できているか

04 事例

美容院A店の話

もう何年も前に相談を受けた、美容院A店さんのことです。当時、改装オープンから3年目で、以前の店からの既存客は、時間とともに減少傾向なうえ、新規客がなかなか増えなくなっていました。たまに、カフェと間違えて入って来る人がいる。そんな悩みでした。

実際にお店にうかがってみると、この悩みの原因は、お店の外観と看板にありました。

広い通り沿いのその店は、アイアンのフェンスと手入れの行き届いた植栽に囲まれた、古い洋館のような建物です。小ぶりの木目の看板には、白いペンキで流れるような美しい筆記体の店名が書かれています。これは、オーナーの大好きなイタリア語だそうです。このおしゃれな建物と店名だけでは、誰もがカフェと勘違いするのも無理はありません。

そこで私は、駐車場の歩道寄りの位置にメニュー看板を設置するようにお勧めしました。「カット」とか「パーマ」とかの文字があれば、そこが喫茶店ではなく、美容院だと判断できますからね。イタリア語のメイン看板には、小さくカタカナを添えることも併せて提案しました。

オーナーは、私の提案を渋々最後まで聞いてくれたものの、残念ながら実行には至りませんでした。理由は、「カッコ悪いから」というものでした。

メニュー看板は店の雰囲気を壊すし、美しい横文字の看板にカタカナは入れたくないから、ということでした。

たしかに、せっかく作り上げたお店ですから、こだわる気持ちはよくわかります。私自身もそうでしたから。

でも、こだわりだけでは新規のお客様には伝わりません。これからも、カフェと間違われ続けるでしょうし、「あそこのお店ね」とクチコミの時に、大事な屋号を正しく呼んで覚えてもらえるかどうかも心配です。

お店のこだわりよりも、お客様のためにわかりやすい看板を設置してください。

Boulangerie
カット　4,500～
パーマ　7,800～
カラー　6,000～
ブーランジュリー
TEL１２３－４５６
カフェかと思ってたわ
今度、カットに
来てみよう
へえ～！
ここって
美容院なんだね

05 看板で、来てほしいお客様を呼ぶ

笑顔で応対すると、相手も自然に笑顔になります。これは脳科学で、「ミラーニューロンの法則」と呼ばれる現象です。脳には、他人の行動から感情を読み取る機能があって、無意識に鏡（ミラー）のように、相手に合わせたふるまいをしてしまうそうです。

お店でも、見せ方で来てほしいお客様を引き寄せることができます。特に、新規のお客様が最初に見る看板は、まさにミラーニューロンの法則が当てはまります。

看板は、形や色、文字、写真・イラストなどで構成されています。これらの表現でお客様が受け取る印象を演出できます。

まず、形でいうと四角よりも丸が柔らかく見えます。たとえば、整体院さんでも、ゴリゴリしない、痛くない施術タイプならば、四角いだけの看板よりも、大きな丸や柔らかな雲形を取り入れた看板がふさわしいでしょう。

色には、メッセージが含まれています。赤なら、情熱や元気、それとは逆に、値引き、損失、血といったメッセージが読み取れます。赤い看板は多くの場合、遠くからも目を引いて好ましいものです。でも、もし歯科医院であれば、血を思い起こす赤よりも、優しくて健康的な緑や水色のほうがふさわしいでしょう。

文字の形も、かっちりしたゴシック体、落ち着きのある明朝体、太い文字は自信の表われ、細い文字なら上品でおしゃれな印象を与えます。和風の筆文字も書体によって、風格を出したり、温かみを出すことができます。高級和食屋なら、しっとり細筆の文字、ラーメン屋ならば、荒々しく勢いのある太文字が似合いますよね。

看板に写真やイラストがあると、文字だけよりも目を引く効果があります。イラストはソフトな印象で想像がふくらむし、写真を使った看板なら、シャープで直接的に訴える力強さがあります。

このように看板は、お店のイメージを自在に表現できます。あなたのお店は、看板でどんな表現をして、どんなお客様を引き寄せますか。

●形で印象演出

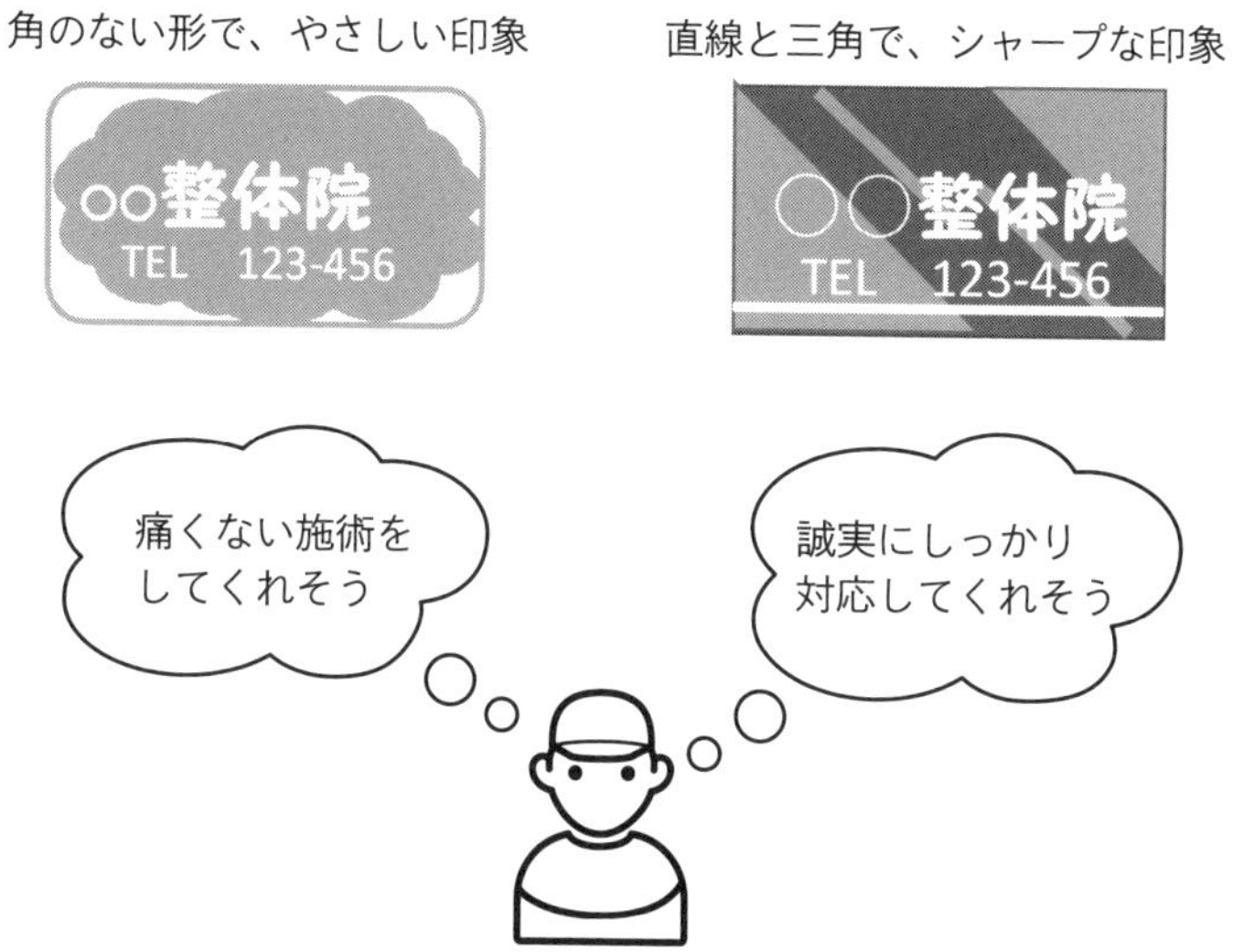

角のない形で、やさしい印象

直線と三角で、シャープな印象

●文字で印象演出

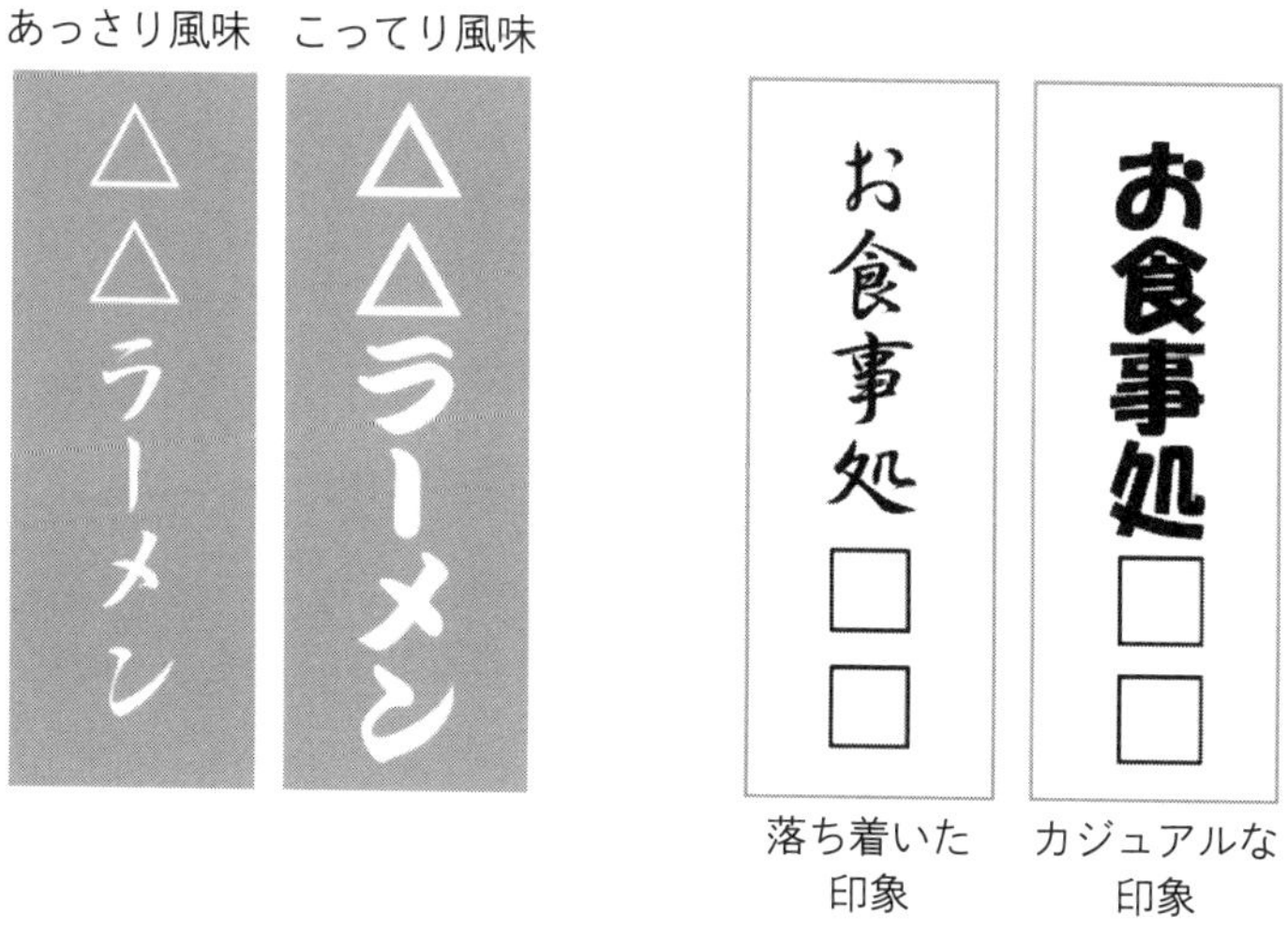

あっさり風味

こってり風味

落ち着いた印象

06 直感に訴える看板

前章で、パッと見てわかりやすい表現が好まれているというお話をしました。

看板も写真を使うと、一瞬のうちに直感で受け取れます。とくに飲食物では、おいしそうな大きな写真があると、ストレートに伝わります。路上でメニュー紹介する黒板でも、ラミネートした写真を一緒に貼るとわかりやすいものです。

パンのイラストがあるだけで、そこがパン屋だと伝わるように、イラストも写真同様の効果があります。ピクトグラムのような、単純化されたイラストほど目立って伝わりやすいと言えます。（左ページ参照）

同じイラストでも、デッサン風の細やかなタッチのものは、遠目からはぼやけてしまいます。この場合はイメージの演出役として、使い分けるとよいでしょう。また、駐車場を示す「P」や、トイレのマークのようなピクトグラムも、直感に訴える便利な記号です。

看板の中でも、のぼりは直感に訴えかけてくる存在です。人の目は動くものに反応するので、のぼりが風にはためいていると、とても注目されます。

路面店で、通行する車にのぼりを見せる場合は、必ず3本以上同じデザインのものを車道際に並べて設置しましょう。すると、のぼりが遠方から見て大きな色のかたまりに見えます。小さいものより大きいもののほうが、気づかれやすいものです。近寄って来たときに同じものが並んでいれば、文字も読み取りやすいでしょう。

もし、のぼりを徒歩で通行する人に向けるのであれば、お店の入口脇に設置します。お客様が気づいてすぐ入店できるよう、入口を知らせる役割をしてくれます。

お店の前が駐車場の場合、道路際に3本と入口脇に1本、このセットで置くと、車を止めてから入店まで、スムーズに案内できます。

あなたのお店でも、直感に訴えて伝える看板を、集客ツールとして上手に使いましょう。

●ピクトグラム事例

出典：公益財団法人交通エコロジー・モビリティ財団
標準案内用図記号ガイドライン改訂版
http://www.ecomo.or.jp/

●のぼり効果

07 その看板、お客様に見えていますか？

街を歩きながら看板をながめていると、近くの看板の文字が読み取れなかったり、遠くの看板なのに目立ってよく見えたりすることがあります。あなたのお店の看板は、お客様からどのように見えているでしょうか。

看板の文字の読みやすさは、大きさやフォント、色使いが関係します。

文字は、大きいほど遠くから見えますが、どれくらいが適当なのかの指標があります。国土交通省の「公共交通機関旅客施設の移動円滑化整備ガイドライン」です。駅の案内表示板などの文字の大きさを決めたもので、両眼で見て、視力０・５の人が一定距離離れた場所からでも看板の文字を視認できるよう、必要な文字の大きさを定義しています（左ページの表）。看板の文字でも、これを最低限の大きさとして参考にできるでしょう。

一般に、視認性の高いフォントは、ゴシック体系列だと言われています。高速道路の標識にも使われていますから、幹線道路沿いの案内看板にも向いています。しかし、同じゴシック体系列の文字でも、字体が太すぎたり、字間が狭すぎたりすると、判読しにくくなります。明朝体系列のフォントは、上品で高級感のある印象ですが、字体が細いので視認性の面ではやや劣ります。使用する場面によって使い分けるとよいでしょう。

色使いでも、看板の地の色と文字の色のコントラストが近いと判読しにくくなります。たとえば、薄い水色の地に薄いピンク色の文字では、全体が弱くてぼやけてしまいます。濃い緑の地に真っ赤な文字の組み合わせのときは、コントラストが強すぎてハレーションを起こします。このようなときは、文字に白や黒の縁取りをすると改善できます。また、写真の上に文字を重ねるときも、文字に縁取りすると読みやすくなります。

ユニバーサルデザイン（健常者・弱視者とも使いやすい）では、フォントのＵＤ書体があります。色使いについては、カラーユニバーサルガイドがあります。見えやすさの点で、参考にされるとよいでしょう（左ページ参照）。

●看板文字の大きさの基準

視距離		和文の文字高	英文の文字高	案内用図記号の基準枠寸法
遠距離	40m	160mm以上	120mm以上	480mm以上
	30m	120mm以上	90mm以上	360mm以上
中距離	20m	80mm以上	60mm以上	240mm以上
	10m	40mm以上	30mm以上	120mm以上
近距離	5m	20mm以上	15mm以上	60mm以上
至近距離	1～2m	10mm以上	7mm以上	35mm以上

出典：公共交通機関旅客施設の移動円滑化整備ガイドライン
http://www.ecomo.or.jp/barrierfree/guideline/data/guideline_shisetsu_2018_pdf.pdf

●Microsoft Officeのユニバーサルデザインフォント「BIZ UDフォント」

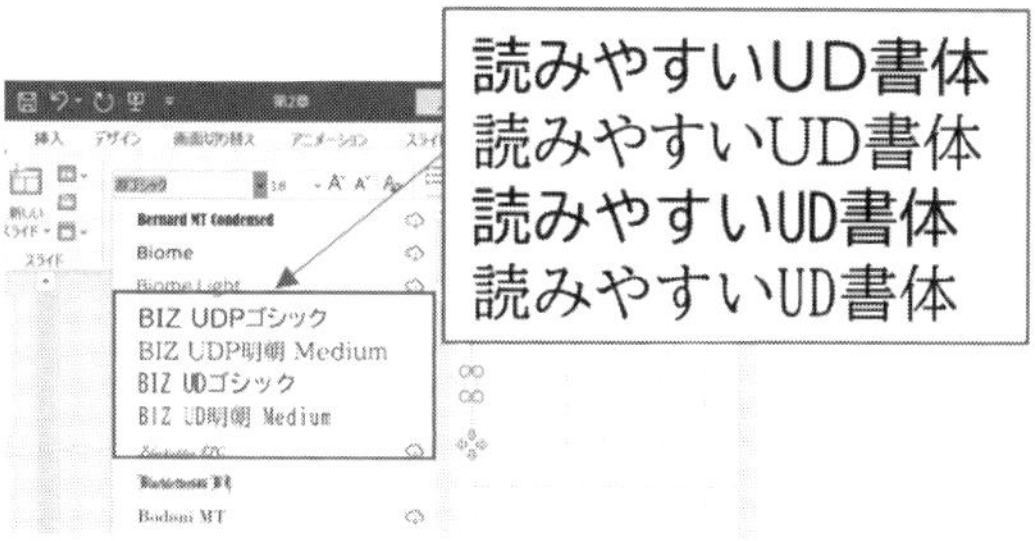

●カラーユニバーサルデザイン推奨配色セットガイドブック（第2版）

出典：DICグラフィックス株式会社
制作・発行：カラーユニバーサルデザイン推奨配色セット制作委員会
https://www.dic-graphics.co.jp/navi/color/ud.html

08 路面店はコレを見せる

お客様は、何を目印にご来店されるのでしょうか。とくに路面店の場合は、営業しているかどうか、が外から見えることが重要になります。

みなさんが、よく知っている路面店へ行くときのことを思い出してみてください。きっと、入口に近寄りながら、営業中かどうかを観察しているはずです。もしかして、判断がつかないままに入口の前まで行って、お休みだったという経験はありませんか。

また、車で行く場合なら、遠目から見て「あ、やっているな」とわからなければ、素通りしてしまうのではないでしょうか。

このようなとき、お店が営業中のサインを見せることで、入りやすさはアップします。

営業中のサインは、いろいろあります。

「営業中」、あるいは「Open」の看板はその代表ですね。歩行者の多い立地なら、店前に可動式の立て看板（A型黒板）を出すこともあります。

また、昔ながらの手法でいえば、喫茶店などで黄色い回転灯を灯すこともよくあるし、和食店や居酒屋ののれんや赤ちょうちんも、出し入れすることで、暗黙のうちに営業中であることを伝えています。

照明が印になっている場合も多くあります。看板の照明や、入口ドアの上または横に、ブラケット照明を灯すのもわかりやすい印です。もし夜間に、店内の照明が点いている様子が路上から見えるなら、それも営業中の目印になります。でも、店内の照明は昼間にはガラスで反射して見えにくいので、印としては70点です。

路面店は、店の外で営業中のサインを、お客様にわかりやすく見せましょう。

あなたのお店ではいかがでしょうか。一度外へ出て、10m、20m先から、通行する人や車から、店と印がどのように見えているのか、を確認してみてください。

●営業中のサインのいろいろ

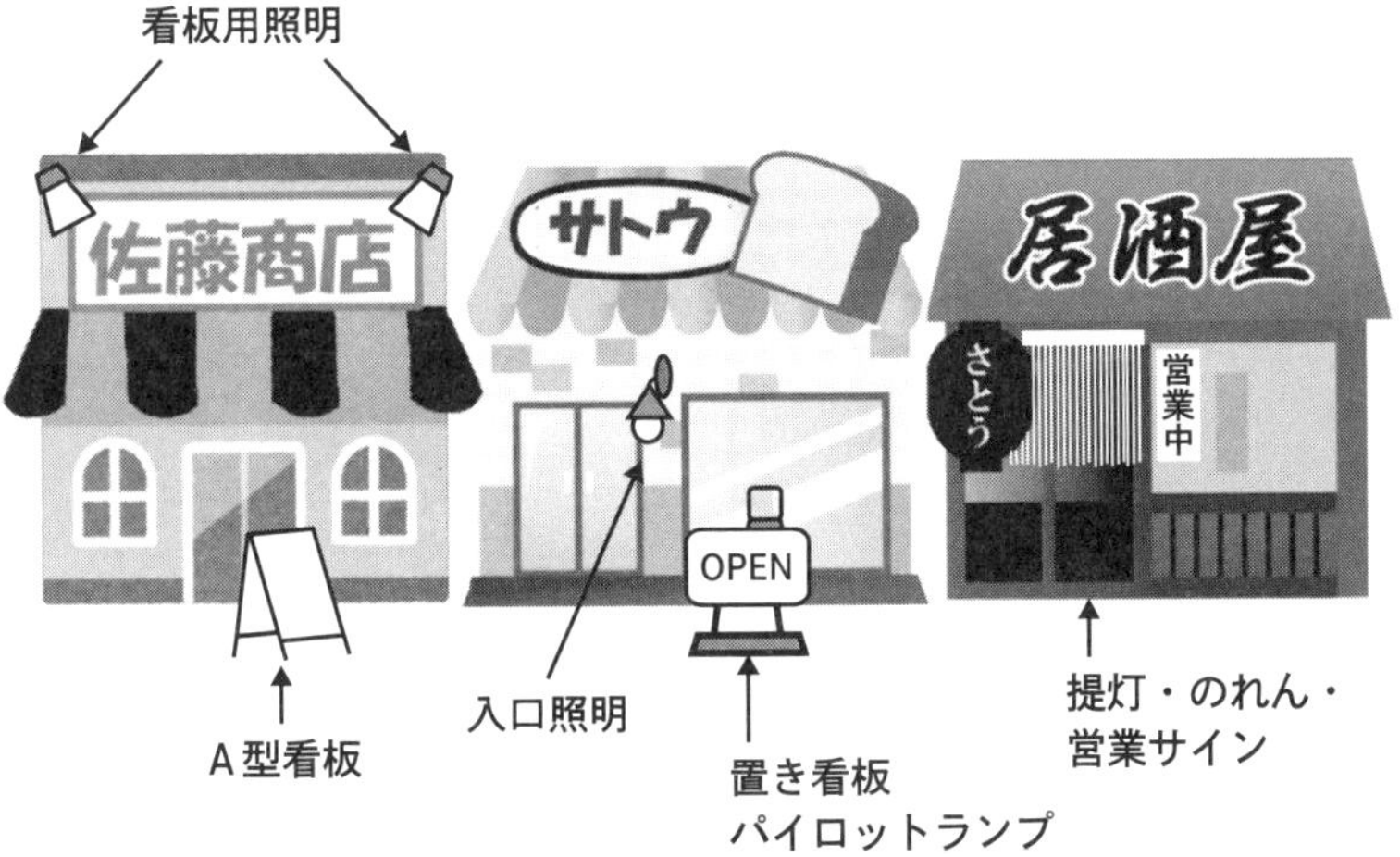

09

事例

和菓子店B店の話

地域の銘菓を販売している和菓子店B店は、幅広い通り沿いの立地で、瓦屋根の軒の深い重厚な店構えのお店です。

あるとき、タウン誌の取材をきっかけに、新規のお客様が急に増えました。その際、「この店を知らなかった」「ずっと入りにくく感じていた」という声が少なからずありました。

店主は、このお客様の言葉がたいへんショックだったそうです。先代から50年近くずっと同じ場所で営業しています。また個人的にも、地域の行事に積極的に関わってきました。まさか自分の店がそのように思われているとは、想像したこともなかったのです。

お店は、そこにあるから知られるわけではありません。人は、自分に関わりがあると感じて、初めてそのお店を意識するようになります。そのためには、看板を見る、広告を見る、SNSでクチコミを見るなど、何らかのきっかけが必要です。B店のように取材が入るのは大チャンスです。お客様になってもらう道筋は、老舗であっても、新規開店であっても同じなのです。

この「入りにくい」点を改善しようと、店主と私で、外観を再点検しました。道路に出てみると、店前に駐車場があるため、20m手前からは軒先しか見えていません。5m手前からは、建物の軒が深くて店内の様子がまったく見えませんでした。道路向こうから見てみると、大きなショーウインドウのガラスは、反射で真っ暗。店内の照明も見えていませんでした。

そこで営業中のサインに、老舗の風格を印象付ける生成り色の麻ののれんを設置しました。長めののれんが風にはためく様子は、遠方からもよく見えて、通行する車へのアピールにもなりました。

また、生成り色の明るさが、店全体の重々しい黒っぽい印象を払拭でき、常連のお客様からも好評です。

老舗であっても、お客様の声は大切ですね。

御菓子司　美乃雀／愛知県春日井市

10 地下や階上のお店はコレを見せる

地下や2階3階以上のお店は、路面のお店に比べると、どうしても伝わる情報量も少なくなって、お客様は入りにくくなります。

なかでも、「店内の様子やスタッフの様子はどうか」は、見せにくい情報でしょう。街の中で看板を見ていると、メニューの写真と価格の表示はあっても、店内やスタッフの様子は伝わってこないことが多いものです。

地下や階上の店は、ぜひ看板の一部に店内写真を載せてください。お客様が、入店するかどうかを検討するとき、知らないところにいきなり入るのは不安ですよね。写真があると、安心材料になります。「明るくて居心地よさそう」「大きなテーブルでゆったりできそう」など、写真一枚から伝えられることはたくさんあります。

スタッフの様子を知らせる方法のひとつに、手書き黒板があります。手書きの文字は、人の温かみが伝わります。その点では、文字の上手下手はあまり関係ありません。私のよく通る駅前のビル2階にある美容院では、階段口に置かれた黒板が、毎日書き換えられているようです。「今日は雨ですね、足もとにお気を付けください」と呼びかけられていたり、「庭のひまわりが私の背を超えました」といった日記風だったりします。人柄が表われて、親しみの持てるよい方法だと思います。

今ある看板に、手書きの吹き出しを貼り付けるのも、ひとつの方法です。店名の脇に「店長の○○です」、メニュー写真に「スタッフの○○おすすめ！」など、話しかける言葉を添えると、人の気配が伝わる効果があります。

手書き文字に、顔写真か似顔絵が添えられていれば、さらに親しみが強調されます。

事前情報が多ければ、お客様は入店する前から何となく親しみを感じてくださいます。地下や階上のお店は、店内の様子を直接見せられない分、情報の伝え方に気を配りましょう。

●看板・置き看板などで店の様子を伝える

- 店内写真
- 手書きコメント
- スタッフの笑顔など

地下・階上に向いている店

どんな店も、路面店のほうが集客に有利で、わかりやすい看板が必要なのかというと、そうではないケースもあります。

店前の街路の様子とは違った独特の世界観を持つ店や、静かでゆったりした空間を提供する、隠れ家のような店や高級飲食店など、路面よりも、地下や階上のほうが向いているお店があります。

たとえば、高級なエステやネイルのサロンは、外からは閉じた外観で、ドアの中の世界が特別でなければなりません。寿司店やフレンチレストラン、個室が主体の飲食店、バーやクラブなども隠れ家の要素が不可欠です。

他にも予約制・会員制のみの店は、存在が目立たないほうが喜ばれることもあります。

こういったお店では一般論でなく、コンセプトに合わせた外観・看板や集客方法が必要です。

事例 11 和食店C店の話

とある観光地にある和食店C店の悩みは、多くの観光客が店の前を素通りしていくことでした。

同じ通りにあるカフェやイタリアンのお店は若い観光客で、また蕎麦屋は年配の観光客でにぎわっているので、店主は落ち込んでいました。

このC店は、立派な屋根付きの門だけが通りに面しています。門をくぐり10mほど前庭を通り抜けると、玄関がある素敵なつくりです。地元のお客様からは、法事や家族の里帰りなどの折によく利用される人気店ですが、観光客の多くは、門前に置いたメニュー表を見るだけで通り過ぎて行くのです。

通りの奥にあるお店は、地下や階上にあるお店と同じ条件です。お店の中の様子が見えません。そこで、門前のメニュー表にひと工夫する提案をしました。これまで置いていたのは、店内のテーブルに置いてあるものと同じメニュー表でした。そこで、それとは別に、店頭専用のものを作ることにしたのです。

店頭用メニュー表は、見開きの左ページに、白衣に和帽子姿の店主の写真と短いあいさつ文、それに店内の写真（座敷、椅子席）。これで、店の人の気配が伝わり、店内の様子も事前にわかります。右のページは観光客向けのランチセットの写真と価格です。おすすめ品は上半分を使って大きく表示して、目に入りやすくしました。セットメニューには、観光地にちなんだ名前もつけました。

このメニュー表の効果はすぐにありました。ある年配のお客様が、「椅子席があるとわかって入店した」と教えてくださったのです。膝を折って座るより、椅子の方が楽ですからね。以前は店の構えから、座敷形式の店かもしれないと敬遠されていたのです。

このC店では、観光客に店前のメニュー表が見られていることから、そのメニュー表で店の中の様子や人の気配を伝えるように改善しました。

お客様の様子から、改善ポイントが見つかりますね。

●メニュー表に
店内の様子も掲載する

12 ハンドルを切りやすくなる駐車場案内看板

初めて車で行くお店で、ナビの案内で店の前まで着いたのに、駐車場がわからないといった経験はありませんか？　私の場合、駐車場看板を直前に見つけて、ハンドルを切れずに通り過ぎてしまうこともあります。

駐車場看板でとくにわかりやすい形式は、駐車場を表わす「Ｐ」の記号と矢印の組み合わせです。記号は文字よりも直感に訴えますから、この看板を見ると、まばたきする程度の時間で「駐車場がある」と認識できます。

また、人は矢印を見ると、自然にその方向に誘導されるため、矢印の方向にハンドルを切りやすくなります。

なお、細い矢印よりも太い矢印のほうが、より強く誘導します。

矢印の誘導効果は、お客様に見せたいモノがあるとき、動いてほしいときなどにも、利用できます。

車を運転しながら読みやすい看板の向きは、道路に対して直角方向です。駐車場の敷地内に看板を設置するときは、なるべく道路寄りの位置で隣地との境界線に沿った向きにします。

歩道との境界に沿わせた道路に平行な向きの看板は、運転していると、直前まで近づいて顔を横に向けないと読めません。

車は、時速40㎞で走行しているとき、１秒間で約20ｍ進みます。運転しながら、駐車場案内看板を見つけてハンドルを切る動作を想像してみてください。その間、せめて１秒くらいはほしいところです。ですから、あなたのお店の駐車場案内看板も、20ｍ近く手前から見えている必要があります。設置するときは、他店の看板や街路樹の陰になっていないか、その地点まで行って確認してください。

お客様の来店方法が車の場合には、駐車場案内看板の見え方もチェックしてみましょう。

●車から見やすい駐車場案内看板

店のロゴ＋P＋矢印

●文字より記号が認識されやすい

●矢印に誘導されやすい

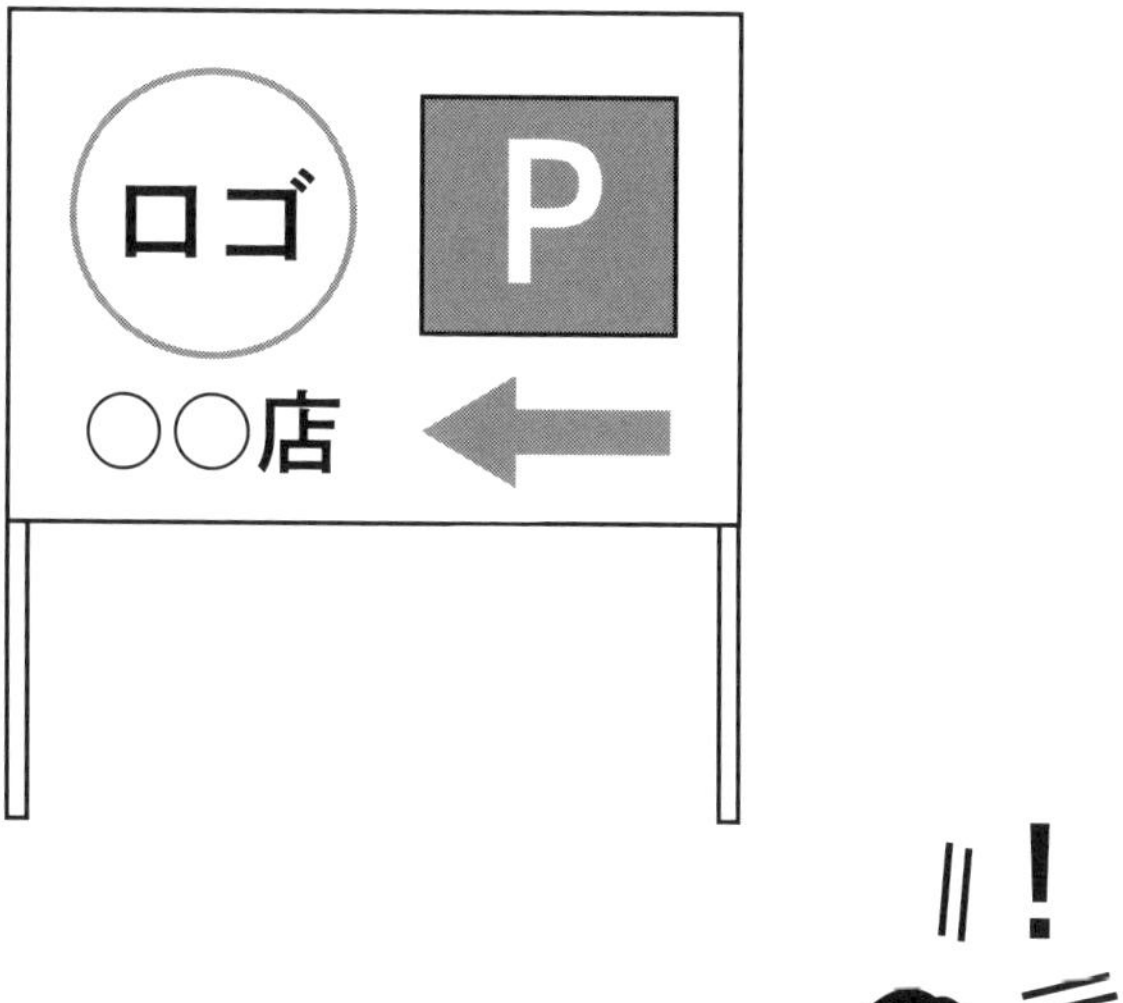

13 事例 自転車店D店の話

以前、通りがかりに見た自転車店D店の駐車場看板が、とても印象に残っています。

4車線の幹線道路に面するD店のメイン看板は、2階建てのお店の屋上に設置されていて、遠方からもよく見えています。明るい緑色に白文字で、大きく「自転車」の文字とピクトグラムが描かれたシンプルな看板は、通行する車の運転者にとって、「この通りに自転車店がある」と印象付ける役割をはたしています。

駐車場案内の看板は、道路に直角向きで歩道脇に立っています。色は緑色、「P」の文字と矢印は白色で、メイン看板と同色です。

この、両方の看板の色を揃えてあることで、直感で「自転車店とその駐車場」と、セットで認識できるようになっています。

もし、ふたつの看板の色がまったく違っていたとしたら、どうでしょう。車で近づきながら駐車場を探して、一瞬迷ってしまうかもしれません。

そのことに気づいて、街で看板を観察すると、駐車場案内看板の色まで揃えているケースは、かなり少数派です。色を揃えてセットで見せることは案外と気づかれていないのかもしれません。

2章1でもお話ししたように、メイン看板と他の看板は、色を揃えてリンクさせると、文字以上に、お客様にわかりやすく伝えられます。

色は、文字よりも遠くから判別できます。たとえば、道路で2つ3つ先の信号まで見えることはよくありますが、標識や交差点名などの文字はそれよりも近づかないと、読めません。

看板でも、色の使い方で、伝わりやすさがアップします。

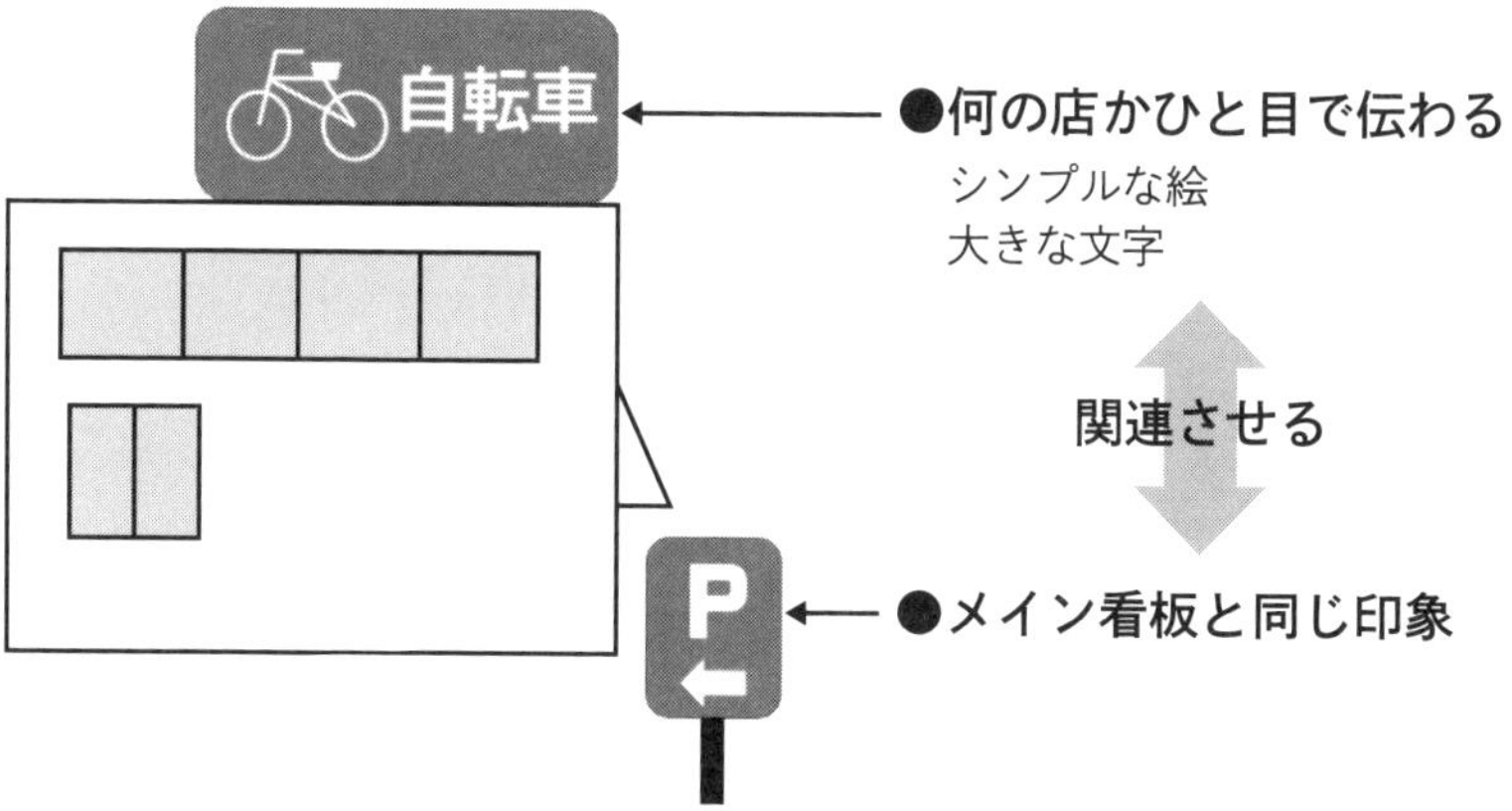

自転車
●何の店かひと目で伝わる
シンプルな絵
大きな文字
関連させる
P
●メイン看板と同じ印象
!

3章 「入りやすい」と感じる入口まわりの見せ方

01 入りやすい店4つの条件

人は、初めての場所では、本能的に身の安全を考えて警戒心を持ちます。新規のお客様が、お店の前で「入ろうか、やめようか」とためらう気持ちも同じです。

この警戒心を解くには、以下の4つの方法があります。

●開放感

入店前に、ウインドウからお店の中まで見えると、店内の様子がわかり安心できます。ドアが開いているのも、「どうぞお入りください」と歓迎されているように感じます。

また、入店までの動きをさまたげないよう、入口まわりに障害物を置かないことも効果があります。ドアの横の傘立てやA型看板などが、お客様の出入りを邪魔していないかをチェックしましょう。

●照明

人は、暗い場所よりも明るい場所のほうが安心して入っていくことができます。お店の中でも、とくに奥の壁を照らすと、全体が明るく感じられるようになります。簡易な照明をひとつ増やすだけで、新規のお客様への印象がアップします。

●統一感

人は、規則性があるものに安心し、好感を持ちます。外から見えるお店の中も、統一感があると目を引き、興味を持たれやすくなります。そのためには、什器を揃えたり、商品を整列させることが重要です。また、同じ形式のPOPを、同じ高さに掲示するのも、お店の中を統一して見せます。

●動き

店内に人の動きがあると、それに誘われて入店しやすくなります。また、スタッフが作業に動き回っていると、注目されにくいと感じて、安心して入店することができます。「入りやすさ」は、お店の工夫でも演出することができるのです。

●入りやすい店4つの条件

開放感

- 歓迎されている感じ
- 店内が見えると安心
- 出入りがスムーズ

照明

- 明るいと安心
- 明るいほうに目が行く
- 奥が明るいと効果大

統一感

- 規則性が目を引く
- 大きなかたまりに
  見えて目を引く
- どんな店かがわかりやすい

動き

- 動くものに目が行く
- 注目がそれて安心
- 繁盛店に見えて気になる

02 ドアマットどうする問題

お店の入口によく置かれているドアマットは、ドアの外側と内側、どちらに置いたらよいのでしょう。

たくさんのお店を訪問していると、ときどき置き方に迷っているお店があり、適切に置かれていないマットも目につきます。

ドアマットの置き方に、正解はあるのでしょうか。

●外側が適している場合

マットの主な役割は、出入りするときに靴底の汚れを、店内に持ち込まないようにするためですから、ドアの内外、どちらにあってもよいわけです。

しかし、外に置くべきお店があります。それは全面ガラス張りなどで、一見して出入口がわかりにくいお店です。マットが置かれることで、そこが出入口だとはっきりとわかります（左図参照）。

テナント店舗で、お店の前面が広く開放されている場合も同じです。入口部分にマットを置くことで、お客様の出入りをそちらへ誘導することができます。

引き違い戸の片側だけを出入口に使いたい場合にも、マットが「こちらから入ってね」というサインになります。

●内側が適している場合

マットが内側にあるほうがよいのは、出入口まわりに段差がある場合です。マットのほうに目が行ってしまって、段差を見落とす心配があります。高齢のお客様がつまずかないための配慮も、今後よりいっそう重要になってきます。

マットを外に置くと雨が当たって濡れてしまう場合も、かえって不快な印象になってしまいます。

また、マットによって間口が狭く見えてしまうと、新規のお客様には入りにくく感じます。

もし、どちらが適しているか迷うときは、一度「お客様はどうだろう？」と考えてみてください。

これは、ドアマットに限ったことではありません。いつも、答えはお客様が教えてくれるのです。

●ドアマットには、入り口を示す役割もある

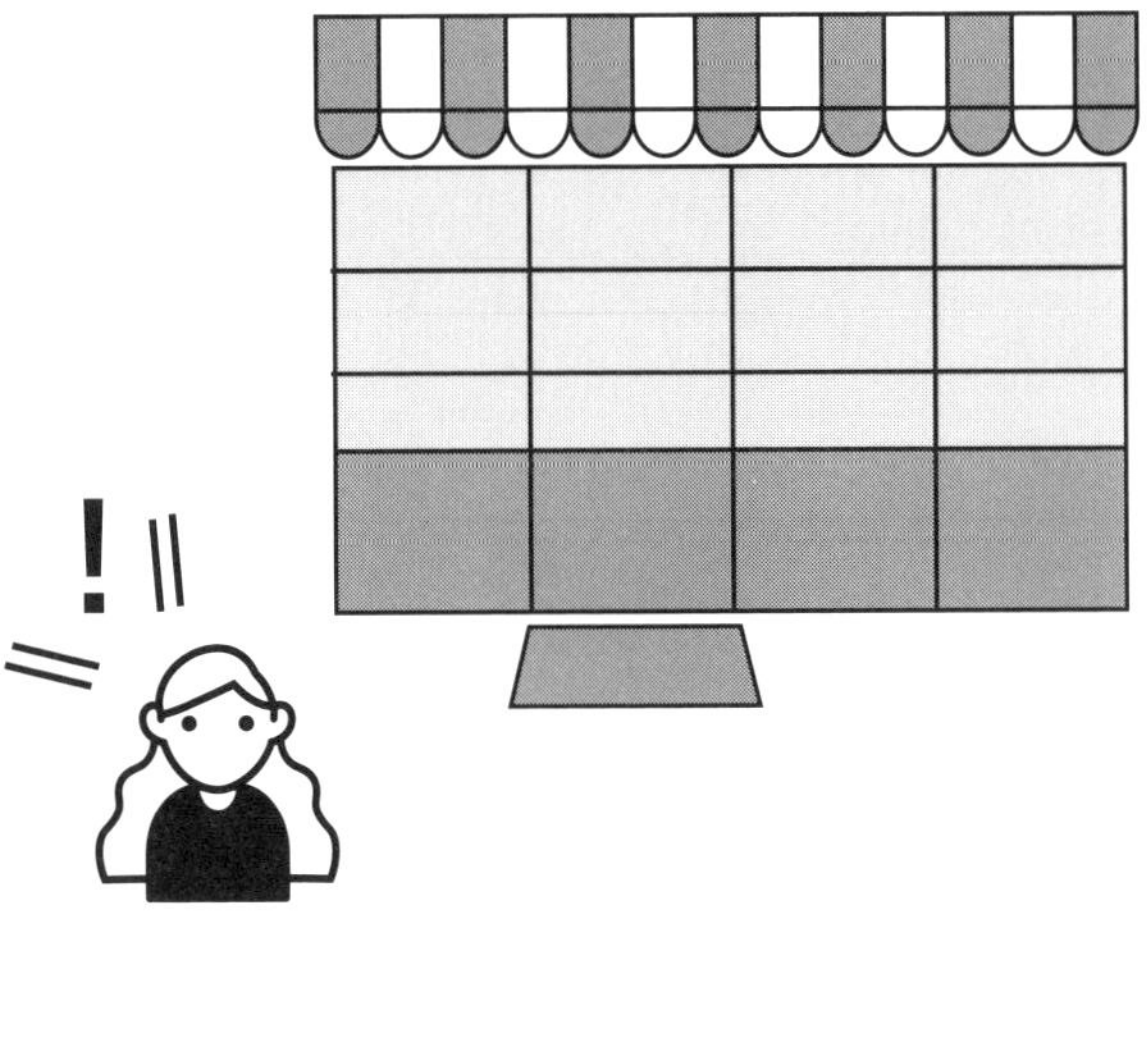

03 事例

カフェE店の話

カフェE店から、集客の相談があったときの話です。

E店は、お店の前面に駐車場があり、通行車両から見えにくい位置にありました。また、窓ガラスが反射して店内の様子が見えず、営業しているかどうかの判断がしにくい状態でした。

路面看板やメニュー紹介の懸垂幕など、改善点はいくつかありましたが、なかでも効果的だったのは、店頭のテーブルと椅子の改善でした。

もともとは、ガーデン用の丸テーブルセットが置かれていました。オープンカフェの開放感を連想させるよいアイテムです。

しかし、設置するときは椅子の向きがポイントになります。テーブルに向き合う椅子は「ゆったりと親密な場」を連想させます。一方、テーブルに横並びの椅子は「オープンに受け入れる」印象になって、気軽に入りやすく感じられます（左ページ写真参照）。

そこでE店でも、椅子の向きを道路側に向けるように変更しました。

さらに、椅子が黒色で目立たなかったので、店内からピンクとグリーンの椅子を持ち出して交換しました。

この椅子が、遠目からも目立つ色で、営業中の目印になり、入りやすさがアップしました。

その後、「椅子の店」と認識されて、新規のお客様からも、「バスの中から見て気になっていた」との声が聞かれるようになりました。

店頭の椅子の向きや色でも、入りやすさを演出することができます。

あなたのお店でも、店頭に椅子やベンチを置いて、お客様にウェルカム・メッセージを伝えてみませんか。

● 向かい合わせは、閉じた印象

● 外向き横並びは、受け入れる印象

ブルースター（旧店舗）／愛知県春日井市

04 新規客はコレを見ている

入口まわりの演出で、さらに新規のお客様に限って、見せたほうがよいモノが、あと2つあります。

●逃げ道

初めての場所では、人の防衛本能が働きます。新規のお客様にも、少なからず警戒心が働いています。「いつでも、店を出て帰ることができる」と思いたいのです。テナント店舗なら、通路に沿った什器があれば「通りがかりに見ているだけだから」と、安心して近づくことができます。

路面店なら、ドアが開けっぱなしになっていて、さらに、一歩店内に踏み込んだ空間に、方向転換できるゆとりが見えると安心できます。

一方向に進んでいる人がUターンするには、最低でも歩幅の75㎝と肩幅45㎝分を足した奥行と幅が必要です。少々のゆとりをもってと見積もると、約1坪（1・8m×1・8m）の空間が必要です。

お店の出入口まわりにゆとりの空間を作ることは、新規のお客様に安心感を見せる場になります。

●買いやすい価格の値札

新規のお客様の警戒心の中には、「自分がこの場にふさわしいかどうか」を確認したい気持ちがあります。その目安は商品価格にあります。

できるだけ店に入る前に、ショーウィンドウや入口まわりで代表的な商品とその価格を見せると、お客様は安心できます。店頭に、お店を代表するディスプレイを設置するのには、その役割もあります（本来の大きな役割は、店舗に気づいて興味を持ってもらうことですが）。

アパレルなど、値札を伏せておくルールのお店であっても、ショーウィンドウや店舗入口のマネキンだけは、外から価格を確認できる表示をしましょう。

新規のお客様の心理はデリケートです。お客様を迎え入れるためには、小さな石ころも一つひとつ取り除くような、細かな演出をしましょう。

レジの向き問題

いろいろなお店へ伺っていると、よく「レジの向きをどうするか」で悩んでいる店主さんがおられます。

お客様の逃げ道という点では、レジは入口正面をはずした位置にするのが望ましいです。

レジカウンターを、入口と対角線の位置、あるいは入口に対して直角の向きに設置すると、入店するお客様と直接顔が合わないので、安心して入りやすくなります。

どうしても、入口と向き合う場合は、カウンターの一部に背の高いものを置きその陰になるところで待機するか、なるべく店内へ出て作業するなど、お客様が入店する際に圧迫感を感じないようにしましょう。

05 いつも入口で引き返されてしまう理由

お客様がご来店されても、入口で店内を見渡して、すぐお帰りになってしまうということはありませんか？

本来ならば、店内奥のほうまでぐるりと回遊していただきたいところなのに、なかなか入ってもらえない。

これは、入口まわりの空間が原因かもしれません。

前章では、新規のお客様に見せる「出入口まわりの空間」のお話をしましたが、実は、その同じ空間がお客様をお店に引き入れる場にもなります。

●一歩踏み込んでもらう

お店の入口から、什器を2ｍ近く離して置くと、お客様のほうが、「もっと近くで商品を見たい」となって、一歩踏み込んできます。この一歩で、自分からこのお店を選んで入ったのだという積極的な気持ちが生まれます。

つまり、最初に踏み込むことが、奥まで回遊するきっかけになるのです。

●圧迫感を和らげる

什器が入口すぐにあると、お客様は圧迫感を感じます。お客様と商品の出会いも、人と人の出会いに似ています。商品のほうからぐいぐい迫ってしまうと、お客様は逃げたくなってしまいます。それでは、居心地もよくないし、そこから奥へ踏み込みづらいですよね。

圧迫感は、什器の高さが胸より高いとき、店奥までの目線が遮られるときに強く感じます。什器の高さが１２０㎝以上の場合は、入口から什器まで３ｍ程度の空間が必要です。

お客様が入りにくい理由には、入口の空間が十分にとれていないことがあります。ちょっとした空間で、お客様は安心したり、回遊するきっかけをつかんだり、居心地よく感じたりするのです。

一度、お店の外へ出て、入口まわりを見直してみましょう。

- お客様から、踏み込んでいくスペースが欲しい
- 背が高い、大きな什器は圧迫感がある
- お店の人と目が合うと、売り込まれそう

06 事例

婦人服店F店の話

婦人服店F店は、とある地方都市の大型ショッピングセンターのテナントです。約20坪ある店内には、カジュアルラインのみならず、お出かけ着やセミ・フォーマルまでの厚い品揃えがあります。

でも、ほとんどのお客様は通路側のラックまでで、なかなか店内にまで入っていただけません。その一番の原因は、お店側の「少しでもたくさん見ていただきたい」というサービス精神から、通路側にずらりと並んだラックでした。

お店の外へ外へと商品を押し出すような陳列になって、通路際までラックがせり出したことで、店内への入口の幅が狭くなってしまいました。

一方、お客様は、通路からそのラックの商品をひと通り見ただけで満足してしまうので、店内まで入ることがなくなってしまうのです。

お客様を思って入口まわりに陳列したつもりが、かえって店内へお客様を寄せ付けない砦のような存在になってしまったのです。

さらに困ったことは、ラックに並べた安価な商品が、お店の印象を形成してしまいました。お客様が「お出かけ着が必要だわ」となったとき、思い出していただける存在ではなくなってしまい、本来売りたかった中高価格帯の商品が売れない事態になってしまっていたのです。

このお店は、入口まわりのラックを半減させることで、店内への入口幅が広がり、店奥までの見通しもよくなって、入店していただく率が倍増しました。

また、これまでラックでふさいでいた場所に、中高価格帯の商品をアピールするディスプレイを設けることで、お店の印象も客単価も改善しました。

みなさんのお店の入口まわりはいかがでしょうか。一歩引くことで、お客様から近寄ってきてもらえますよ。

SALE
SALE
SALE

もう
たくさん見たわ
わざわざ
入らなくてもいいな

07 マネキンは語る！

ＶＭＤは、アパレル発祥の仕組みです。その中で、マネキンを使って、お客様に入店を促す仕掛けがあります。

お店の入口脇にマネキンが立っているのを見かけることがあります。よく見ると正面向きではなく、入口側に向けてやや斜めに立っています。これは、お客様の視線を店内へと誘う仕掛けのひとつなのです。

この応用編で、マネキンの顔だけが横を向いていても、人の目線はその方向に誘われます。同様に、片手だけ持ち上げていたり、手のひらが開いたりするポーズも、足を組むポーズやつま先が向いている方向も、そちら方向へ目線を誘う仕掛けです。

マネキンは、向きやポーズを利用して、お客様を店内へ誘導する仕掛けに利用できます。

でもこれは、アパレル以外のお店でも、マネキンがなくても表現することができます。

多くの商品にはラベルという顔が付いています。ラベルの向き、商品の向きが、お客様の目線を誘導するし、入口脇のＡ型看板あるいは、ＰＯＰに矢印を入れれば、自然にそちらへ誘導されます。コンビニのレジでも、つい足跡マークに沿って並んでしまいますよね。

人の選択を好ましい側に促す方法は「ナッジ」と呼ばれ、２０１７年のノーベル経済学賞を受賞した行動経済学の一部でも取り上げられています。

ナッジは、「軽くひじでつつく」という意味です。有名な事例は、オランダのスキポール空港の「便器のハエ」です。１９９９年のこと、男子トイレの便器にハエのシールを貼ったところ、周囲の汚れが減って清掃費を年間１億円以上削減できたとのことです。ハエが絶妙な的に見えたのですね。

お店でも、マネキンのポーズのようなナッジを使うことで、お客様の動きを自然に誘うことができます。

●マネキンの顔や手足の先で誘導する

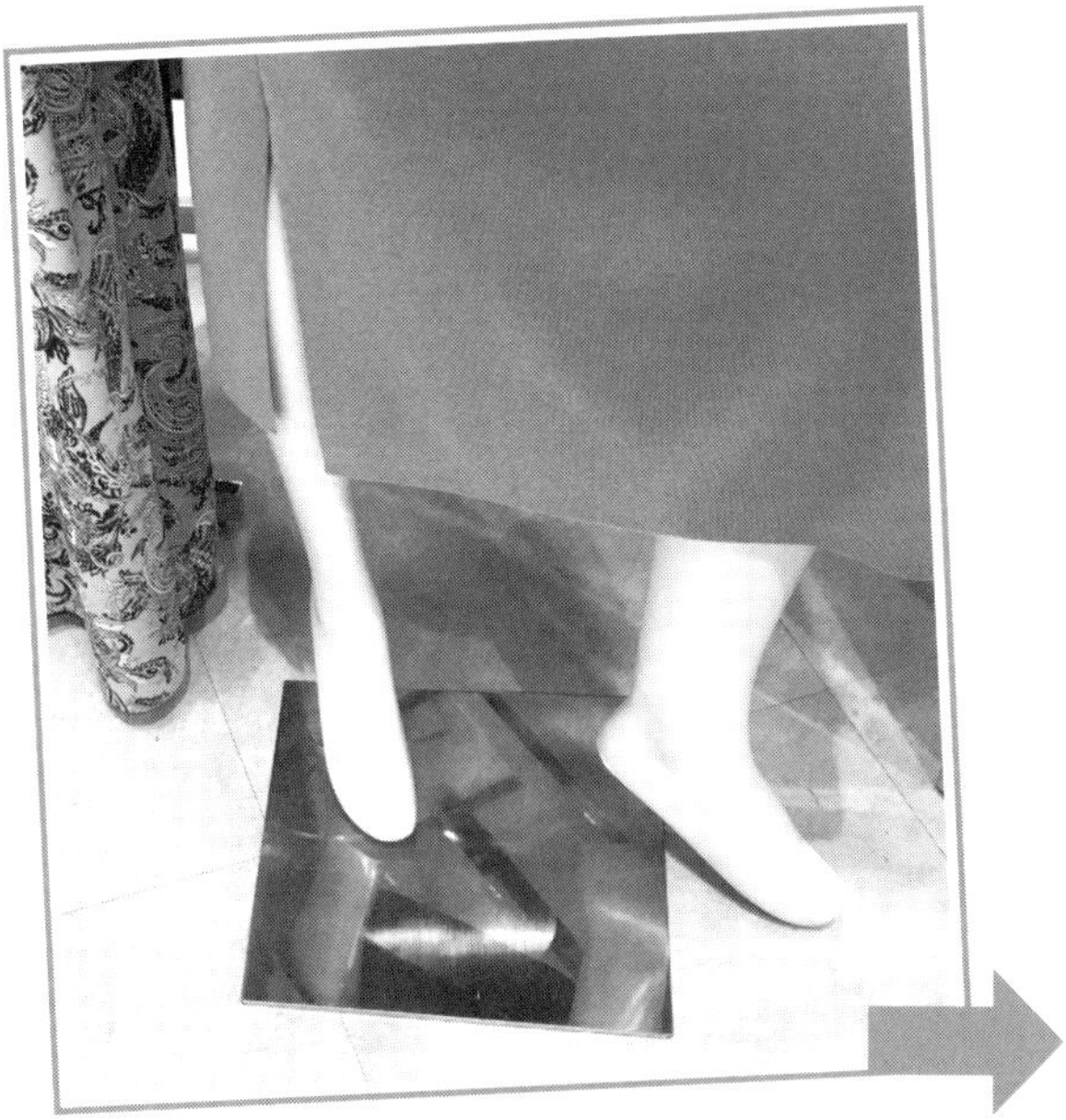

つい、こっちの通路へ入ってしまう

●行動経済学の応用事例

つい、ここで立ち止まる

つい、そちらに向かってしまう

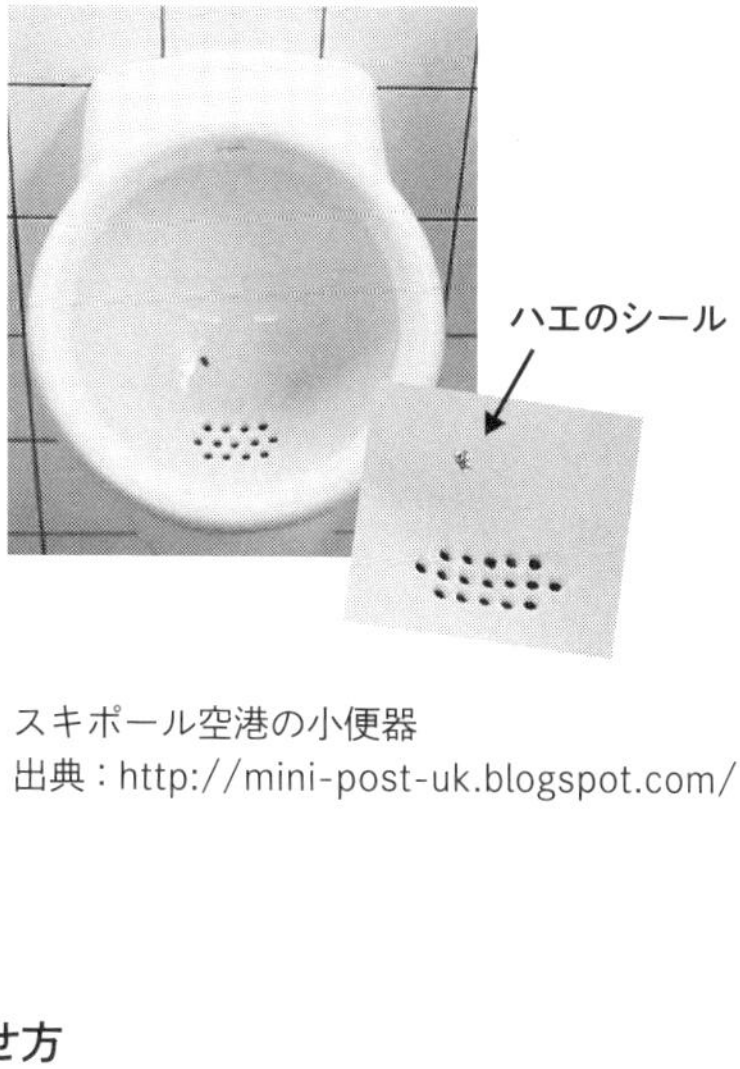

スキポール空港の小便器
出典：http://mini-post-uk.blogspot.com/

08 なぜか引き寄せられる入口の秘密

外から見て、お客様がシューッと引き込まれる入口の型があります。私は、その形状から「じょうごの法則」と名付けました。これも、ナッジのひとつです。

じょうごは、小さな口の入れ物に、液体をこぼさず移すときに使う、あの道具のことです。お店の入口まわりに商品を陳列するときは、空間にじょうごを描いてお客様が店内に引き込まれるようイメージしてみてください。

●什器を使うじょうご

店頭で、入口に向かって左右の什器が斜めに置かれていると、そこで陳列商品を見ているお客様は、自然に入口の方に導かれます。什器自体を斜めに置くこともあれば、いくつか並んだ什器をずらして置いて、じょうごの型を作ることもあります。

●商品を使うじょうご

什器を動かせない場合は、陳列商品を斜めに置くことで、じょうごの形を作ります。その場合、高い位置よりも高さ90㎝以下の低い棚のほうが効果的です。それは、目線がやや下向きになるのが普通の姿勢で、無理な力がかからず、意識せず自然に導かれやすいからです。

テナント店舗で、什器数・商品数が多くて店内のメイン通路が広く取れない場合にも、メイン通路への入口をじょうごにすることで入りやすくなります。

テナントのアパレル店舗で、入口のネストテーブルと床に陳列していた靴の向きを変えてじょうごを作りました。この5分程度の作業で、入店するお客様が増えた事例があります。

同様に、店内でお客様を特定の通路に誘導したいという場合でも、その通路入口で応用できます。

お客様に入ってほしい入口に向かって、什器や商品でじょうご型の空間を作って、自然にスムーズに誘導しましょう。

●什器を傾けてじょうごを仕込む

●商品を傾けてじょうごを仕込む

09

事例

生花店G店の話

以前、通りがかりに見かけた生花店G店の話です。

G店の建物は、人通りの多い歩道から3mほど下がった位置にあります。

歩道から店舗を見ると、入口までの通路に沿って、2つの大きな丸いプランターがあり、季節の鮮やかな花が植えられています。入口ドア脇にも、やや小ぶりですが同じようなプランターが置かれています。

この色鮮やかな3つのプランターは、通行する人にお店を認識させる役目をはたしています。

色鮮やかな花が目を引いて、その目の先にもうひとつ、さらに先にもうひとつ入口とセットでと、3度目に入ることで、より深く印象付けができます。

また3つをたどることで、自然に入口に引き寄せられることにもなります。

私は同一視線上で3つの同じものを見せて目を引く方法は、応用範囲が広いので、「三段ステップの法則」と呼んでセミナーでも紹介しています。

たとえばアパレルで、特徴的なデザインの服を3枚ハンガーにかけます。その服を、店頭の通路脇に1枚、通路の途中に1枚、突き当りの棚に1枚と配置します。三段ステップのように、通りがかりに目に入った1枚をきっかけに、奥まで目を誘うことができます。

アパレル以外のお店でも、G店のように商品の集積やディスプレイで再現できます。POPやタペストリーなどを利用した三段ステップも、同様の効果が得られます。

同じものが2つ続くのは偶然かもしれず、注目度は高くありません。しかし、3つ続いて同じものが見えると、意図を確信させて注目されやすくなります。

お客様を誘導したいときは、同じもの3つを目がたどるように置いてみてください。

●三段ステップの法則

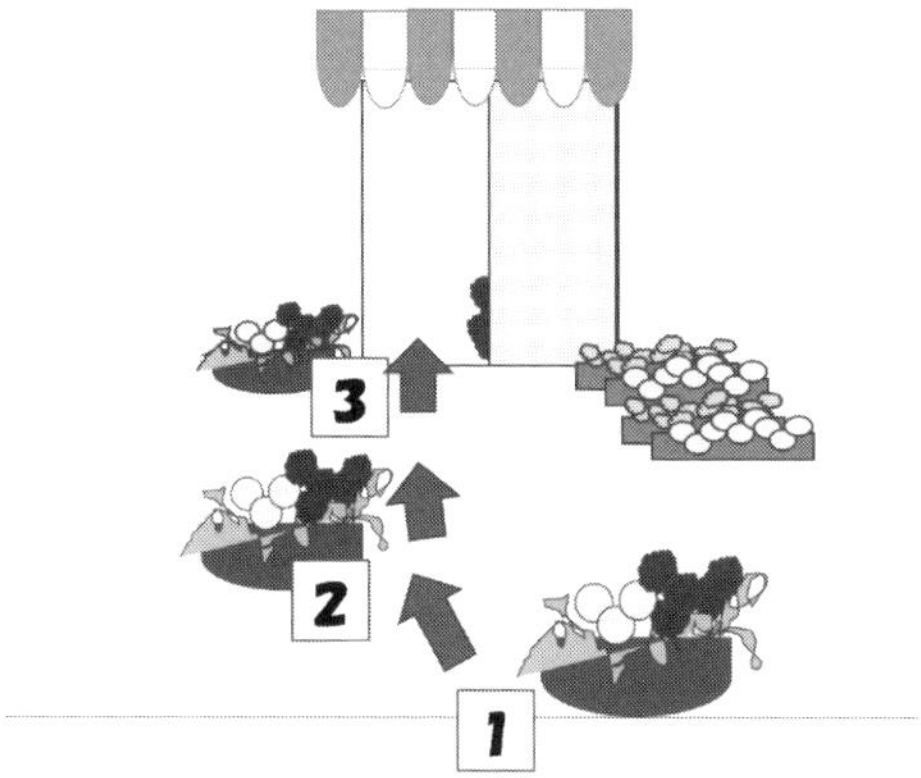

目を引く商品または装飾品を、
入口から奥に向かって、3ヶ所で陳列し
お客様を誘導する

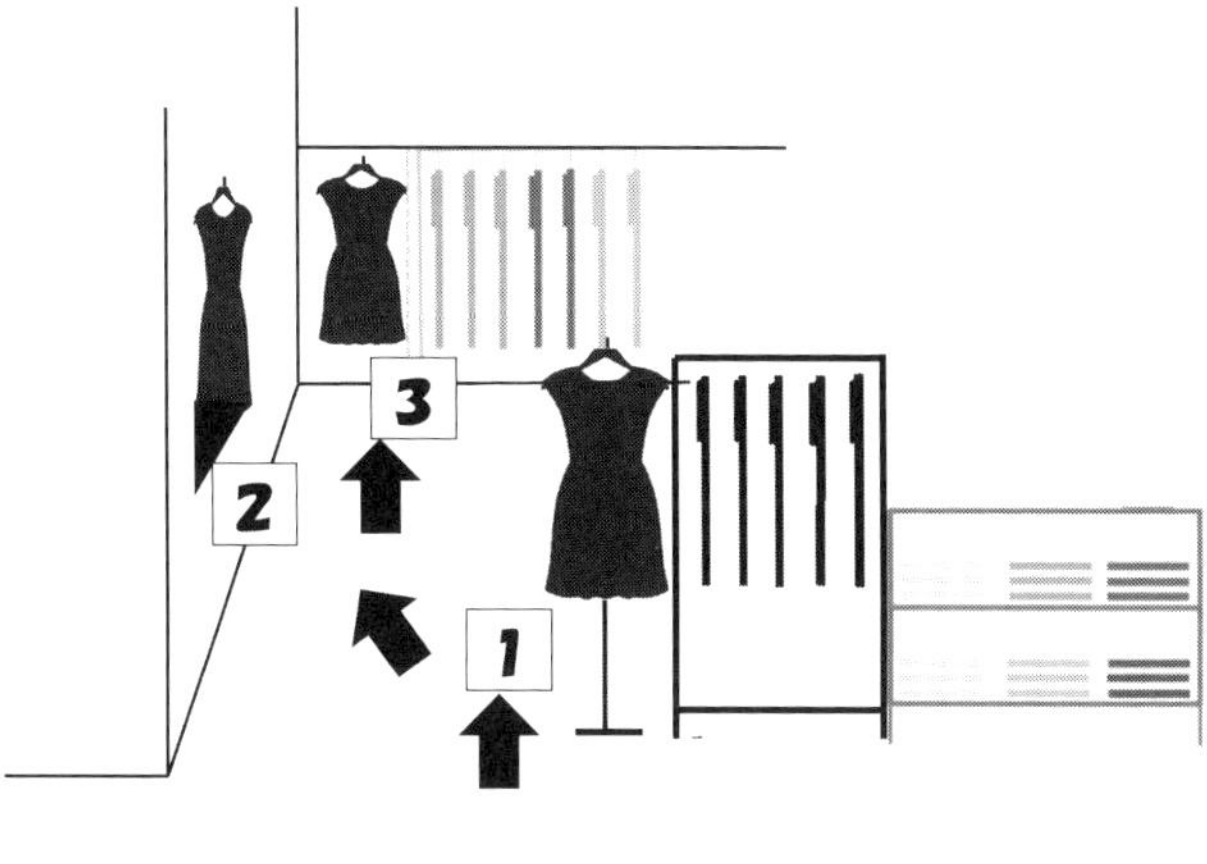

10 間口の狭い店、通路奥の店に効く照明効果

間口とは、建物を道路側から見た幅のことを言います。お店の間口が狭いと、それだけで通行する人の目に入る機会が減ってしまいます。

通路の奥や、旗竿敷地にあるお店の場合も同じです。人の歩幅は、身長×0・45㎝が目安です。この式にあてはめると、身長160㎝の人で72㎝、170㎝の人で76㎝です。間口10mの店の前を通過するのには13歩ですが、間口3mではわずか4歩、時間にしたら2秒ほどです。

このようなときに効くのが、光＝照明です。光は、人の防衛本能に働きかけるため、目を引きます。

光でお店に気づいてもらうときは、三段ステップの法則で、お店の入口前、店内の入口付近、店奥の壁と照明を配置します。

入口前の照明は、営業中の印です。店舗看板、A型看板などを照らします。店舗壁面に設置されている照明が入口から2m以上離れている場合は、入口近くに増設します。

店内入口付近の照明は、ディスプレイやメイン商品を照らし、お店の様子を外から見やすくします。

一番明るくしたいのは、店奥の壁を照らす照明です。明るさは、光が照らす面で感じます。スポットライトを奥の壁面に当てると、店内全体が明るい印象になります。

通路の奥や、旗竿敷地にあるお店では、点在する光で店頭まで誘導します。細い通路も、明るいことで安心できます。たとえば、通路片側の壁際で、2mおきに下から上へ向けて壁を照らすスポットライトを設置したり、壁に店舗情報のパネルを配置して照らしたりします。

この方法は、2階や地下への誘導でも有効です。

照明は、単に明るさのためだけでなく、通行する人がお店に気づき、安心して入店するための仕掛けなのです。

●入りやすくする入口まわりの照明

●店内を明るく見せる照明

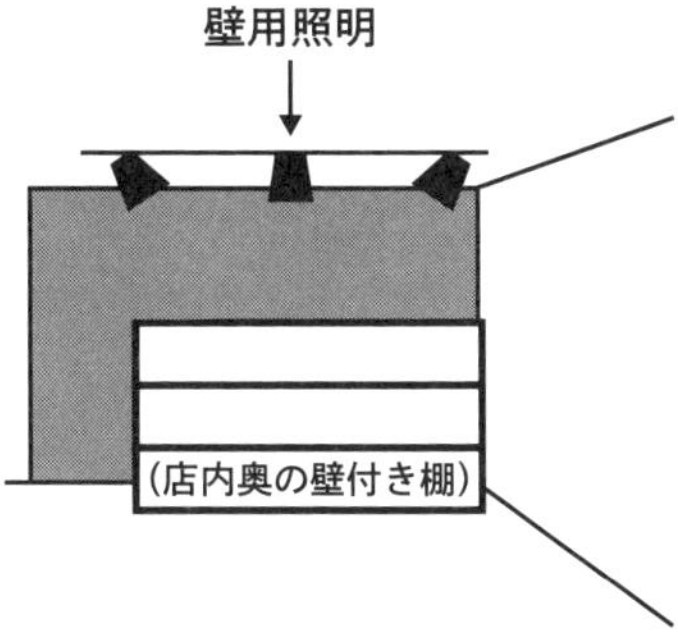

●通路奥まで誘導する照明

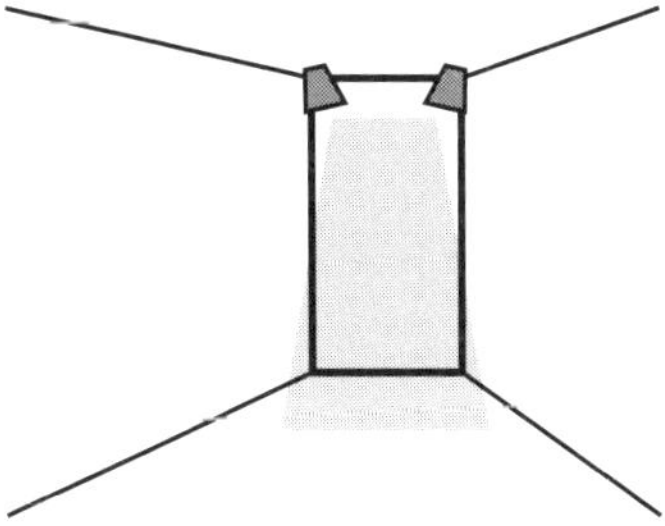

●奥の壁を照らすと
全体が明るく感じられる

●パネルを照らして
奥のドアまで誘導する

11 間口が広い店、天井が高い店の見せ場

建物の間口が広い店、天井が高いお店は、その特徴を利用した見せ方が必要です。

●間口が広い店

一般に間口が広い店は、商売に有利と言われています。それは、店全体が大きい分、目に触れるチャンスが増えるからです。

路面店なら、広い道路側の壁面（ファサード）を、お店のコンセプトに合わせたデザインにして強くアピールできます。大きな看板を付けて目立たせることもできます。大きな窓やガラス面を通して、店内の様子を外から見えるようにすることができます。

しかし、街を歩くと、大きなガラス面を使いきれずに、内側から壁にしたり、什器の背でふさいでいる店が多くあります。什器をガラス面から離して設置すると、外から店内が見えて開放感が出ます。ガラス面の一部をスリット状に空けて見せる、ガラス面に沿った什器の高さを90㎝程度にして上部を開放するなどして活用しましょう。

テナント店舗であれば、商品全体のボリュームをオーケストラの舞台のような形にイメージします。指揮者であるＶＰ（メインのディスプレイ）を手前に置き、通路側から三方の壁に向かって高くなるようにします。

●天井が高い店

ショッピングモールのテナント店舗に多い、天井高４m以上のお店は、上部空間が見せ場になります。

一般の什器の高さは２m前後です。店内中央では什器の高さを１５０㎝以下にすることが多いのです。すると、天井高４mの場合なら、店内空間の上部２／３近くがぽっかりと空きます。

その代わり、壁面上部がとても目立ちます。この空間は店舗コンセプトに沿ったデザインに活かしたり、ディスプレイに利用するのに適しています。吊り下げ型の照明や装飾で、上部空間を活かしましょう。

●間口の広い店は手前を低く、三方の壁に
向かって高くオーケストラの形で見せる

●天井の高い店は、上部空間が見せ場になる

12 事例 ミュージアムショップH店の話

ある博物館のミュージアムショップで研修を行なったときの話です。会議室での座学が終わった後に、ショップに移動しました。

ショップ前での、「お客様はどの方向から来ますか」という問いに、明確な答えは返ってきませんでした。

これは普通にどの店でもあり得ることです。ふだん、お客様との応対や作業に取り組んでいると、お客様の来店する様子まで観察する余裕はないからです。

そこで、お客様からのショップの見え方を確認するために、全員でショップまわりをぐるりと歩いてみました。館の入口から、展示スペースの出口ゲートから、レストラン出口から、休憩スペースから、ショップをながめてそれぞれの気づきを話し合いました。

店の見え方確認は、ひとりではなく全員で行なうと、いろいろな意見が得られます。

このミュージアムショップでは、「意外と天井が高い」という気づきから、その場で上部空間を活用するアイデアがいくつも出てきました。実際に歩くことで、お客様のニーズや購買意欲を想像することができます。各方向からのショップの見え方に沿って、商品やＰＯＰの設置位置も変更することになりました。

たとえば、もっとも購買意欲が高い（と、思われる）展示スペースから出て来たお客様に対して、オリジナル商品のＰＯＰが、もっとはっきり見えたほうがよいとなりました。他にも話し合う中で、これまで内側でお客様の応対をしていただけでは出てこなかったアイデアがたくさん出てきました。

お店の入口まわりの改善は、実際に外へ出て歩きながら話し合うと気づきが得られます。

●スタッフ全員で、店の外に出てお客様からの見え方を体験する

1：お客様はどのような人かを話し合う

2：お客様の来る方向を確認する

3：お客様から店がどのように見えているか、実際に20m先から歩きながら体験する

4：歩いてみて気づいたことを、話し合う改善提案を出し合う

5：改善提案に優先順位をつけて実践する

4章 「選びやすい」商品分類の見せ方

01 どんな分類をしていますか

「店づくり」というと、目に見えるディスプレイや陳列が注目されますが、実はすべての土台になるのは、商品分類です。お店の個性とか、そのお店らしさは、商品分類の仕方から生まれます。

商品分類は、お店側が商品を管理しやすくするためと、お客様が商品を選択して買いやすくするための2つの役割を持っています。管理ばかりを重視した売場は、倉庫に近くなってしまいます。分類を考えるときには、ぜひ2つの役割のバランスも取ってください。

商品を分類して整理していくと、組み合わせは何通りもできます。分類の仕方に、決まりはありません。変更も自由にできます。同じ商品を仕入れている2つのお店でも、分け方が違っているということもあります。

ある洋菓子店では、焼菓子の詰め合わせを大小さまざまな箱入りで販売しています。このお店は「焼菓子」→「箱の大きさ（価格）」という分類の仕方をしています。オフィス街に近い立地なので、社用の手土産としてサッと選んで買ってもらいたいと考えているからです。実際この店は、スーツ姿の男性客が多くご利用されています。

別の、住宅街にある洋菓子店では、個包装の焼菓子を1個から買いやすいよう、種類ごとにカゴに盛って販売しています。こちらのお店の分類の仕方は「焼菓子」→「種類」です。このお店は、お客様が日常のおやつに、一つひとつ楽しみながら選んで買ってほしいと考えています。このお店のお客様は、ご近所の買い物帰りの方が多いのです。

この2軒の洋菓子店は「誰にどのように買ってもらうか」という、お店の考え方・方針が違います。その結果が、分類の仕方と陳列の見た目の違いになり、集まるお客様も、選び方や買い方も大きく違ってくるのです。

さて、あなたのお店の商品は、どんなお客様に、どのような買い方をしてもらいますか。そのために、どんな商品分類をしていますか。

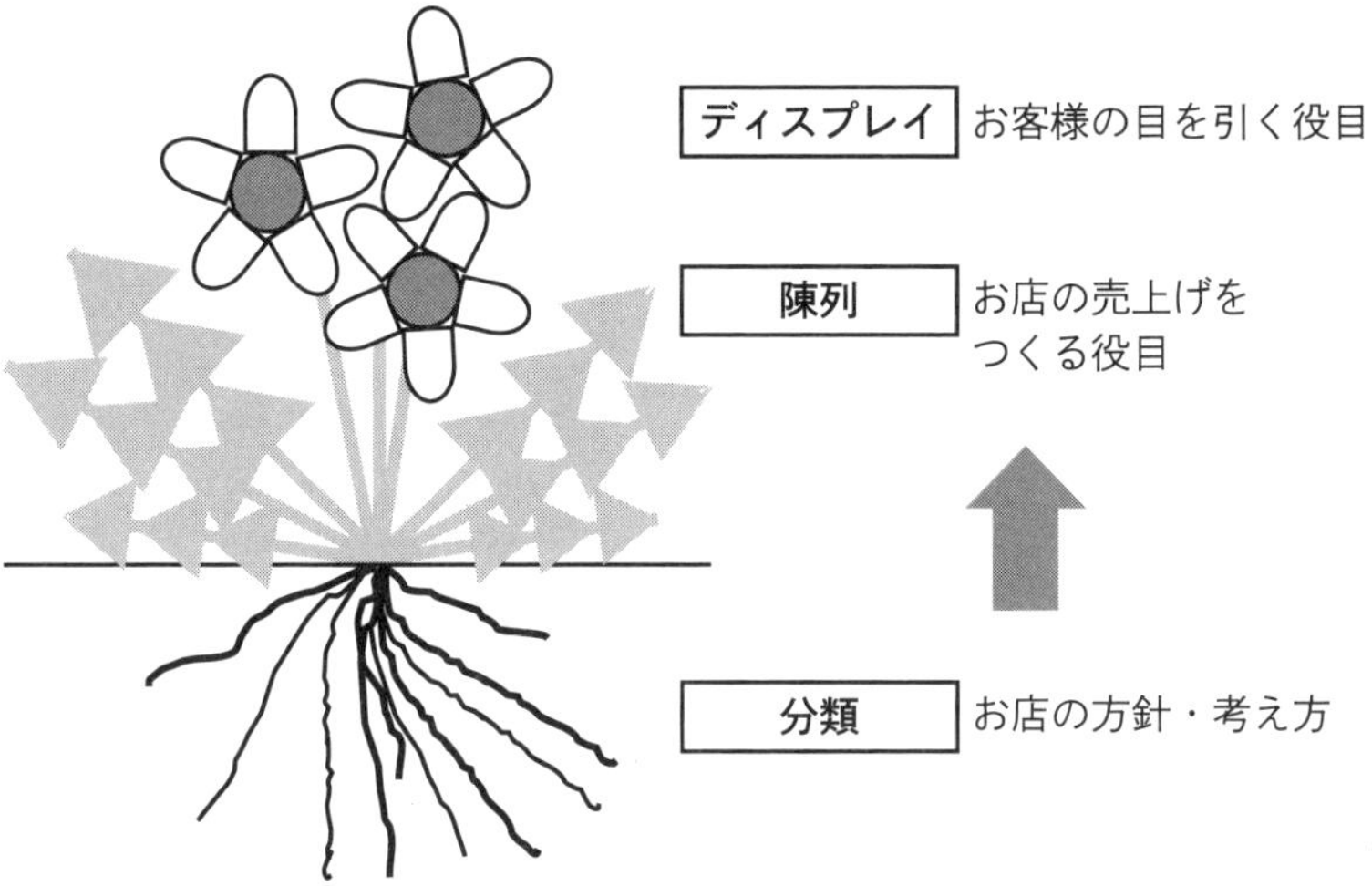

●根は目には見えないけれど
水分を吸い上げ、全体を支えています。
もし、根がなければ、葉も茂らず花も咲きません

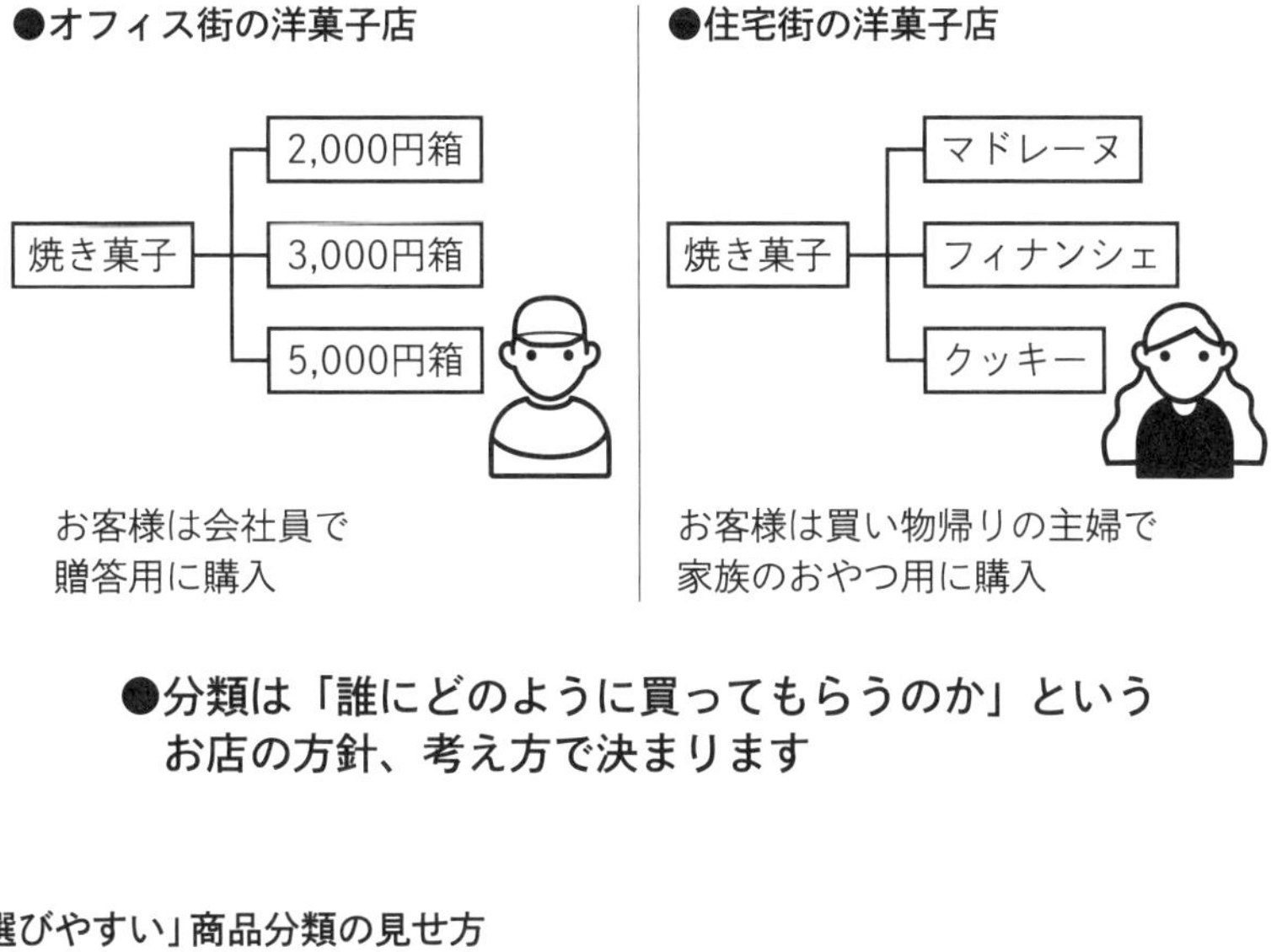

●分類は「誰にどのように買ってもらうのか」という
お店の方針、考え方で決まります

02 分類の軸を変えると商品の見え方が変わる

商品を分類するときは、おおまかに種類分けして大分類として、それを中分類、小分類と細分化していきます。

ドラッグストアで、「シャンプー」「洗濯洗剤」など、天井から下がっているサインが大分類にあたります。「洗濯洗剤」を、粉末、液体、ジェルなどの形態で分けるのが中分類です。これを、さらに容量で分けて小分類とします。

分類を図にしたものを分類ツリーといい、左ページのように、順に枝分かれした図になります。このとき、何でグループ分けするかのモノサシを、分類の軸と呼びます。例にあげた洗濯洗剤の場合「用途」「形態」「容量」「メーカー・銘柄」「香り」「価格」などの軸があります。

この分類の軸が入れ変わると、陳列の順番も変わり、棚の見え方も変わります。左ページの図をご覧ください。

●分類の軸は、お客様の選び方（買い方）で決まる

たとえば、洗濯洗剤を選ぶとき、お客様は何を重視するのでしょう。「粉がいい」「液体しか使わない」、そんな選択基準のお客様が多ければ、形態を優先します。

一方で、「○○に決めている」と、銘柄にこだわるお客様が多ければ、同一銘柄で、いろいろな形態や容量の品を固めて見せることで、好みの銘柄の中で比較選択できるような陳列をします。

このように、お客様の選択基準に合わせた分類で陳列して、その中で選択できるようにすると、品揃え豊富な印象になり、お客様の満足度もアップします。

お客様の選択基準を確認するには、接客の中でヒアリングをしたり、買い物の様子を観察したりします。もし、お客様が同じ棚の間を行き来するような動きがあれば、比較したい商品が隣り合って陳列されていないのかもしれません。

あなたのお店では、お客様の買い方に合った分類の軸になっているでしょうか。

●分類ツリー（ドラッグストアでの一例）

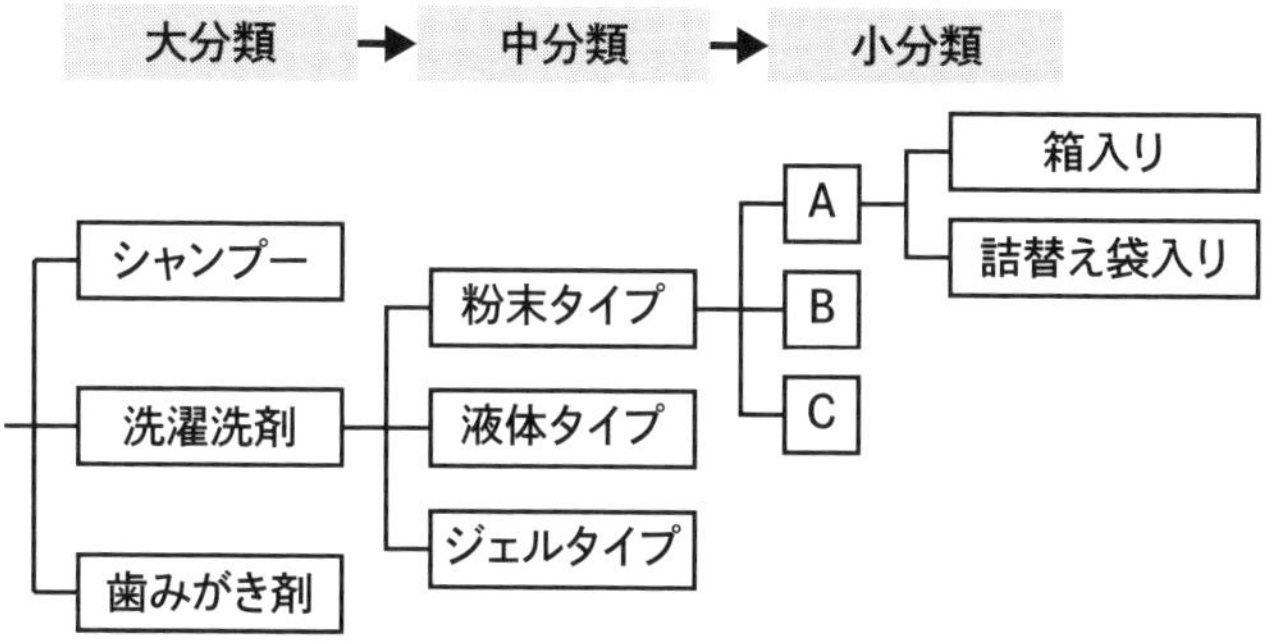

●分類の軸

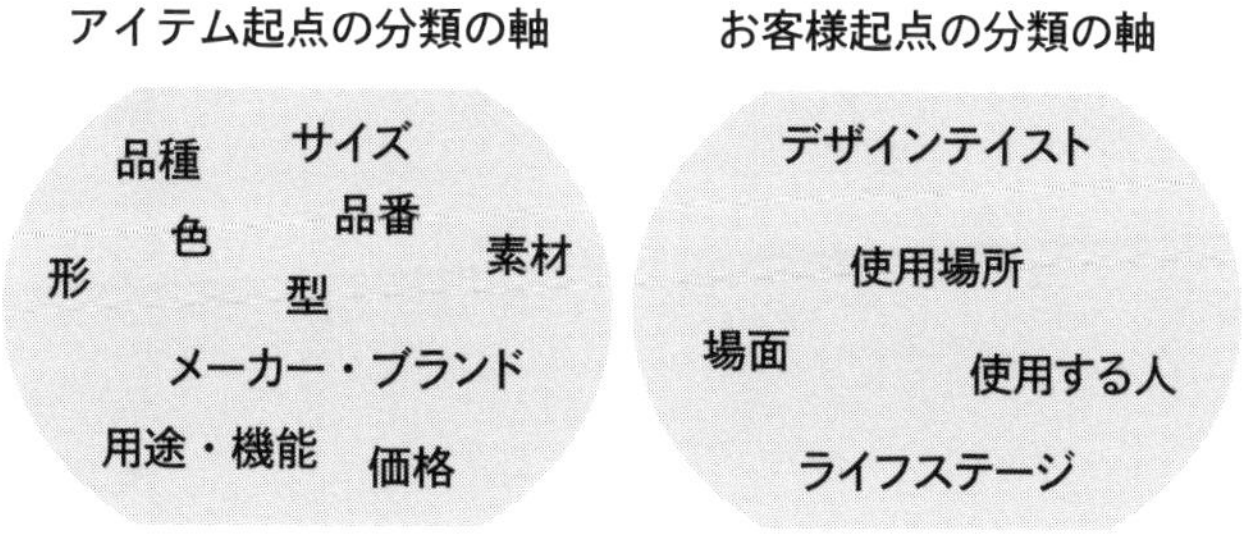

03 事例 リサイクルショップI店の話

以下、レディスアパレルのリサイクルショップI店でのお話です。

●分類の軸を変える

そのお店の分類の軸は「アイテム別」で、トップスの列、ボトムスの列と延々と陳列されています。お客様は好みの品に出会うまで、時間がかかって見飽きて疲れてしまいます。これでは、購買率は上がりません。

スタッフにヒアリングをしていくと、みなさんとても服が好きで、日々の仕事で磨いた選択眼を持っていることがわかりました。そこで、分類をアイテム別から、テイスト別に変更することを提案しました。

これで、お客様も自分の好みの品にアクセスしやすくなります。好きなテイストで選択できるようになると、1点だけでなく、コーディネートでの購入もしやすくなり、客単価アップも期待できます。

この提案から、スタッフさん達のアイデアも膨らみ、通路ごとに人気ファッション雑誌の名前を付けたお店になり、お客様にも喜ばれました。

●細かな分類→大まかな分類に変える

別のリサイクルショップでは、まったく逆の提案をしたことがあります。こちらのお店は、ブランドごとに細分化されたマニアック過ぎる陳列になっていました。

そこで、アンケートで8割のお客様が聞いたことがあると答えるブランドは、売場の外周にインショップ風に配置。それ以下のものはひとまとめにして、売場中央でアイテム別に陳列しました。これで、ブランドを重視しているお店の方針も見せながら、リサイクル品を気軽に買いたいお客様の利便性も図るような分類になりました。

今現在の分類の仕方が、お客様の選び方・買い方に合っているか、をチェックしてみてください。

●分類の軸を変えた事例

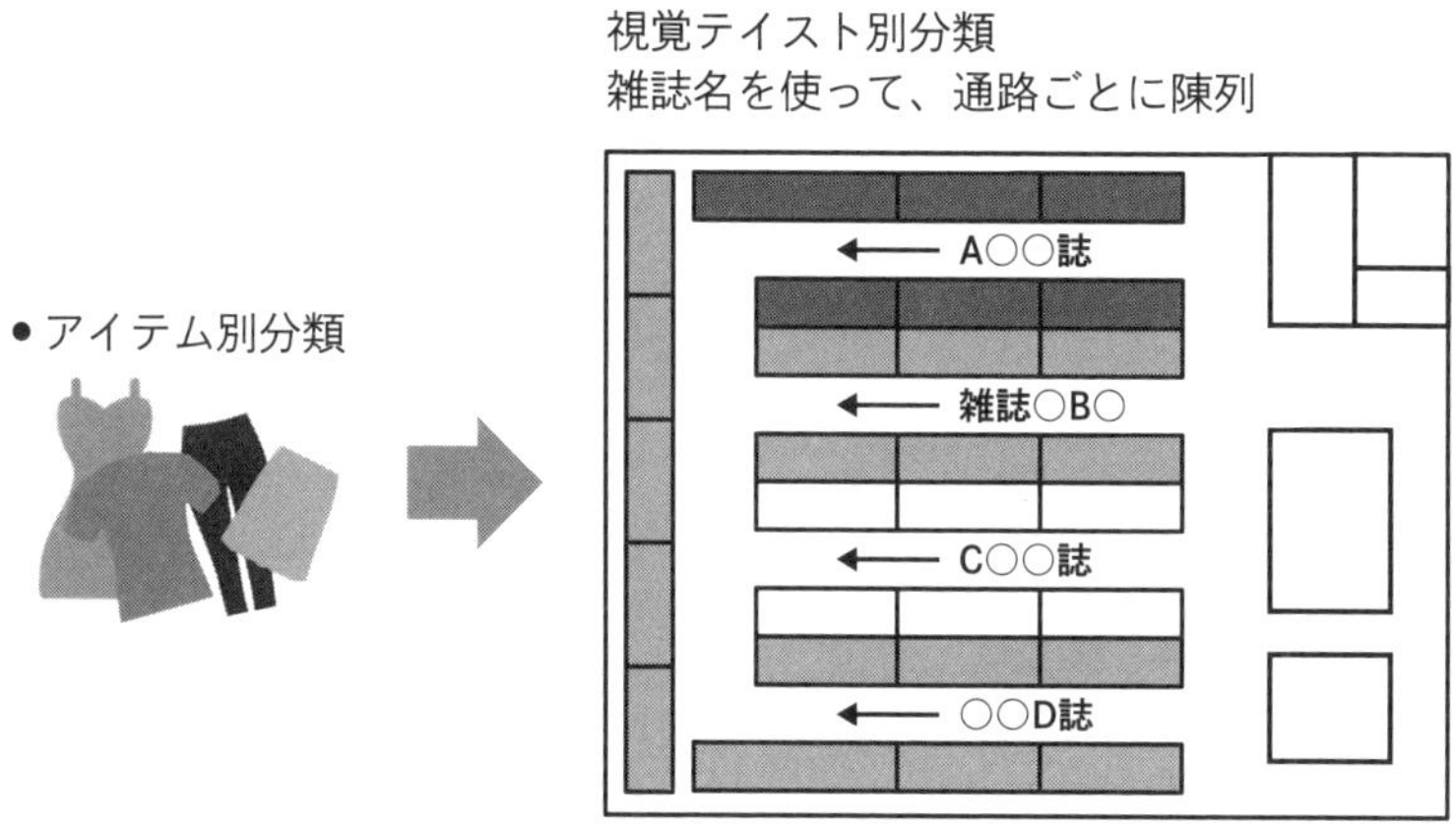

視覚テイスト別分類
雑誌名を使って、通路ごとに陳列
・アイテム別分類
A○○誌
雑誌○B○
C○○誌
○○D誌

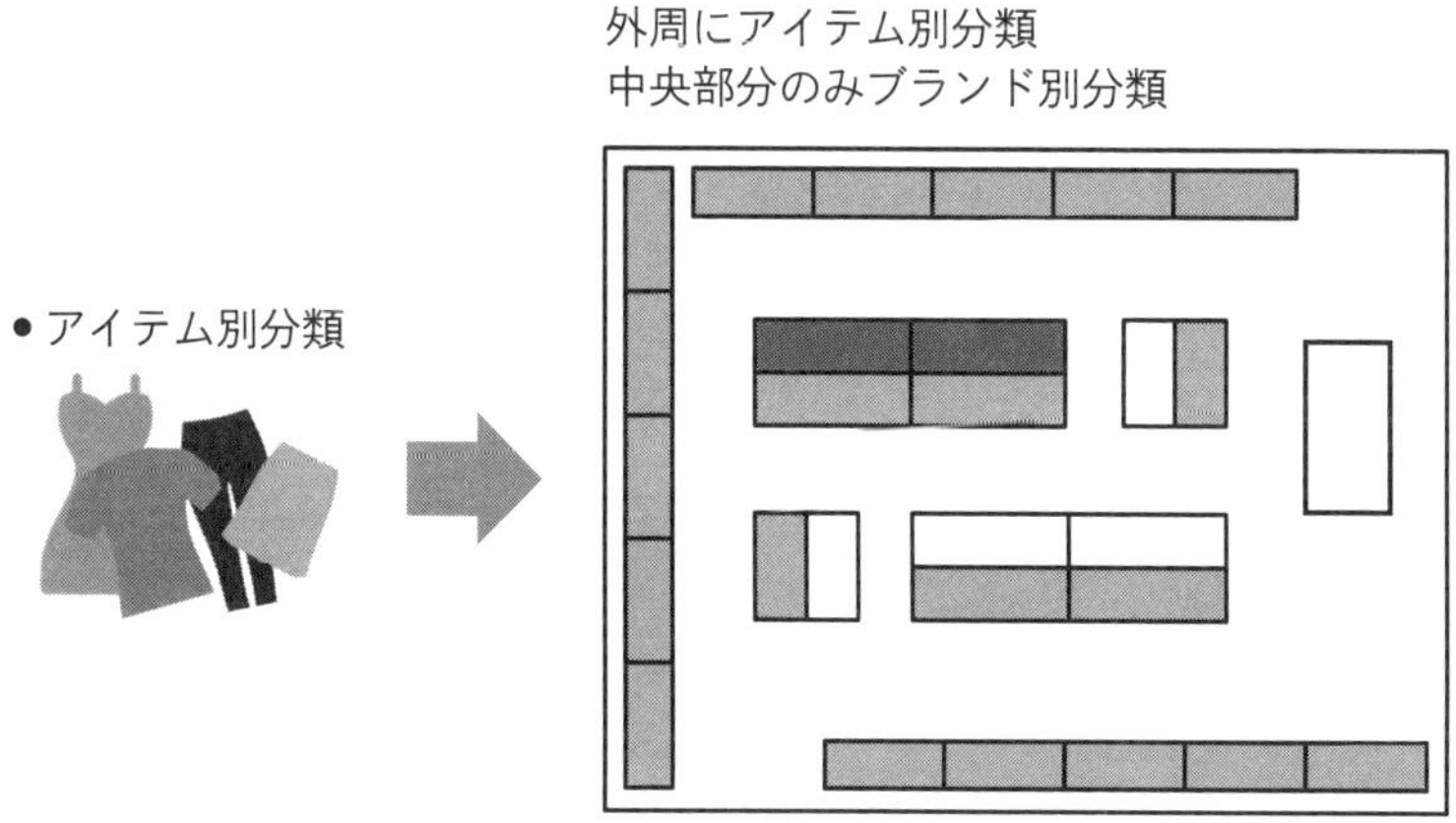

外周にアイテム別分類
中央部分のみブランド別分類
・アイテム別分類

04 図書館型と蔦屋書店型あなたの店はどっち?

分類のとてもよいお手本は、図書館です。どの本も、誰でもわかりやすく、重なりのないように整理して、並べられています。

多くの書店も、図書館の分類方法にならっています。小説は作家名の順に並んでいるし、パンのレシピ本やワインの案内書は料理のジャンルにと分けられています。お客様は、お目当ての本が素早く見つけられるようになっています。

同じ書店でも、蔦屋書店は他の書店と違った印象です。カフェや雑貨売場が混じるのも異色ですが、最大の違いは、分類の軸が「テーマ別」になっていることです。「食べる」「くつろぐ」「旅」といったテーマで本を集めています。たとえば、「旅―アメリカ」の棚であれば、単に旅行案内書や地図だけではなく、アメリカに関する物語やエッセイ、写真集、歴史書などが、ジャンルを超えて集められ、一見して本が見つけやすいことよりも、お客様に本との出会いを提案するような棚になっています。

同じ本を扱っていても、違う見せ方があり、それぞれがお客様のニーズの違いに応えています。

左に、私が研修で使う分類の軸のワークを紹介します。形と色の違うチップ9個を商品として、3つのカゴに陳列してみましょう。

分類の軸を「色」にすると、左の図のような陳列になります。また、分類の軸を「形」にすると、左の下図のような陳列になります。いかがでしょうか。同じ9個のチップが、分類の軸を変えることで見え方が違いますね。

どんな商品にも、現在とは違った分類の軸が隠されています。あなたのお店でも、全商品をバラバラにして眺めてみてください。きっと見つかりますよ。

分類の軸には正解はなく、優劣の比較もできません。「こんなお客様に、このように買ってほしい」というお店の方針と、お客様の選びやすさ・買いやすさの、両面から見て決めます。

●分類の仕方で陳列が変わって見えるワーク

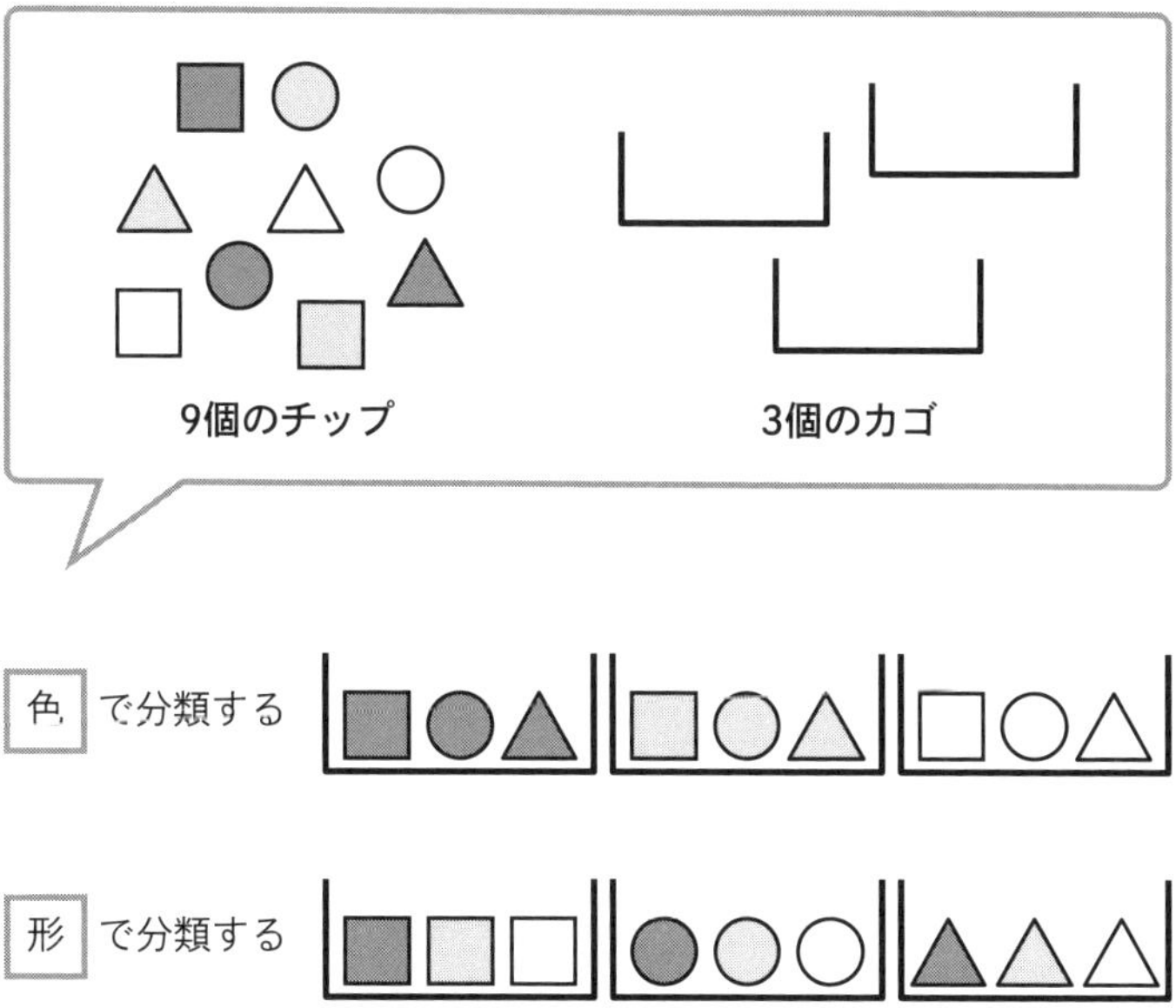

05 事例

ギフトショップJ店の話

商品数が多いお店では、少しでもお客様が選びやすくなるように、比較検討の目安になる分類を提示しなければなりません。

大型ギフトショップJ店で、商品分類を見直したときのお話です。

ギフト商品を選ぶお客様は、「引っ越しのあいさつにちょっとしたもの」「出産祝いを何か」「法事の引き出物で予算はこれくらい」と、贈答理由と予算が明確です。

その一方で、商品そのものについては「見てから決めよう」と、あいまいな状態でご来店されます。

J店の分類の軸は、「アイテム別」のみでした。店内は、タオル・食品・インテリア……と、売場ごとに整然と陳列されているのに、商品選択に迷うお客様が多く、お店も悩んでいました。

そこで、お客様の選び方・買い方に寄り添うために、新たに、「贈るシーンの案内」と、「価格別」の分類を増やす提案をしました。

まず、アイテムそれぞれの売場で、商品に「○○好適品」と書かれた小さなリボンを付けて贈るシーンの目印にしました。

また「プチギフト」の需要が増えていることから、売場のあちこちから低額商品を集めて、新たな売場をつくりました。ここが、お客様の滞留する場になって、にぎわいづくりにもなりました。

さらに、メイン通路にワゴンを並べて、3000円、5000円といった均一価格コーナーを新設しました。予算金額を提示すると、急ぎのお客様は選択時間を短縮できます。店側も、おすすめ品や数量が揃わなくなった商品を、まとめてアピールする場ができました。

このように、分類の軸を途中で増やすことも、分類ツリーの順番を組み替えることもできます。お客様の選び方・買い方に合わせて柔軟に対応したいものです。

●J店beforeの分類ツリー

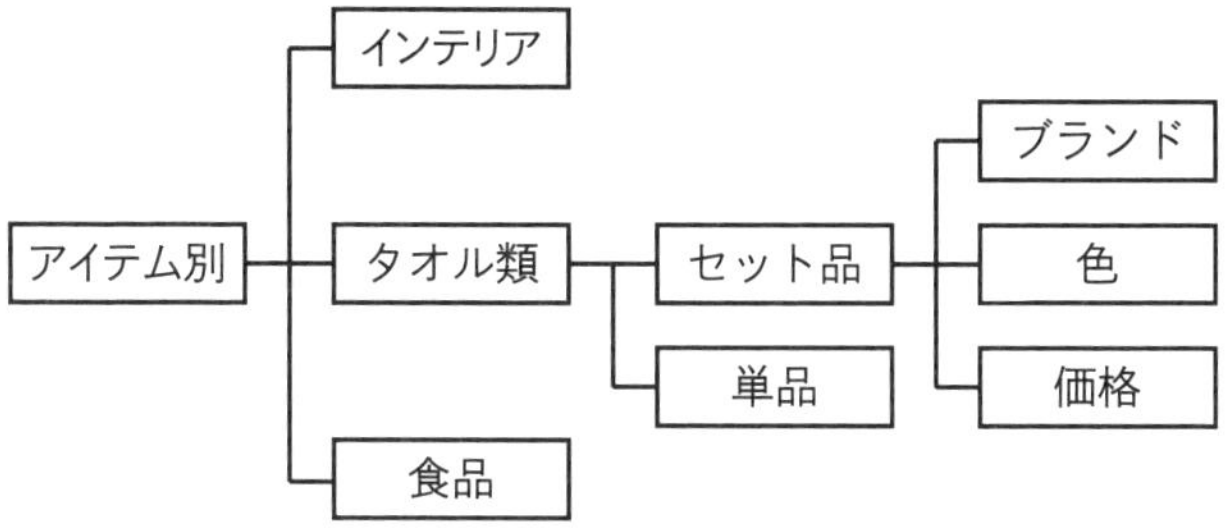

●J店afterの分類ツリー

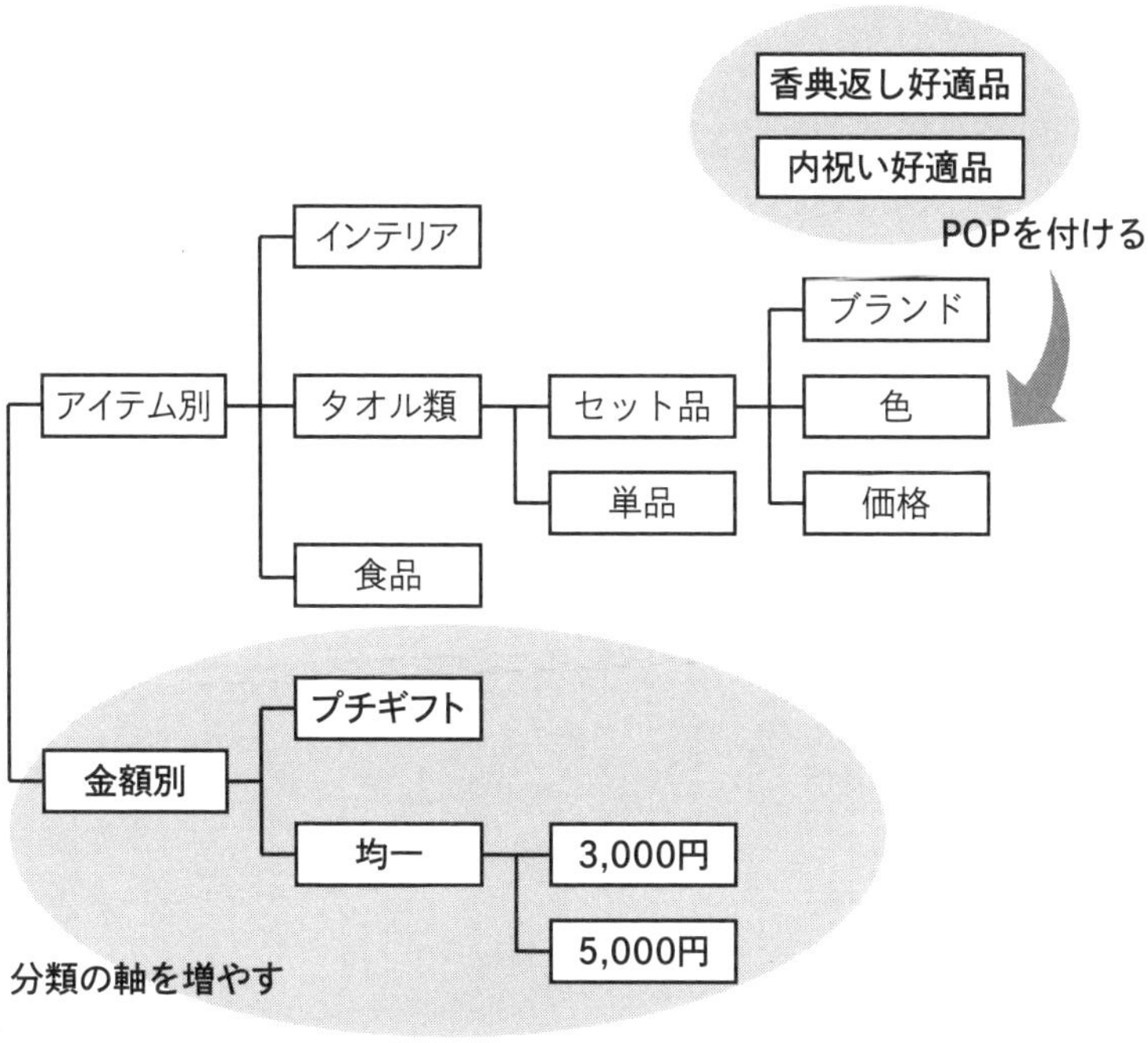

06 分類で自店の方向性を伝える

分類の軸に何を選ぶかによって、お客様がお店に抱く印象も、お店の方針の伝わり方も変わります。

●ドン・キホーテの店づくり

量販店のドン・キホーテでは、店内に入ると迷路のようであり、思いもしなかった商品が唐突に現われたり、必要な商品がなかなか見つけられなかったりします。商品一つひとつはありふれた日用品で、他店でも買えるものなのに、まるでドキドキワクワクの宝探しのようです。

運営会社の株式会社パン・パシフィック・インターナショナルホールディングスのホームページには、お客様に買い物を通じて、便利さ（CV：コンビニエンス）、安さ（D：ディスカウント）、楽しさ（A：アミューズメント）を提供する「CV＋D＋A」を掲げています。このコンセプトに基づく店舗運営と商品施策により、「必要な物を、必要な時に買う」だけでなく、買い物自体を楽しむ「時間消費型店舗」であるとあります。

●ある農産物直売所の店づくり

農産物の委託販売をしている、とある直売所では、生産者さんごとに棚を割り当てています。

すると、同じ商品があちこちの棚に並びます。この棚のタマネギは3個入り、あっちでは4個入りといった具合に、価格も個数もまちまちです。お客様は、比較して選ぶために店内を行き来することになります。

お客様の選びやすさ・買いやすさからいえば、タマネギは1ケ所にまとめて陳列されていてほしいですよね。しかし、この店の場合は棚ごとに、生産者の写真とプロフィールを紹介するPOPを掲げていて、「生産者さんとの関わりを大切にしたい」というお店の方針が伝わってきます。お客様も、そのお店の分類の仕方（売り方）に共感を覚えているのではないでしょうか。

このように商品分類は、お店の方針を表現することで、お客様が抱くお店の印象を演出することもできます。

●ある農産物直売所の分類

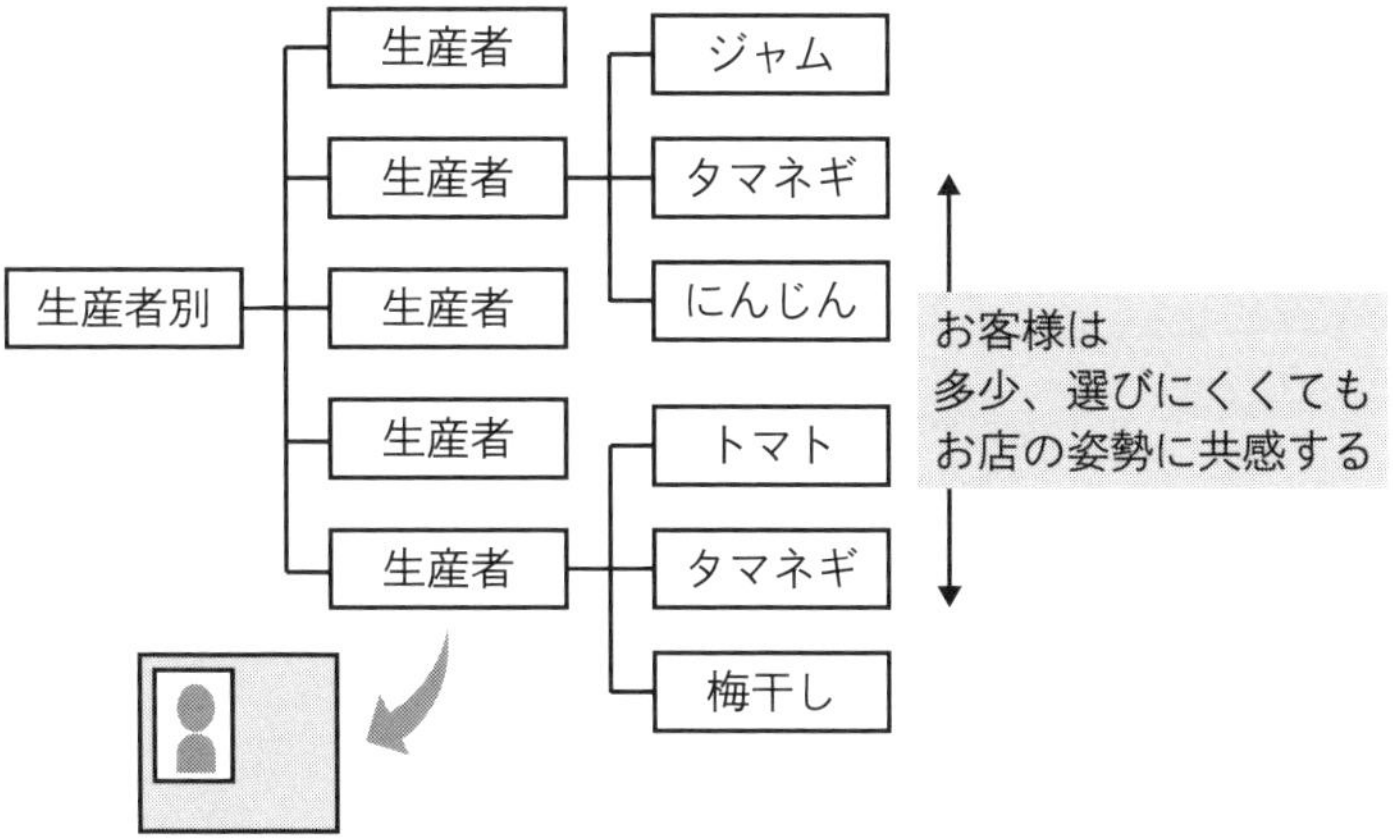

- 写真付きPOPで紹介→生産者との関わりを
  大切にする姿勢が見える

- アイテム別分類は、選びやすい利点があるが
  スーパーとの違いは表現できない

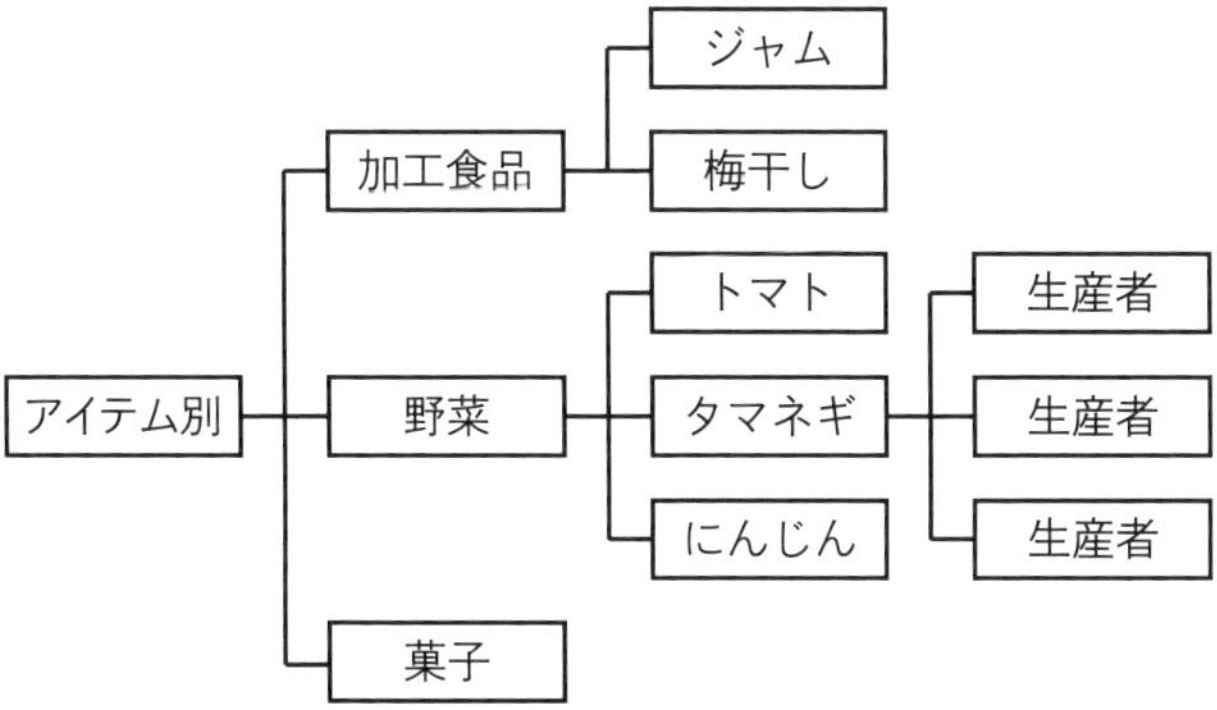

07 事例

眼鏡店K店の話

街の小さな眼鏡屋さんK店では、メガネフレームの陳列で、男性用、女性用、子ども用と「属性」を分類の軸にしていました。

小さなお店なので、商品数は限られています。でもどれもが、店主さんが選りすぐって仕入れた特別なフレームです。

メガネフレームは、標準的な顔の幅の違いから、製作段階では男性用・女性用が区別されていますが、お客様の個性はいろいろです。K店の店主は、資格を持った熟練の専門家として、サイズの見極めやお客様の顔型によって似合うフレームの型など、丁寧にアドバイスされています。

それならば、最初に男女で分けて、お客様の選択肢が半減するのは、とてももったいないことです。

そこで、分類の軸を「属性」から「フレームの型」に変更するように提案しました。

お店にとっては、目利きをして仕入れたフレームを、男女の区別なく多くのお客様に見てもらう機会が増えます。お客様にとっても、専門店ならではの説明を受けたうえ、自分の好みでの選択もできて、満足度もアップします。フレームの型から始まる、K店らしい接客が自然にできるようになりました。

接客中心の販売をしている場合は、その接客の流れ＝分類の軸とすることで、スムーズな商品紹介ができるようになります。

何より、K店では分類の軸を「型別」に変えたことで、「お客様に、もっと似合う眼鏡を提供したい」という方針が表現できました。

小さなお店でも分類の仕方で、「その店らしさ」をお客様に伝えることができるのです。

●分類で「その店らしさ」＝コンセプトを伝える
●カウンセリング中心の場合、接客の流れ＝分類の軸になる

08 たくさんあることが親切ではない

商品の選択肢がたくさんあると、お客様の満足度が高まります。その反面、選択肢が多すぎると、今度は選べなくなります。

●ジャムの試食販売実験

有名な研究に、ジャムの試食販売実験があります。あるスーパーの一角で、24種類のジャムと6種類のジャムを用意して試食販売をしました。その結果は、

・24種類では、試食に来た3％の人が購入
・6種類では、試食に来た30％の人が購入

つまり、6種類のジャムのほうが、10倍も売れたということです。24種類もあると、珍しさは強調できても、選ぶには多すぎて迷い、面倒になってしまうのです。

この実験を行なったコロンビア大学ビジネススクールの教授、シーナ・アイエンガー氏は、「選択肢は5～9（7±2）が〝最適だ〟」と結論づけています。最適というのは、人が主体的に選ぼうとして、その選択した結果について満足できるということです。

お客様が楽しく選べる範囲は、5～9種類までなのですね。単にたくさんあることは、お客様にとって親切ではないのです。

●シャンプーの商品数

以前、ある美容院から、店販商品の陳列について相談があって訪問しました。

その店では、シャンプーだけで10種類以上ありました。髪の専門家として、厳選した目でお客様の髪質に合ったものをおすすめする場面で、やたら数が多いと説得力に欠けてしまいます。もし、お客様の比較選択の指標が価格になると、とたんにドラッグストアのシャンプーが競合になってしまいます。

そこで、販売する品を5種類に絞り陳列変更しました。

商品がたくさんあることが親切なのではありません。お客様にとって、納得できる選択ができるように、適切な数に絞ることが大事なのです。

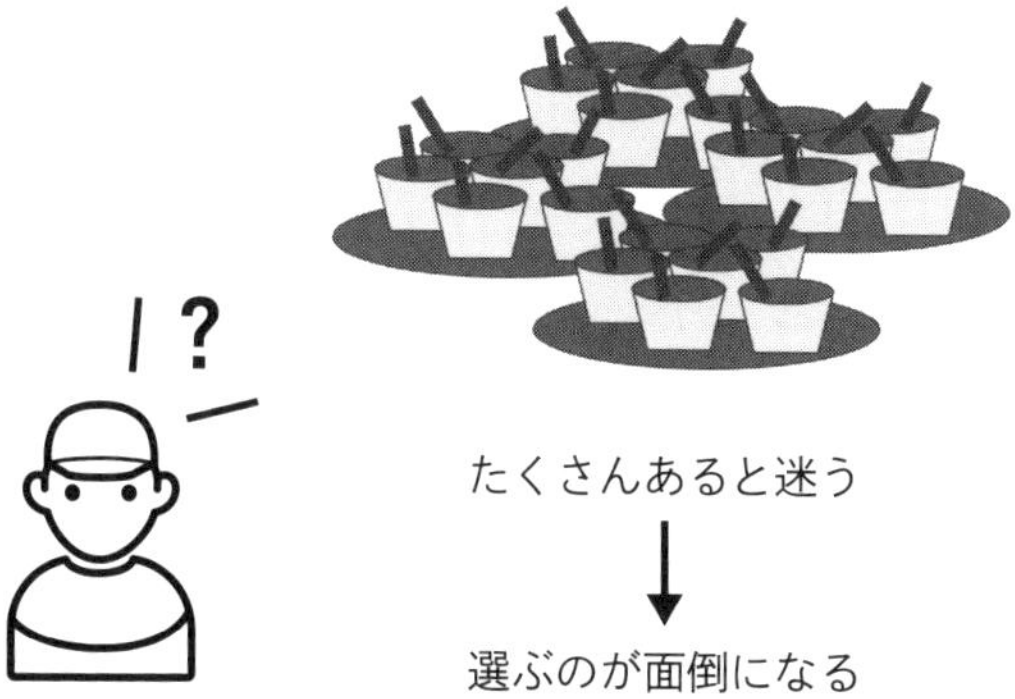

●選択肢は、5 ～ 9個（7±2個）が最適

09 2段階分類で選びやすくする

お客様が選びやすくなるように商品数を絞る方法は、前章の美容院のように、数を減らすばかりではありません。今の商品数のままでも、減らして見せることができます。

ある和菓子屋の進物用の箱入り菓子は、大きなショーケース2本分、全部で17種類ありました。お客様の選択肢としては明らかに多過ぎます。

そこで、この商品を1500円前後、3000円前後、5000円前後と、価格帯で3つに分類しました。

お客様は、まず価格帯を選び、次にその中の5～6種類の箱から、好みの菓子の組み合わせのものを選ぶようになりました。

このように、2段階に分けて選択できるように見せると、選びやすくなります。とくに、お客様が商品を選ぶ最初の条件を1段階目の分類にすると有効です。

和菓子屋の場合、お客様が17個で1回選択をしていたのを、価格帯分類で、3個から1度選択した後に5～6個から再度選択するというように、2回選択するように分割したのです。

選択回数が2回に増えても、お客様の負担にはなりません。人は一日に35000回もの意思決定をし、約20000回のまばたきをしていると言われています。つまり、選択回数が1回増えることは、まばたきを1～2回する程度の負担なのです。

また、選択肢は5～9が最適と言われているので、2回に分けて選ぶうち、どちらかの選択肢が最適数になると、お客様も、「よく比較して選んだ」と納得感が得られるでしょう。

あなたのお店では、多すぎる選択肢でお客様を悩ませていませんか。2段階分類で、お客様の選択をラクにしてあげましょう。

●一度に選ぶには多すぎる

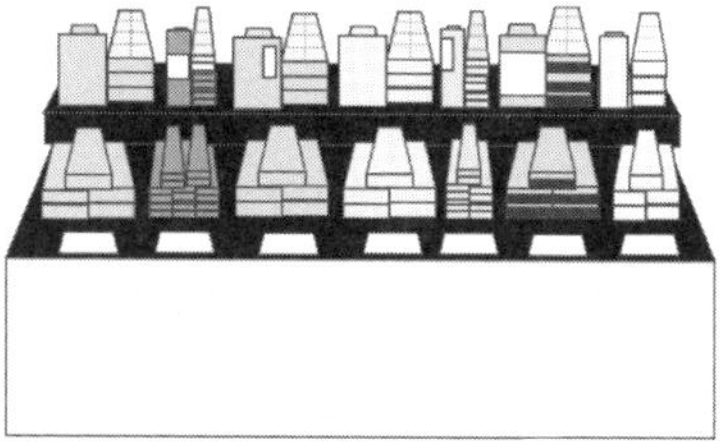

17種類が横並び

●2段階で選択する

1段階目　　敷物の色で3種類に分類
（選択しやすい数にする）

2段階目　　6種類　5種類　6種類

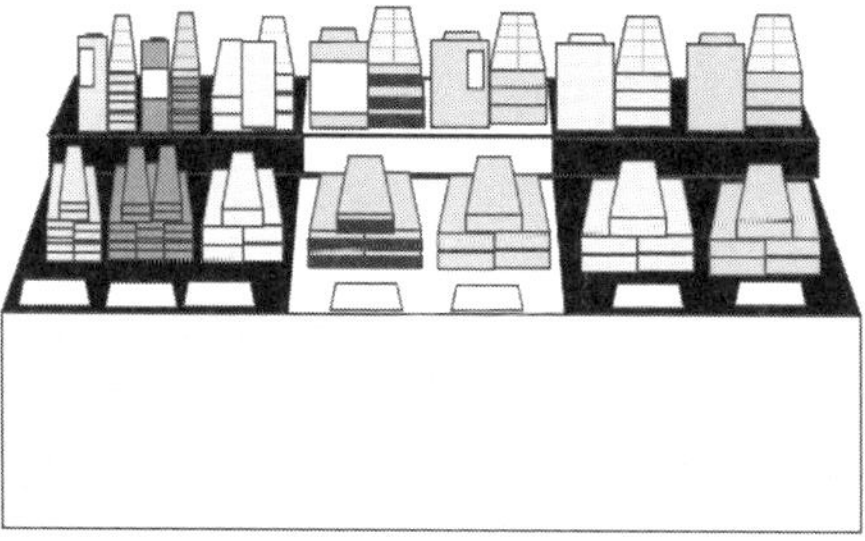

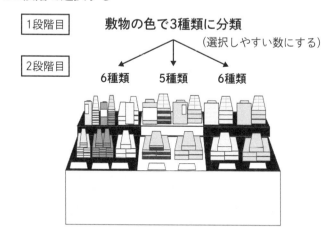

10 事例

洋菓子店L店の話

これは、洋菓子店の店舗診断にうかがったときのお話です。

洋菓子を製造販売しているL店は、近くにある親戚の農園から仕入れた無農薬りんごを使った焼菓子とジャムが自慢です。お客様には、箱入りの贈答用の需要が多いということでした。

私がうかがったとき、L店の分類の軸はアイテム別でした。りんごを使った商品も他の商品も同列に、クッキー8種類は壁側の棚に、バームクーヘンとパウンドケーキは3種類ずつショーケースの中に陳列されていました。それらを、お客様の好みと予算に合わせて箱詰めして提供していました。

そこで提案したのは、商品全体の分類はアイテム別のままにしておいて、「りんごの商品」だけを抜き出して、新たなコーナーを作ることでした。

りんごコーナーは、地元の特産品を使ったお土産としてもアピールできます。何より、店のこだわりや独自性を伝える場所にもなります。

後日、大中小3種類の箱詰めを見本に陳列して、「無農薬りんごの贈り物」と、親戚の畑や自家製ジャムを紹介する文章を、オーナーシェフが手書きしたPOPも添えた売場ができました。

それまで、親戚の畑や自家製ジャムのことは、お店が当たり前に思っていたことで、無農薬であることも、特にお客様に知らせてはいませんでした。コーナーを設けたことで、「そうだったの?」と、常連のお客様が喜んでくださいました。りんごのお菓子の詰め合わせは、これまで以上の人気商品になったそうです。

あなたのお店でも、当たり前のことと思って見逃していることがあるかもしれません。お店のこだわりや独自性から、分類の仕方を見直してお客様にアピールしてみてはいかがでしょうか。

●L店の商品分類への提案

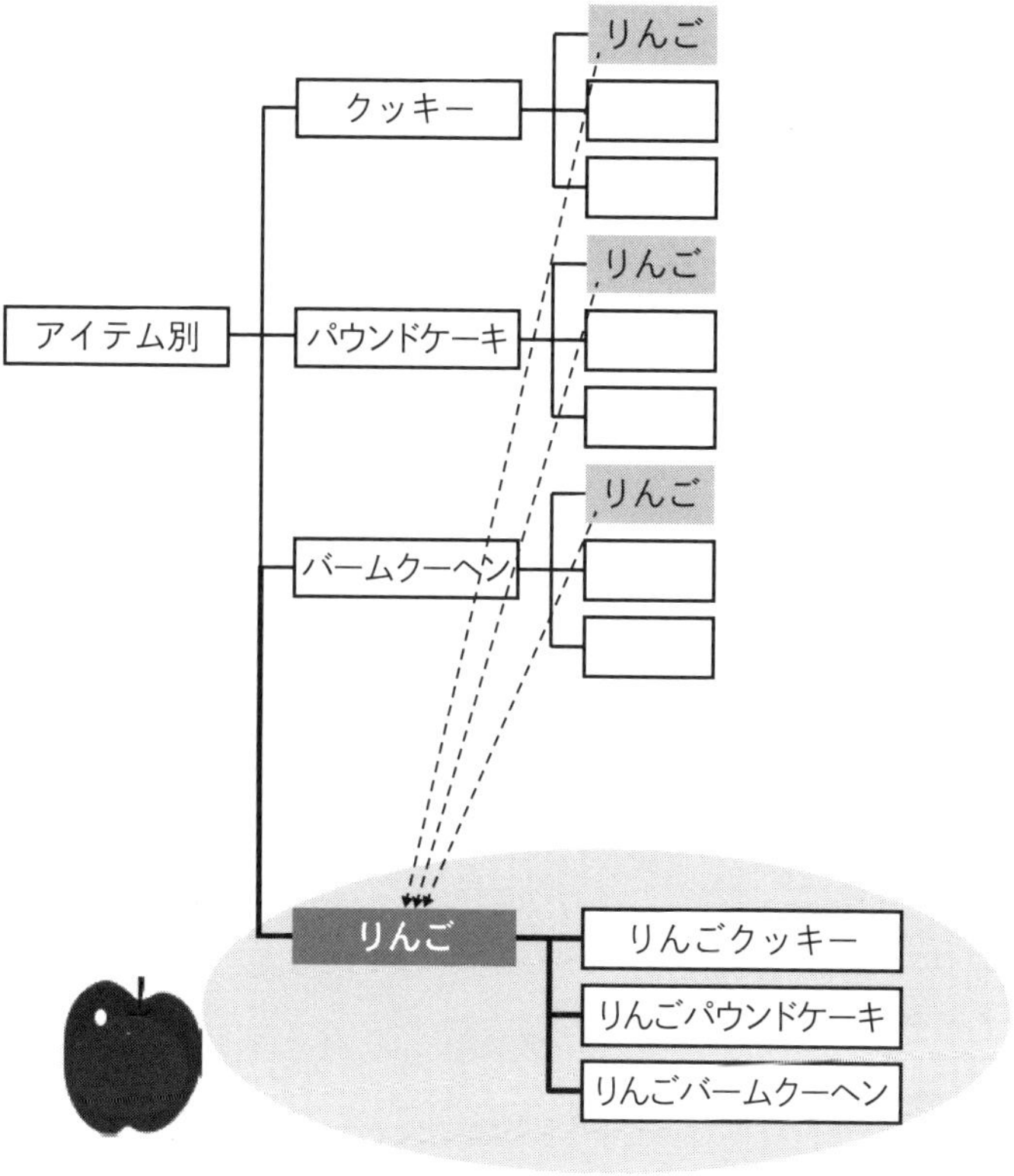

- 各アイテムから「りんご」を取り出して新規売場を設置
  他店にない特色を見せる

11 商品分類を見える化する

ここまで、商品分類で、お客様が商品を選びやすくなる話をしてきました。あなたのお店では、お客様の買い方に合った分類の軸になっているでしょうか？　分類の軸を見直すにも、まず分類ツリーを作ってみましょう。

●用意するもの

•ふせん（4cm×5cmくらいのもの＝100枚）／•メモ用紙（ハガキ大のもの＝50枚）／•模造紙（1枚）／•筆記具

●分類ツリーのつくり方

①1分間、全員で話し合いながら、メモ用紙に現在の売場の分類名を書き出す

②①のメモ用紙を、大分類・中分類・小分類の3段階に分けて模造紙に貼り出す。

③10分間、各個人で、ふせん1枚につき商品名をひとつ、できるだけたくさん書き出す。

④ふせんを整理して小分類に分けて、②のメモ用紙に貼る。

⑤図を写真に撮って記録する

●分類を見直す手順

①お客様の買い方に注目した新しい大分類・中分類をメモ用紙に書き出す（4章2の左側の図を参考にする）

②①を現在の分類を書いたメモと合わせて、新たなツリーを検討し、模造紙に貼り出す

③現在の小分類を、②でできた中分類に配分し直す。新たな分類が必要であれば、メモ用紙に書き足す

④各小分類に合うように、商品のふせんを移動する

⑤売場に反映する

分類と商品を書き出したカード（メモ用紙とふせん）は、何度でも使えます。節目ごとに見直しを繰り返して、お客様の選びやすい買いやすい売場へと進化させてください。

- ふせんを使って
  分類ツリーをつくる

↓

- お客様の買い方を検討する

↓

- ふせんを並べ替えて
  新たな分類ツリーをつくる

↓

- **陳列を並べ替え**
  売場に反映する

5章 スムーズに回遊できるレイアウト

01 回遊の決め手はゾーニングから

店内に、どんな順番で商品を陳列するかを考えるとき、まずは大分類の並びでおおまかな方針を立てます。その作業をゾーニングと言います。

ゾーニングを計画するときは、お客様の関心が途切れずに、関連商品をたどりながら、一筆書きになるような配置を想定します。そのためには、分類同士のつながりが重要です。

たとえば、スーパーでは入口から壁沿いに一周すると、生鮮素材がひと通り揃う配置になっています。

家電量販店で、美容家電の売場は、パソコン売場の隣よりも、炊飯器などの調理家電の隣にあるほうが、つながりが自然です。

無印良品では、インテリア売場と食品売場が隣り合っています。一見接点がないように思われますが、両売場のつながりを観察すると、食卓テーブル、調理家電があり、その隣に調理器具・食器と並び、そこから食品売場の調味料類へと続いていています。

また、ある書店では、中央通路に沿って細長い雑誌売場を設け、その左右に雑誌のジャンルと共通する本の売場を配置しています。

複数階にわたるお店のゾーニングでは、建物全体でのつながりも必要です。

デパートでは、最上階に催事場を、地下に食品売場を配置しています。これは、建物の上下両端に人気売場を配置して、お客様が移動する途中で、他の階への関心を誘うようになっています。そのため、「シャワー効果」「噴水効果」とも言われています。

来店されたお客様には、店内をくまなく回遊して、ひとつでも多くの商品を見ていただきたいですよね。

そのためにも、ふだんからお客様の興味・関心を観察して、お客様が目的以外の商品にも目を止めるような場面を見つけて、分類やゾーニングに取り入れていきましょう。

●回遊を促すには、隣り合う売場につながりを持たせる

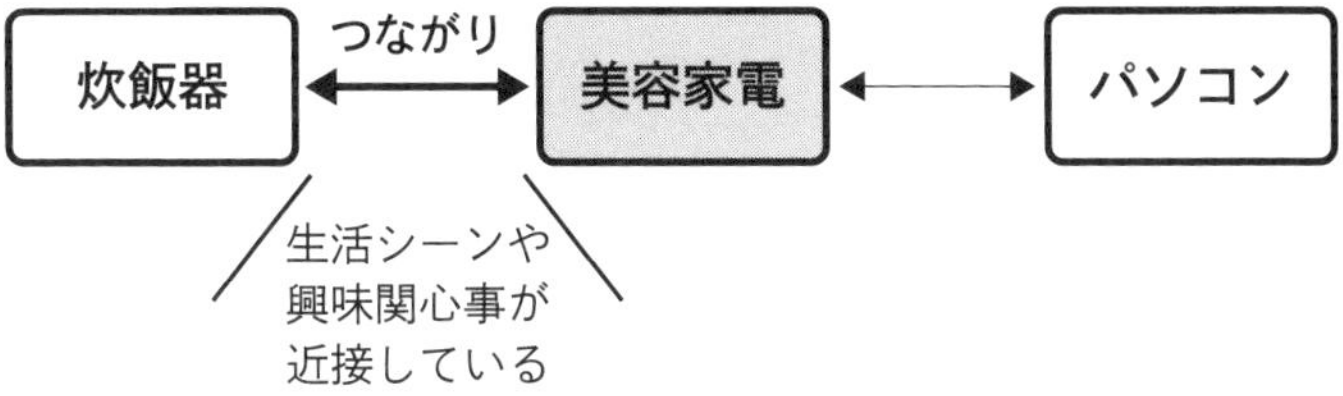

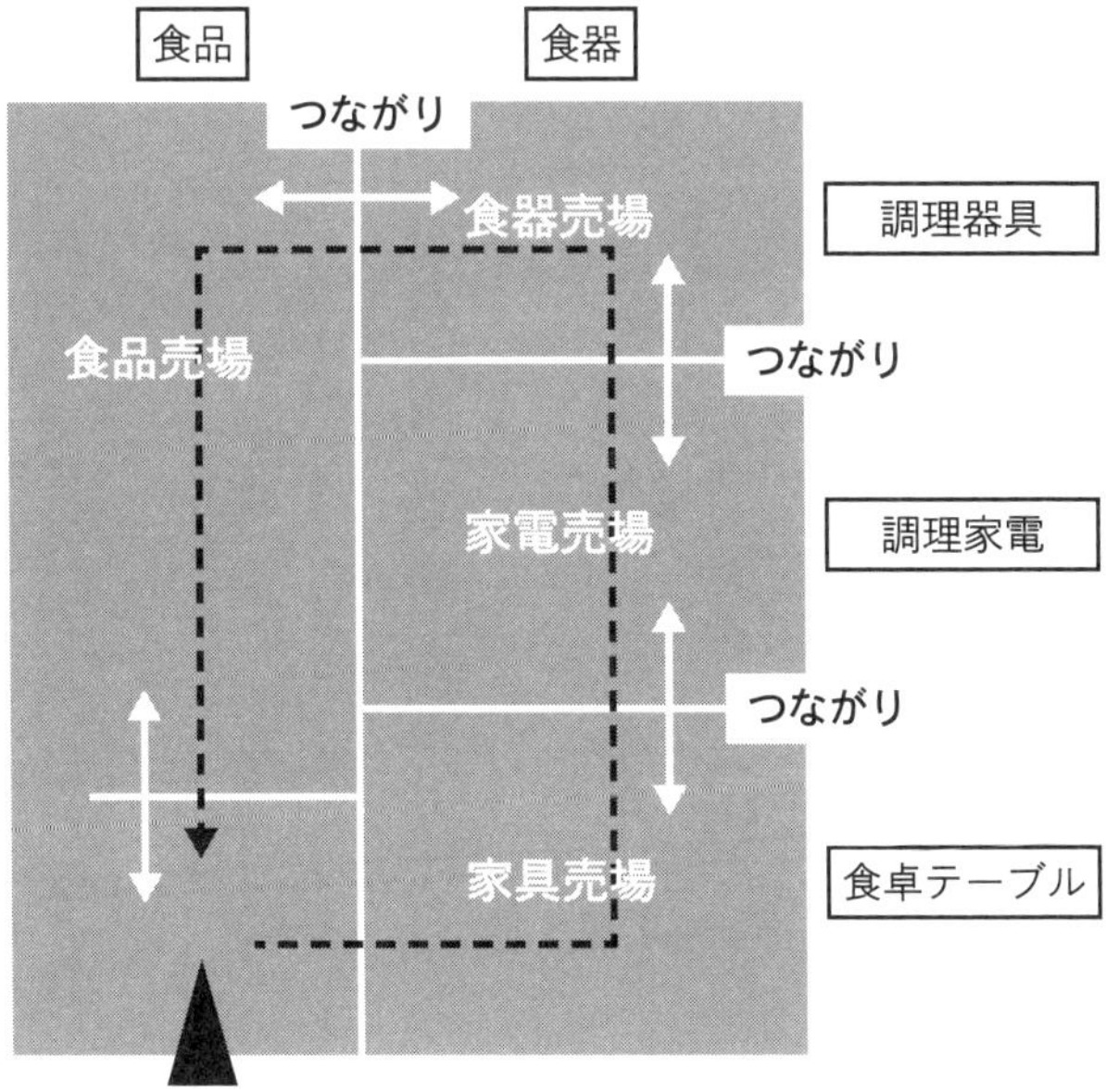

- 大分類での直接のつながりがなくても、
  小分類同士の中に親和性がある場合もある

02 ゾーニングのしかた

ゾーニングでは、商品のつながりやお客様の動きだけでなく、スタッフの動きにも考慮します。

たとえば、レジとバックヤードの入口が離れていてスタッフの作業動線が無駄に長いと、店内作業中にお客様と交差する回数も増えてしまいます。スタッフの動線は、お客様とは逆に、短いほうが効率がよいのです。

現在のお店でゾーニングを見直すときは、まず店内商品がどんな分類になっていて、その分類の並び順はどうなっているかを把握します。その次に、スムーズなつながりを作るように並べ替えを繰り返して検討し、最後にゾーニング図に仕上げます。

●分類カードでゾーニング

4章で作った分類カードを使うと、並べ替えがしやすくて便利です。最初に、現在の店内での分類の並びを再現して、写真で記録しておきます。その後、カードをばらして、別の配置ができないか、並べ直しながら検討します。違う分類が必要なときはカードを書き足します。配置ができたら写真で記録を繰り返して、何度も並べ直しながらよい案を探ります。その後、左ページの図を参考にゾーニング図を描きます。

●手描き図でゾーニング

カードを使わずに、図に描いて検討するときは、左ページの図の手順を参考にしてください。図は手描きで、ゆがんだ線で十分です。現在の配置図の上に、何度もシミュレーションして、分類の並びのイメージが固まったら清書します。

ゾーニング図を描くときは、分類の並びとともに、商品ボリュームを四角の大きさで表現します。全体のイメージをつかむためなので、だいたいの大きさで構いません。

これが、次のレイアウト作業の下敷きになります。

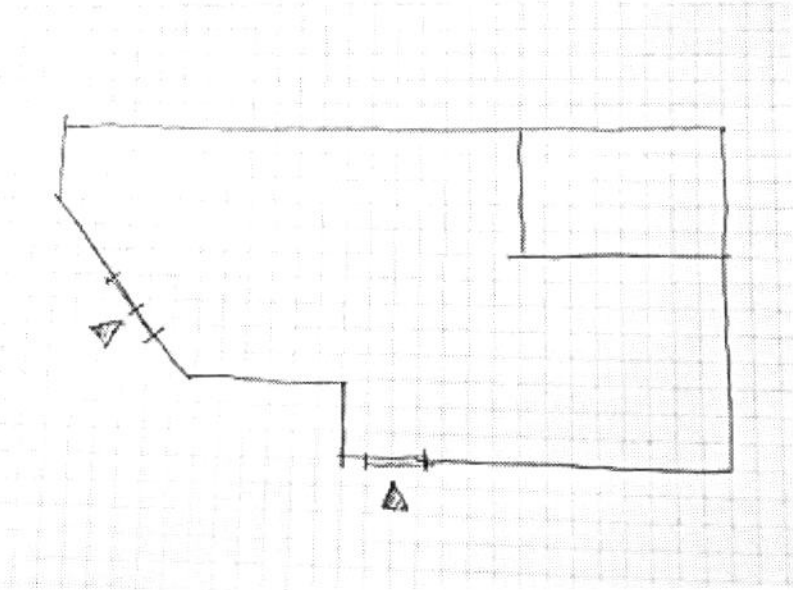

●店舗の平面図を描く

- フリーハンド、だいたいの形状でOK
- 方眼紙を使うと描きやすい

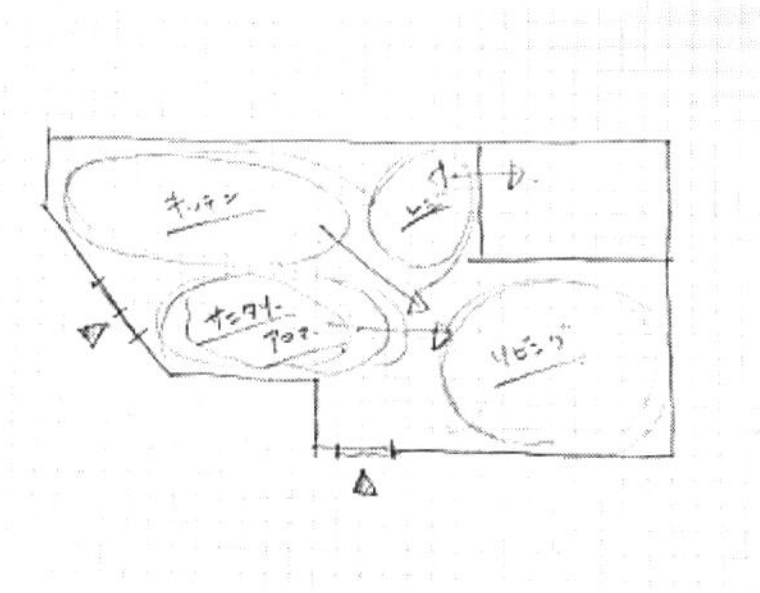

●売場エリアを記入する

- 売場の名称＝大分類とする
- エリアの大きさはだいたいの形状でOK
- スタッフとお客様、それぞれの動きをシミュレーションしながら検討する
- ふせんを使うと、シミュレーションしやすい

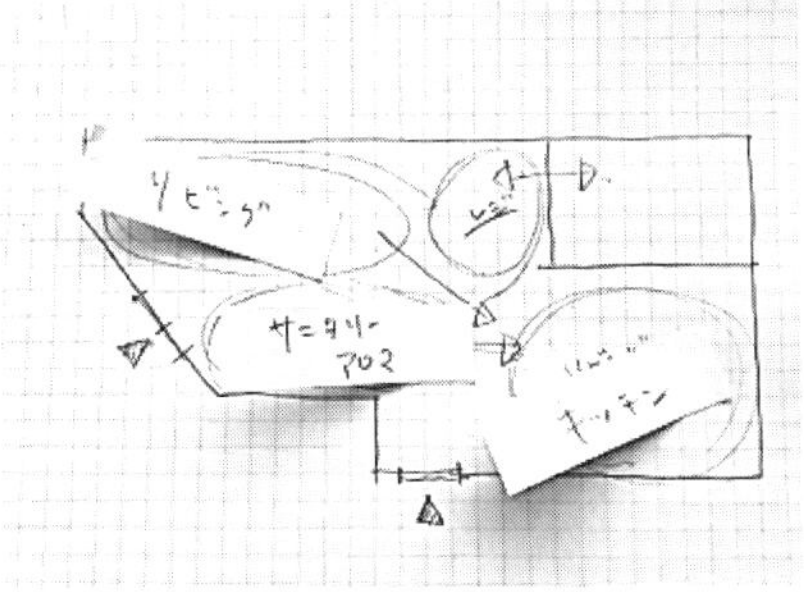

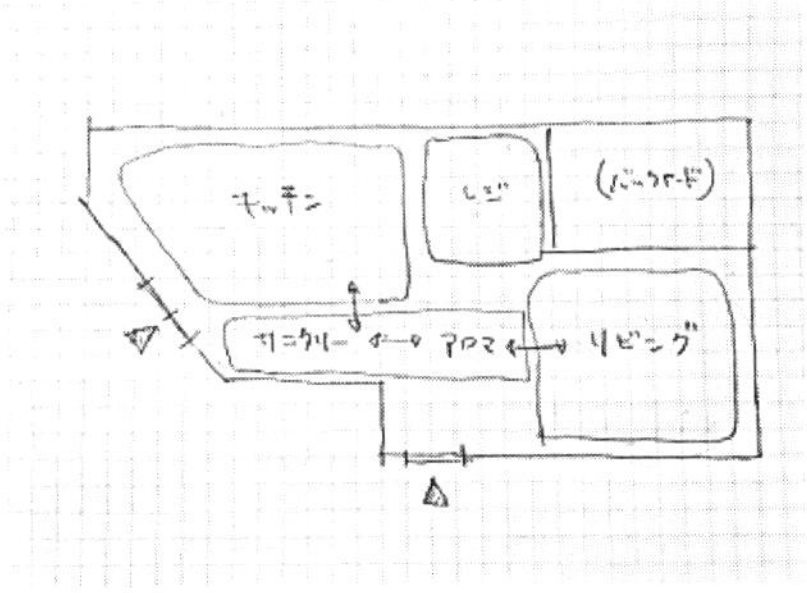

●清書する

03 事例

家具店M店の話

以前おうかがいした家具店M店では、ゾーニングの計画はとくになく、それまでの慣習のまま、売場が長年にわたって固定されていました。そこで、お客様の回遊を優先した配置に改善することになりました。

お客様は、家具屋の売場で家具単体を見るだけでは、自分の暮らしと結びつけにくいものです。

住まいの家具を見渡してみてください。食卓テーブルの近くには食器棚があったり、ソファーやテレビ台があったりしますよね。売場でも、これらの商品が近くにあれば、お客様は比較選択の参考にできます。

お店の側も、関連商品が近くにあれば、複数組み合わせての提案もしやすくなります。関連性のある分類を隣り合わせることが、お客様にもお店にも役立ちます。

M店の現状でも、お店側は商品を把握していても、お客様は、暮らしをイメージしにくく選びにくいため、ゾーニングで各売場（大分類）のつながりを作ることにしました。

M店は、1階と2階に売場が二分されることが特徴です。そこで新たに、1階を「家族で使う家具の売場」、2階を「個人が使う家具の売場」という、大々分類を設けました。1階には、主に居間や食堂に置かれる家具類や、クッションなどのインテリア小物。2階には、ベッドや机などの、個室に置かれる家具や収納家具を配置するようにしました。

ゾーニングが明確になったことで、各階に小さなディスプレイスペースを作り、居間と個室それぞれの、家具のコーディネート提案もできるようになりました。

ゾーニングは、主に大分類をもとに考えますが、ときには、中分類・小分類のところで、隣同士を関連づけることもできます。また、この家具店のように、さらに上位層の分類を設けることもあります。

ゾーニングを考えることと、商品分類を考えることは連動しているのです。

●ゾーニングの見直し

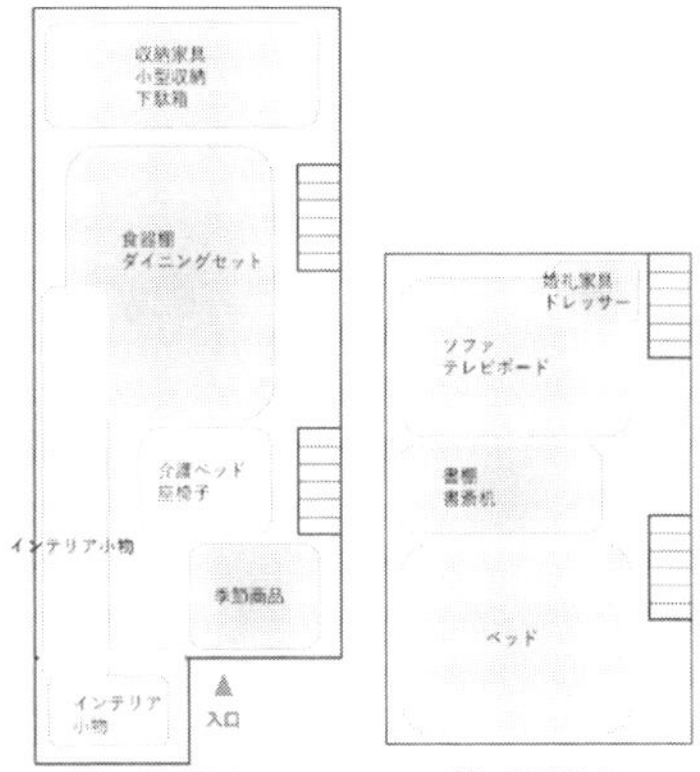

1階レイアウトbefore　2階レイアウトbefore

before

- 1階と2階で売場が分かれる
- 隣り合うゾーンに関連性がない

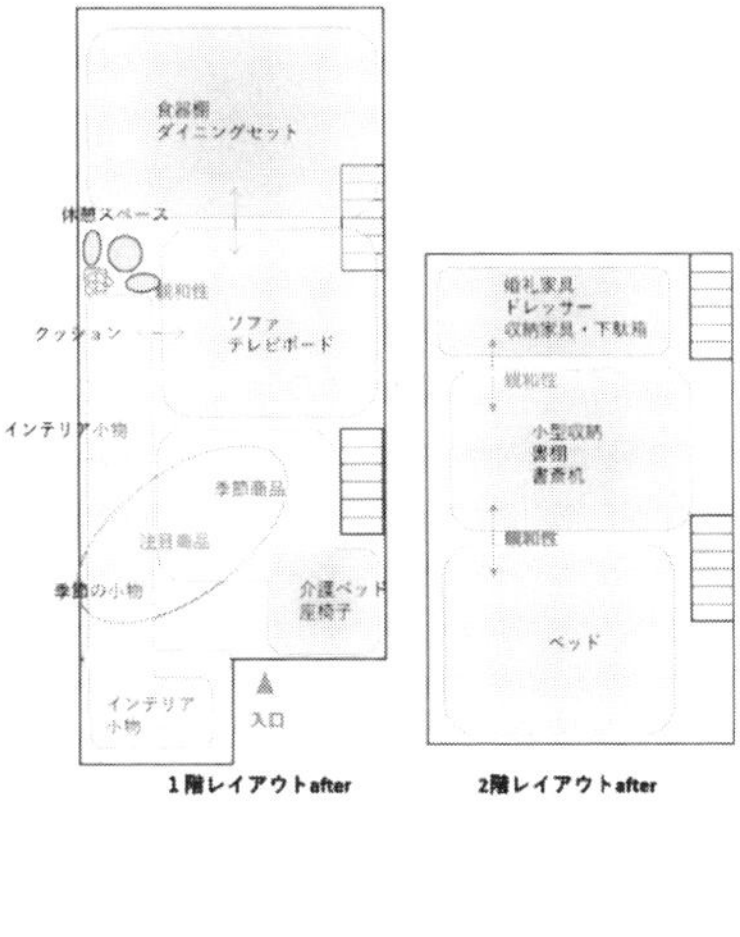

1階レイアウトafter　2階レイアウトafter

after

- 1階「家族で使う家具」
  2階「個人で使う家具」
- 隣り合うゾーンの関連づけ
- 入口に季節感ある売場を
  設けて鮮度演出

04

什器レイアウトのしかた

店内の配置をイメージできるゾーニング図ができたら、次はそれをもとに、より正確な図面を作って、通路幅や什器の並びを決めていきます。

この作業をレイアウトと言います。このレイアウトをする際の注意点があります。

●入口の空間

店舗入口すぐには、什器を置かないようにします。モールのテナントなどのオープンな店舗では、入口の什器を1～1・5m下げて、お客様が自然に一歩店内に踏み込む場を設けます。路面店など入口ドアがある店舗なら、最低でも2m×2m程度の、お客様を受け入れる空間をつくります。この空間でお客様の気持ちが、買い物モードに切り替わります。

●什器の高さ

什器の高さには気をつけてください。入口から奥に向かって、だんだんと什器が高くなるように配置すると、店内の見通しがきいて、お客様も安心して奥へ進むことができます。逆に、入口から見て高い什器の陰になる部分は、お客様の目に入らないので、その分、品薄な印象になってしまいます。

●商品の配置

ひとつの分類が、複数の棚什器にまたがる場合は、背中合わせの陳列にならないようにします。棚が背中合わせだと、お客様が反対側に気づかないかもしれません。隣同士の棚に陳列するか、通路の両側の棚で向かい合わせるようにします。ただし、高さ90㎝程度までの平台（テーブル）什器の場合は、見通しがきくため、複数台を合わせた上で、背中合わせの陳列になっても大丈夫です。

また、棚がL字になる角部分では、ひとつの分類でL字を作るように陳列します。角で分類がまったく途切れてしまうと、お客様の興味もそこで切れて、先へと誘導されにくくなります。

●レイアウトのポイント

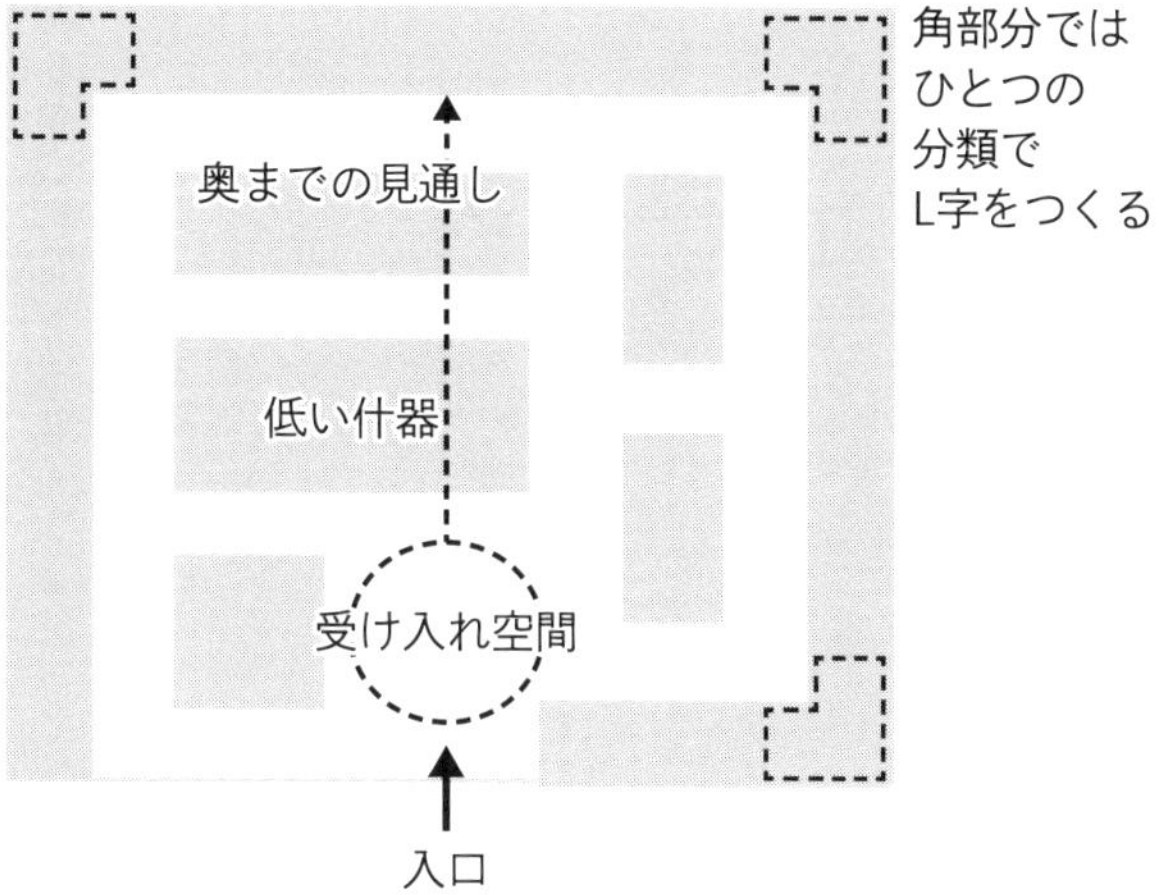

●什器高さは奥へ向かって高くする

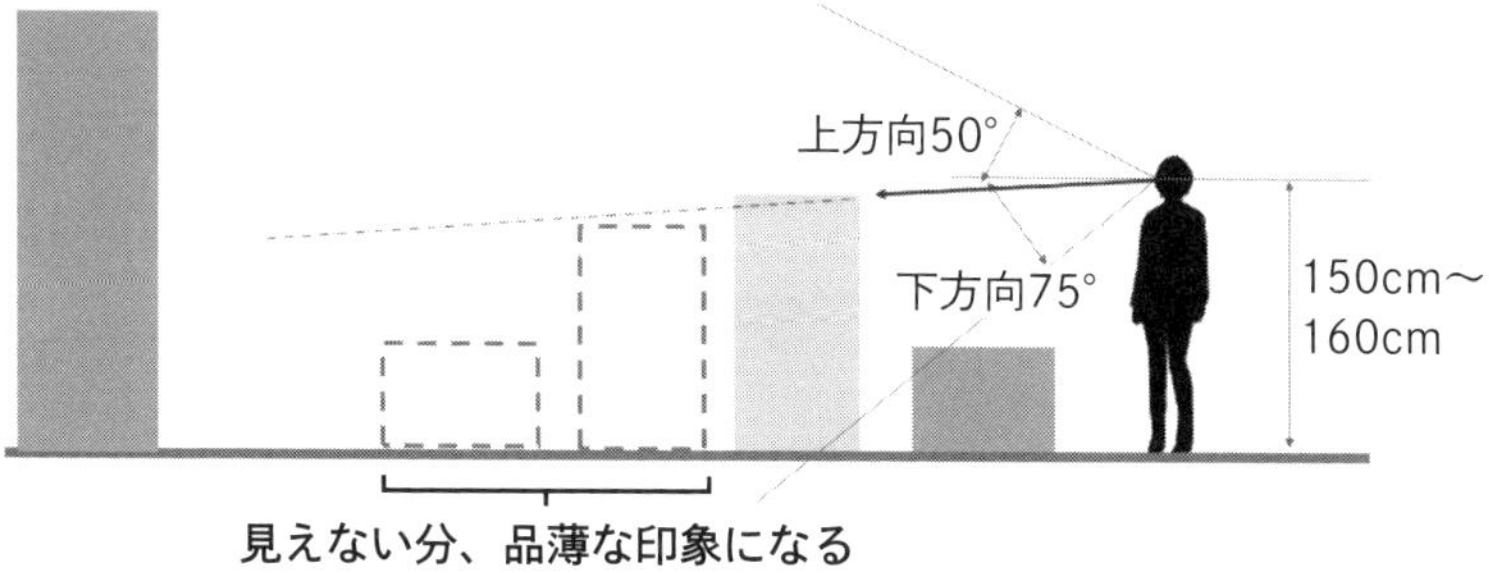

05 お客様起点の通路幅の決め方

店内の通路幅にも目安があります。これを、身体の寸法と心理の2つの面から見てみましょう。

●身体寸法から見た通路幅

まず、消防法では避難に必要な主通路の幅が決められています（左ページ図参照）この通路幅は、身体の幅やカート類の幅から割り出されています。

店内を回遊する主通路の幅は、一般的には幅１２０cm～１５０cm、カート利用のお客様が多い大型店であれば、幅２１０cm～２４０cm以上が必要です。

棚の間の通路幅は、棚と向き合って立って上段から下段まで見渡せる、2人が体を横にしてすれ違える、ベビーカーのお客様も来店するということから、幅90cm以上が適当ではないでしょうか。

●心理学から見た通路幅

通路のどちらか一方の棚の高さが目線以下であれば、見通しがよくて開放感があるため、通路幅も広く感じられます。通路両側の棚が目線より高い場合は、圧迫感があり、実際よりも狭く感じやすいと言えます。

また、心理学には「パーソナルスペース」という言葉があります。人には目に見えないバリアがあって、その中に他人が入ってくると不快に感じます。バリアの大きさは、そのときの気分や状況によって変わります。満員電車なら他人と密着しても我慢するけれど、空席だらけの電車ですぐ隣に座られたとしたら、なんだか落ち着かなくなりますよね。

店内では、買物モードで商品に注目しているお客様はパーソナルスペースが狭く、何となく回遊しているお客様はパーソナルスペースが広めです。

つまり、目的買いのお客様が多い店やマニアックな商品を扱う店では、通路幅が少々狭くても心理的に受け入れられやすくなります。

一方、ショッピングモールのテナント店舗など、不特定多数のお客様が出入りする場合は、通路幅を広めにとったほうが安心して回遊してもらいやすいと言えます。

●消防法で決められている通路幅の例

数値は各自治体の消防条例によって決められている

売場床面積（階ごとで）	避難に使うメイン通路の幅
150㎡以上300㎡未満	1.2m以上
300㎡以上3000㎡未満	1.6m以上
3000㎡以上	2.0m以上

大阪市消防条例をもとに筆者作成

●通路幅の決め方

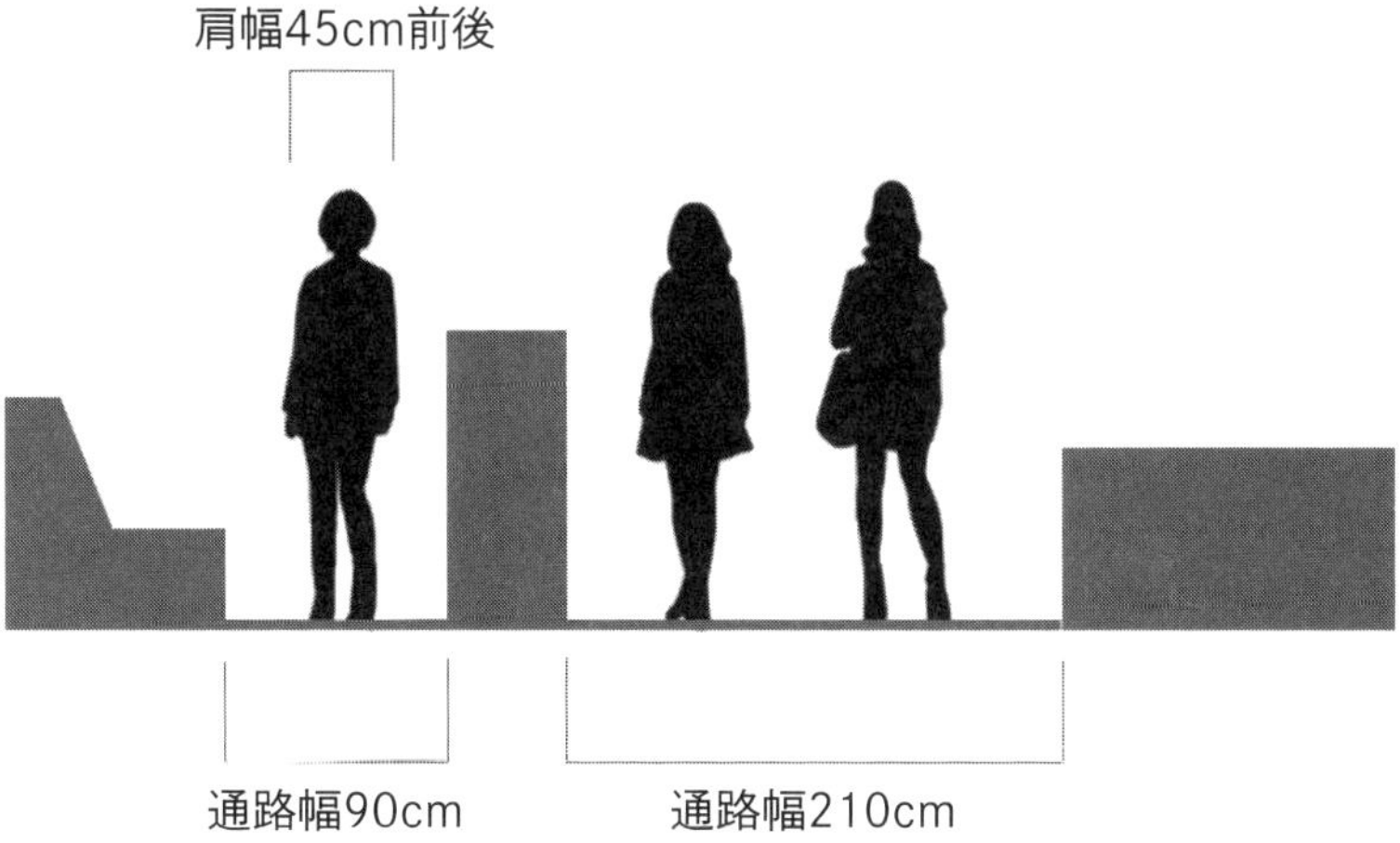

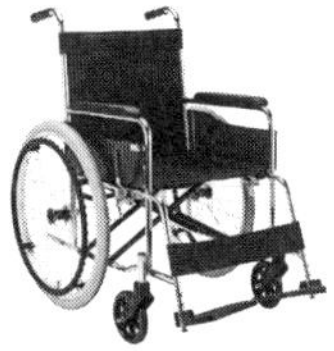

06 レイアウト図のつくりかた

什器レイアウトを詳細に検討するには、縮尺の合った正確な図面をつくります。

縮尺とは、実物と同じ形のまま縮めて図にする割合を言います。たとえば縮尺1／100ならば、実物1mのものが図面上では1㎝になります。縮尺1／50ならば、1mが2㎝になります。

図面をつくるには、まず、実物の大きさが必要です。お店の壁と壁の間の長さ、ドアや窓の位置、柱の出っ張りも測って寸法をすべて測ります。

什器も一台ずつ記号や番号をつけて、幅と奥行きと高さを測り、記録しましょう。

その寸法をもとに、方眼紙に定規を使ってお店の輪郭を描いていきます。縮尺は1／100か1／50、用紙はA3サイズが後々使いやすいでしょう。お店の大きさによって描ききれないときは、用紙を継ぎ足します。なお、移動できない設備があれば、それも図面に描き込みます。

別の方眼紙に、全部の什器の図を描きます。縮尺を合わせ、幅と奥行きで輪郭を描き、記号（番号）と高さを書き込みます。什器はひとつずつ切り取ります。

これで、準備ができました。

さて、先のゾーニング図にあてはめるように、図面上で什器を並べてみましょう。縮尺を合わせているので、実際に並べるのと同じ結果が得られます。

何度も並べ替えながら、什器の並びや通路幅を検討します。

よい案は写真で保存しておいて、次の案と比較検討するようにします。

このセットがあれば、何度でもレイアウトを検討できるようになります。

●レイアウト図セットの作り方

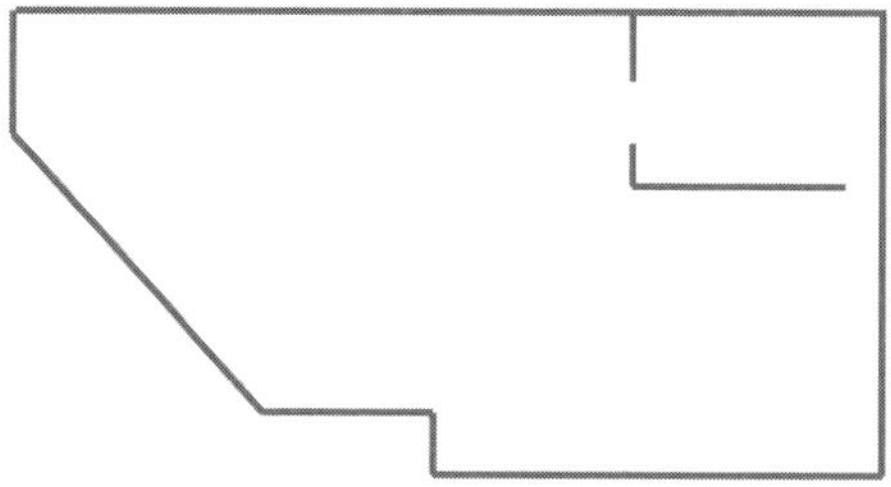

●お店の輪郭を描く

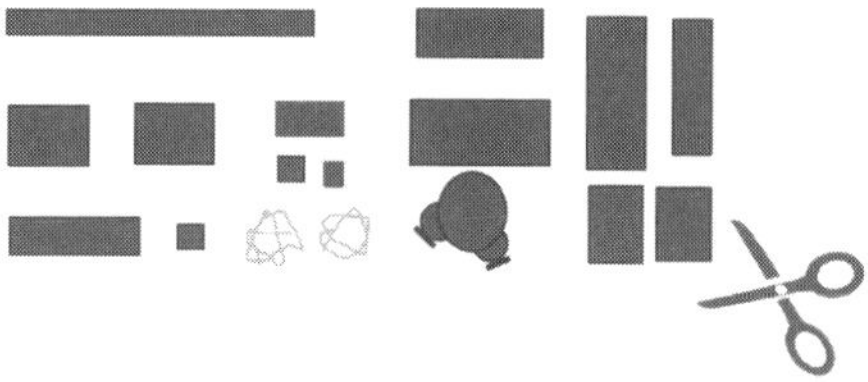

●同じ縮尺で什器を描いて切り抜く

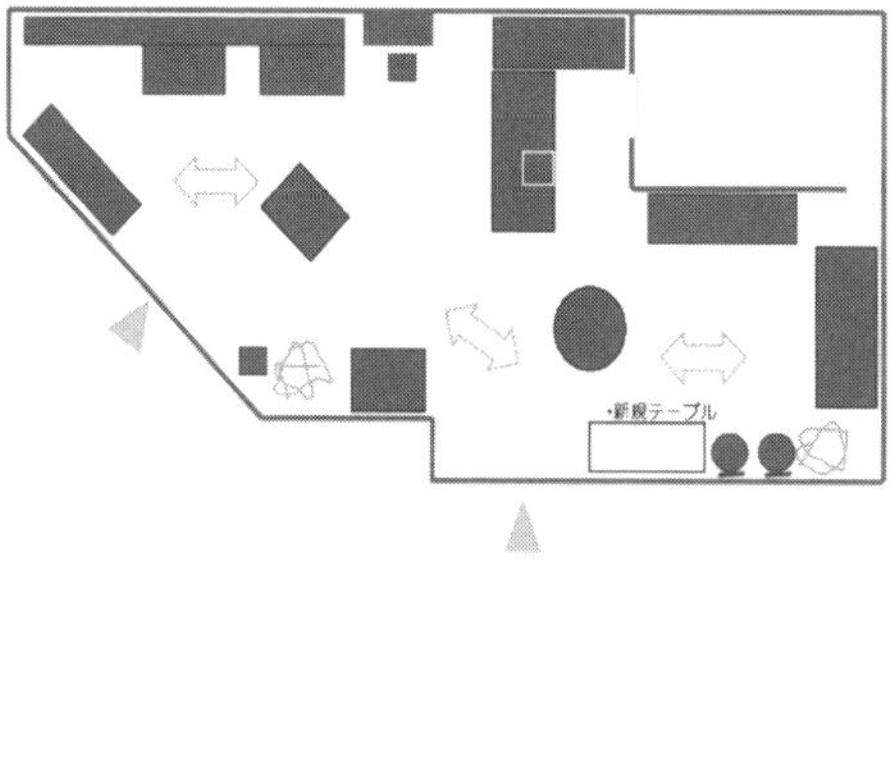

●輪郭図の上に什器を並べる

移動していろいろ試してみる

07 誘導する仕掛けを仕込む

レイアウトで、お客様の回遊を誘うテクニックをご紹介します。

●左回りの法則

初めて訪れた閉じられた空間では、多くの人が無意識に左回り（反時計回り）に歩くそうです。その割合は、70％とも言われています。理由は諸説ありますが、陸上競技や野球でも左回りが採用され、実際に逆の右回りよりも好タイムが出るそうです。

買い物シーンでも、多くのお客様は入口から左回りに進むと言われています。コンビニも、当初は左回りを意識してゾーニングされたと言われています。

●通路の広さで誘導する

人は広い場所に行きやすいものです。入口から見て明らかに広い通路があれば、お客様はそちらへ進みます。通路の広さのメリハリをつけることで、誘導が可能になります。人には、常に危険回避の本能が働くため、より安全を求めて、広く開けた方へ寄っていくのです。

●レジ位置で誘導する

お客様は、自分が主導権を持った買い物を好みます。そもそも、「売り込まれたくない」と思っているからです。なので、入店時にレジが見えると、無意識のうちに避けたくなります。そこで、入口からすぐ見える場所にレジを設置すると、お客様は反対に進むようになります。

●明るさで誘導する

人は明るいほうに目が向きますから、照明の数が多い方向へ誘導することも可能です。入口から見て左側の壁を明るく照らせば、お客様も左側へ向かうでしょう。

人は左回りが自然な動きですが、回避策を仕込むことで右回りに誘導することもできます。什器レイアウトや通路幅は、お客様の動きも想像しながら設定するようにしましょう。

●行動特性から誘導する

•安心安定を感じて、**左回り**になりやすい

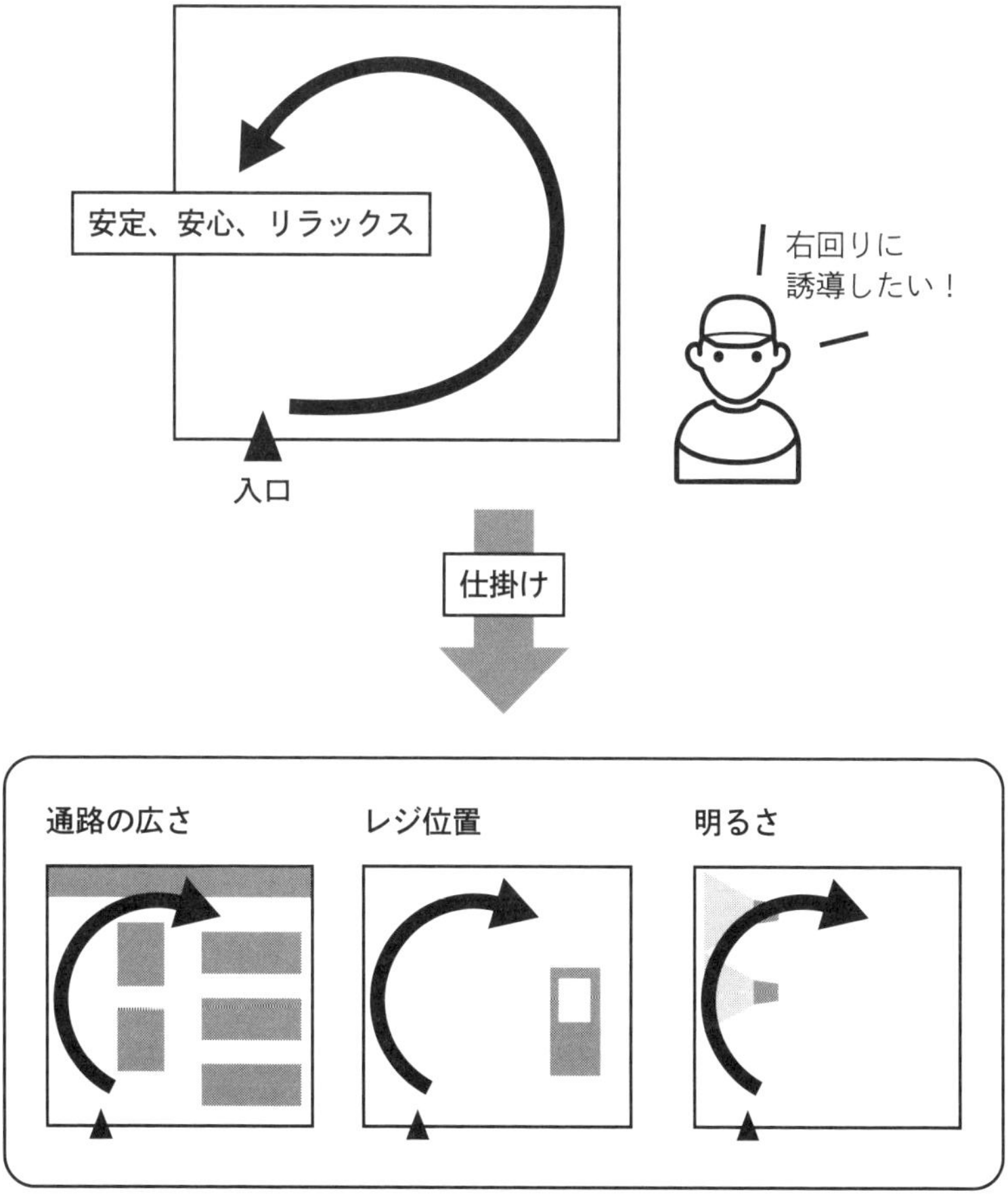

•安全確保のため、**広い方**へ行きやすい
•干渉を避けるため、**レジとは反対側**に行きやすい
•**明るい方**に目が向いて行きやすい

08 事例

パン店N店の話

トレイの置き場所を変えて、お客様を誘導したパン屋N店のケースをご紹介します。

N店は、学生が多く立ち寄るため、総菜パンや菓子パン類の売れ行きが好調です。一方で、食パンやバゲットなどの食事パン類が伸び悩んでいました。改善するにも、小さな店内で、什器も商品も入れ替えできない状況でした。

そこで、トレイの置き場所を変えることにしました。

当初、トレイは入口のすぐ右手にありました。お客様は入店すると、右手でトレイを取ってそのまま左回りに進みます。小さな店のことですから、トレイと反対側にある食事パンのラインナップを見ないまま、レジに並んでいるのかもしれません。

そこで、テーブルの一角を利用して、トレイの位置を入口から見て左前方に変えてみました。これで、自然に左回りではなく右回りになります。

その結果、店内一周、全商品を見ていただけるようになり、食事パンの売上げも向上しました。

パンは、入店したら必ずトレイを取る行為があるので、トレイがある方向に誘導できます。これは、買い物かごのあるお店ならすぐに応用できます。

それ以外でも、ワゴンを斜めに置いたり、商品を集積したり、大き目のＰＯＰを付けたりで、注目を集めて引き付けるなど、誘導する方法はいろいろあります。

お客様の動きを変えることで、これまでとは違った商品にも気づいてもらえます。

●トレイの置き場所で誘導する

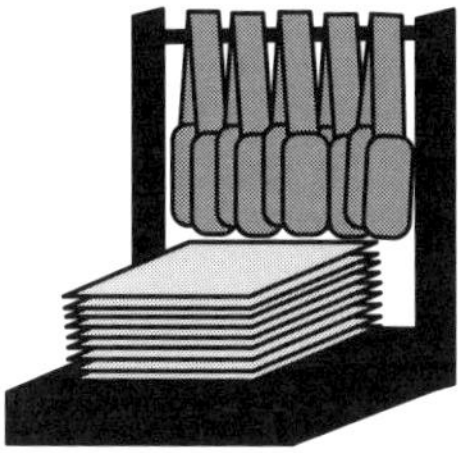

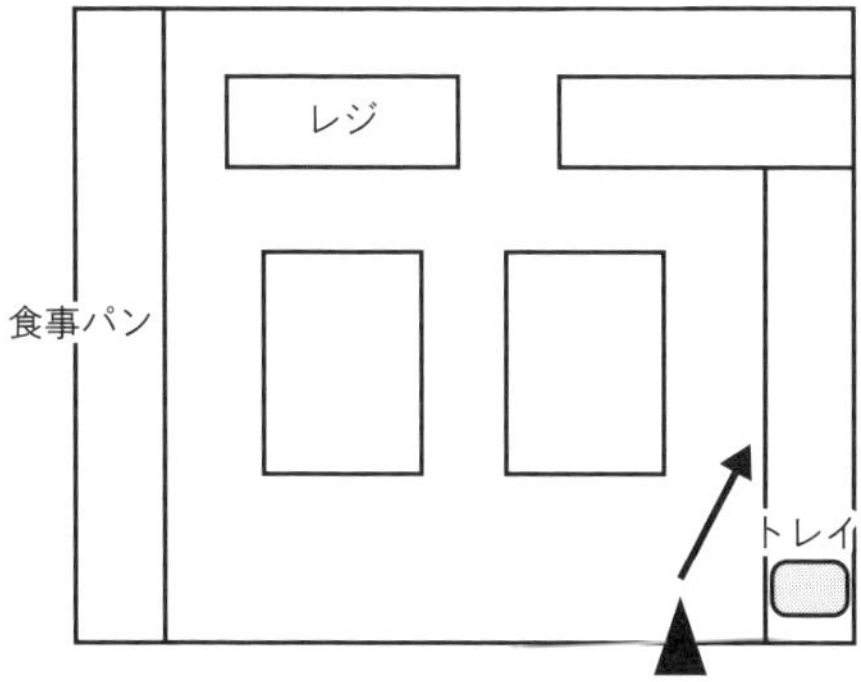

before

- 右手にトレイを取って
そのまま進むと
食事パンは最後になる

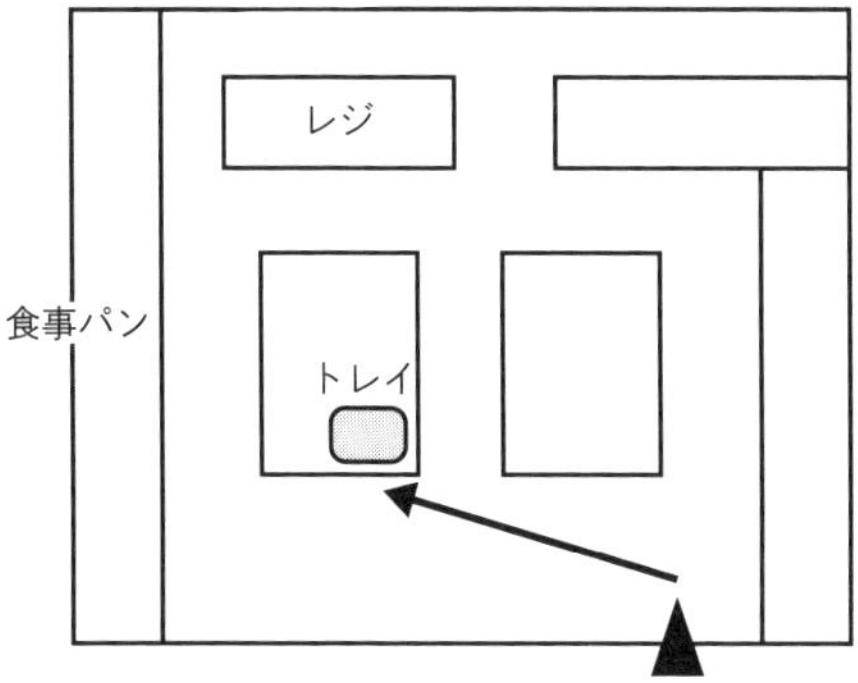

after

- トレイを取るために
身体が左を向き
最初に、食事パンが
目に入る

09 ジグザグ配置で誘う

人は、広くてまっすぐな通路があると進みやすい一方で、買い物シーンでは立ち止まらずに、通り過ぎてしまいやすくなります。これでは、商品をよく見てもらえません。

ショッピングモールのアパレルのお店を観察すると、入口から奥まで、ジグザグに通路を進むようになっています。お客様は、通路に沿って身体の向きを変えるたびに、別の商品を見ながら、飽きずに店内を回遊できます。

このとき、進行方向にある壁（ハンガーラックにかかった洋服）が柔らかな素材であることも、心理的な負担をより軽くしてくれるのでしょう。

もちろん、アパレル以外のお店でも、ジグザグ配置で回遊性を高めることができます。それには、什器の条件が2つあります。

●什器の高さ

店内中央では、低めの棚を使うことで、お客様の目線が奥まで届き、開放感があって回遊しやすくなります。

店内の中央部分の棚の高さは120㎝〜150㎝程度、テーブル什器も効果があります。その際、壁の棚の最上段には目を引くもの（商品・装飾品）を設置すると、お客様の興味を引き付けて、店内の奥のほうまでお客様の回遊を促すことができます。

●什器の形状

店内すべてを揃いの什器にすると、統一感が保たれますが、単調にも感じられます。ところどころにテーブルや円形など、形が違う什器が混じることで、自然にジグザグな配置になり、店内がにぎやかにも感じられます。

店内すべてをジグザグにしなくても、入口から店の中ほどまでジグザグ配置を取り入れ、奥側は背の高い棚を整列させるといった組み合わせで配置する方法もあります。高さや形状の異なる什器を取り混ぜて、お客様の回遊を促すようにしましょう。

●直線の通路

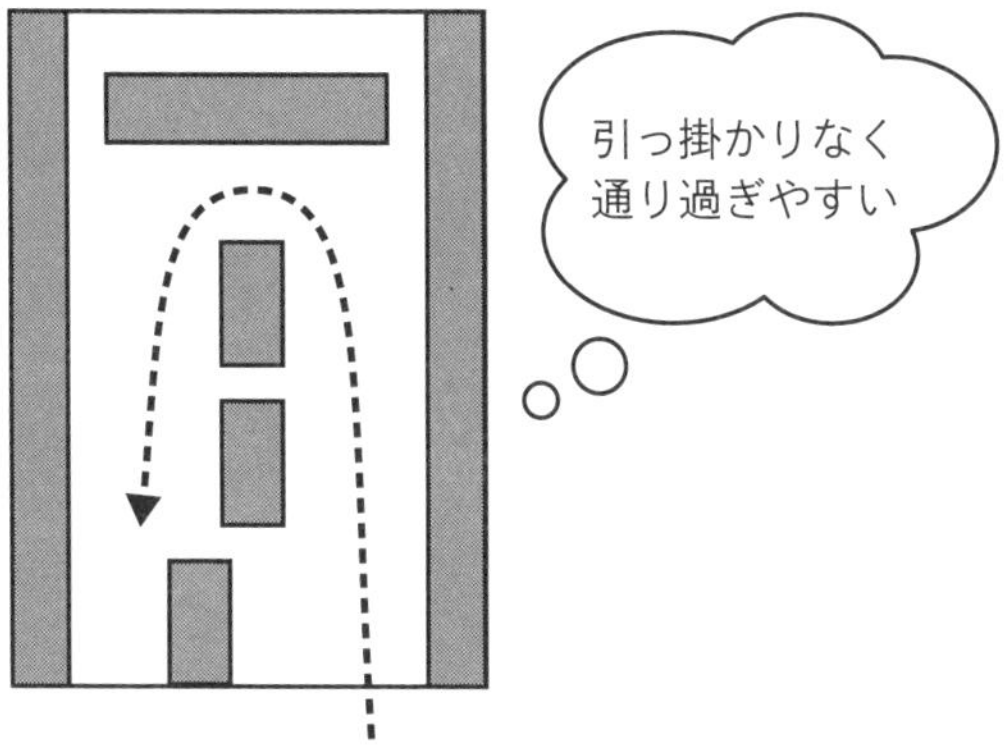

●ジグザグ配置の通路

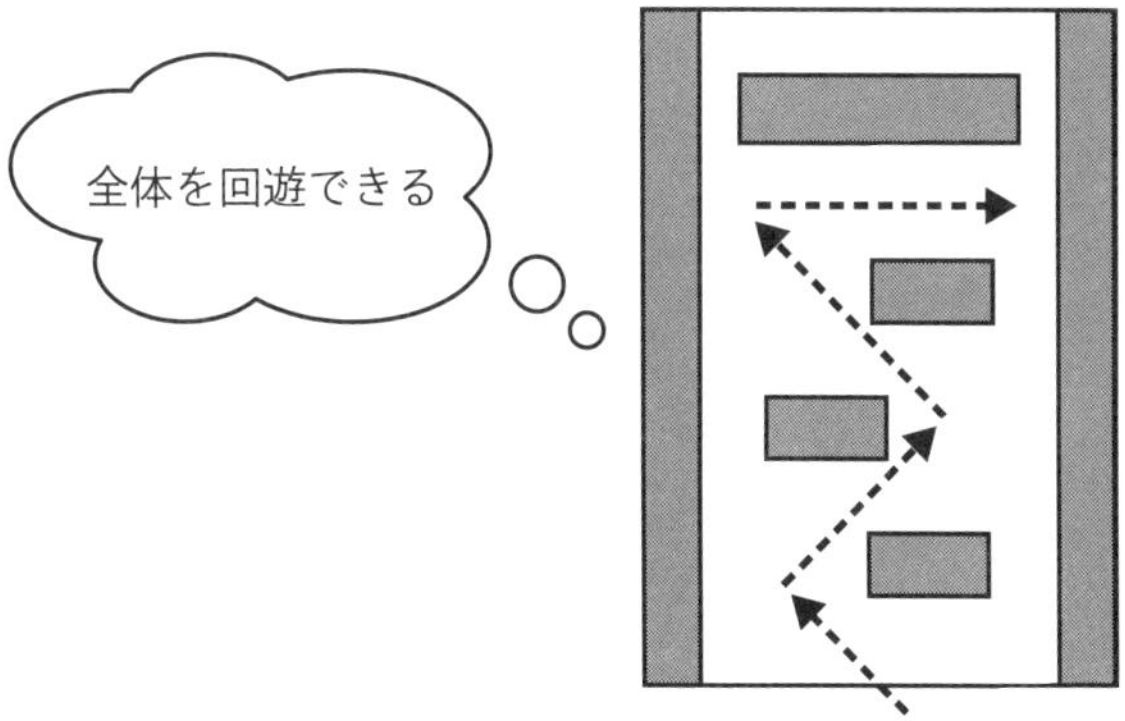

●円形什器を取り入れた通路

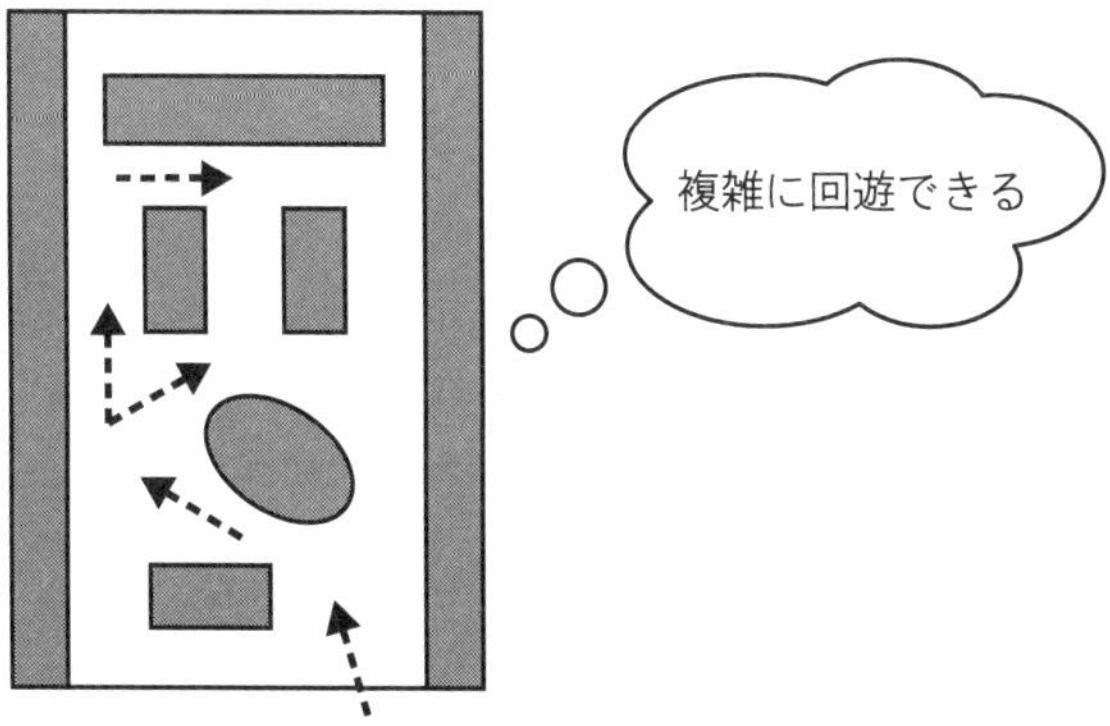

10 色で奥まで引き込む

お客様の視線を点々と引き付ける仕掛けで、店内を回遊してもらいましょう。それには色を使います。

色を目立たせるには、背景の色合いが大きく関係します。背景が白っぽければ、赤や青や紫などが目立ちます。背景が黒っぽい場合は、彩度の高い黄色やオレンジ、紫がかったピンクなどが目立って効果を発揮します。

色の中でも赤（鮮やかな真っ赤）は、とくに目を引く強い色で、背景が白っぽくても黒っぽくても、はっきりと見えます。

たとえば、店頭のディスプレイの一部に赤を用い、そこから見える店内の一番奥の棚にも赤いもの（商品・装飾品）を置き、照明を当てます。すると、お客様の目に同時に2つの赤が目に入り、遠くの赤をもっとよく見ようと奥の棚に注目します。

ただし、目に入る赤の数が多いと、他の色に紛れてしまいますから、ちりばめるには店内に5ヵ所程度まで、最低でも3m〜5mの間隔が必要です。

商品に該当の色がない場合は、装飾品で取り入れてもよいでしょう（装飾品の扱いは、7章ディスプレイの項目でくわしくお話しします）。

このように、赤色あるいは鮮やかな色を利用して、お客様の目を誘導することができます。

色以外で目を引きやすいのは、観葉植物です。店頭と店内に色をちりばめる代わりに、観葉植物を点々と置くのもひとつの方法です。

観葉植物があることで、活気や華やかさを演出しお店の印象アップにも役立ちます。お客様の心理面からも「手をかけて植物を育てている＝自分も大事にしてもらえる」と、信頼感の醸成にも役立ちます。

鮮やかな色や観葉植物などをちりばめて置くことで、お客様の回遊を誘うことができます。

●同じ強い色を散りばめて、視線を奥まで誘う

Select shop JeLe／愛知県一宮市
https://shop.jele.co.jp/

11 見えにくい位置の棚まで誘導する

レイアウトは、初回で100点を目指すというより、70〜80点からはじめて、お客様やスタッフの動きを見ながら調整を重ねて、よりよくしていくものと考えましょう。

どうしても、お客様に気づかれにくい場所ができてしまうときは、思い切ってサインを設置してみましょう。

●天吊りサイン

スーパーやドラッグストアなどでは、分類ごとに天井吊りのパネル（サイン）が、あちこちに吊るされ離れた位置からもよく見えます。

そこでまずは、目立たない棚に何が陳列されているのか知らせるために、「〇〇コーナー」とサインを天井から吊るしてみてはいかがでしょう。

人は、矢印を見ると無意識にそちらに誘導されますから、「〇〇はこちら←」と矢印を入れるのも効果があります。お店の雰囲気にもよりますが、案外と手書きの文字が目立つこともありますから、手づくりで試してみてください。

●床に貼るテープ

コンビニのレジ前では、誰もが自然に待ち位置テープの場所に立ちます。

そこで、なかなかお客様が入らないサブ通路に向けて、床に矢印を貼ってみてはいかがでしょうか？　見てほしい棚を、矢印と同じ色のテープで囲って強調すれば、注目度も上がります。

他にも、広いフロアの場合は入口に店内案内図を設置したり、階段の踊り場や段差部分に2階の商品分類を書いたサインを貼るなど、サインで誘導する場面は多くあります。

原則として、レイアウトは入口とメイン通路から店内全体が見通せるようにします。建物の状況などで、どうしても見えにくい場所やわかりにくい場所があるときは、サインを使って誘導しましょう。

●通路から奥まっていても注目されやすくなる事例

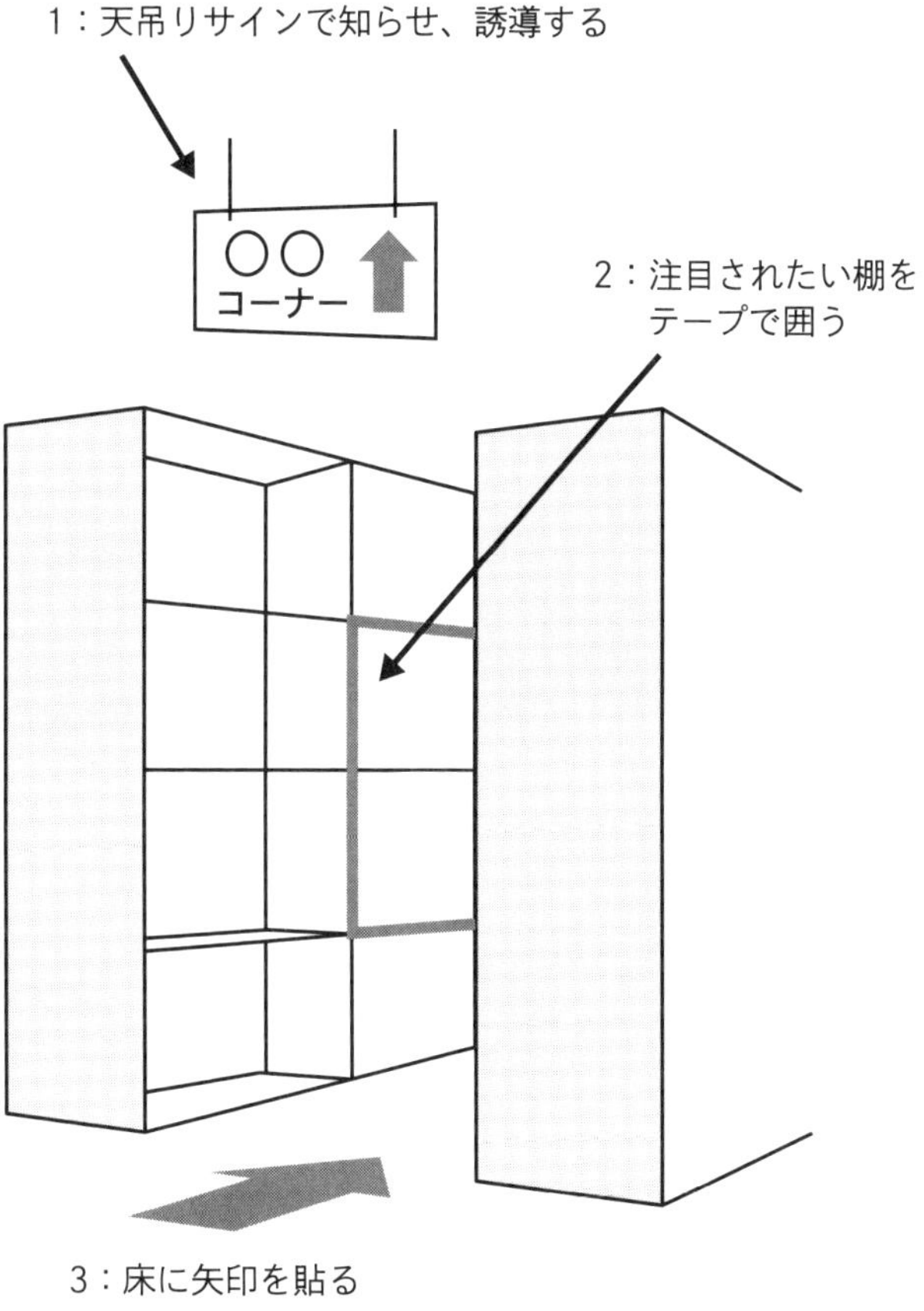
1：天吊りサインで知らせ、誘導する
○○
コーナー
2：注目されたい棚を
テープで囲う
3：床に矢印を貼る

矢印とテープを同じ色にすることで、棚まで目を誘導できる

6章 「選びやすい」陳列の見せ方

01 陳列の3つの基本ルール

ふだん何気なく作業している陳列にも、基本ルールがあります。このルールを守るだけで、お客様が商品を見やすく選びやすくなります。

1：整列させる

人の目は、直線・直角を見分けますから、什器は大きくて動かせない線（壁、床のリースラインなど）を目印に整列させます。

商品の前面は棚の端を目印に前面に揃える＝前出しをして、棚奥に向かっては直角に整列させます。トレイやカゴを使った場合も同じです。

什器と商品を整列させると、店内全体がスッキリと見え、新規入店のお客様は信頼を感じます。万引き防止の効果も期待できます。

あえて斜めに置く場合は、「見やすくなる」「全体のアクセントになる」という明確な理由があるときに限ります。

2：顔を見せる

商品は一番よい顔をお客様に見せるように、ラベルが正しく読み取れる向きに陳列します。

平たい商品は、高さが90㎝以上の棚では立たせるか、商品の背後にマクラになるものを置いて傾けるなどします。高さ90㎝以下のテーブルではベタ置きか、マクラを低めにし、常にお客様の目線を受け止めるように陳列します。

A商品とB商品が前後に重なる場合は、後ろの商品を台に載せて顔が見えるよう、ひな壇陳列にします。

3：陳列に規則性を持たせる

色やサイズの順番を規則的に並べると、お客様が商品を比較しやすく選びやすくなります。「どの商品も、赤・黄・青の順に並んでいる」「どの商品も、S・M・Lの順に重なっている」といった、規則性のある陳列にします。

整列し、個々の商品の顔がはっきりと見えて、お客様が比較して選びやすい陳列が基本です。

●陳列の3つの基本ルール

1：揃える・整列させる

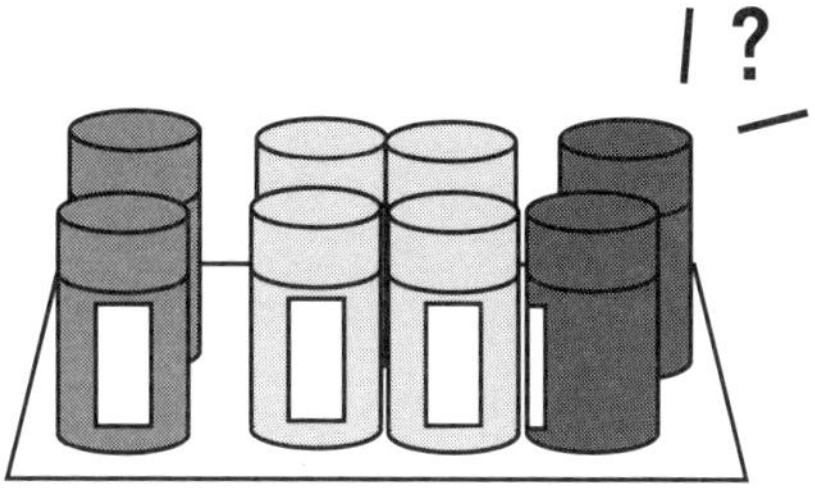

2：顔を見せる

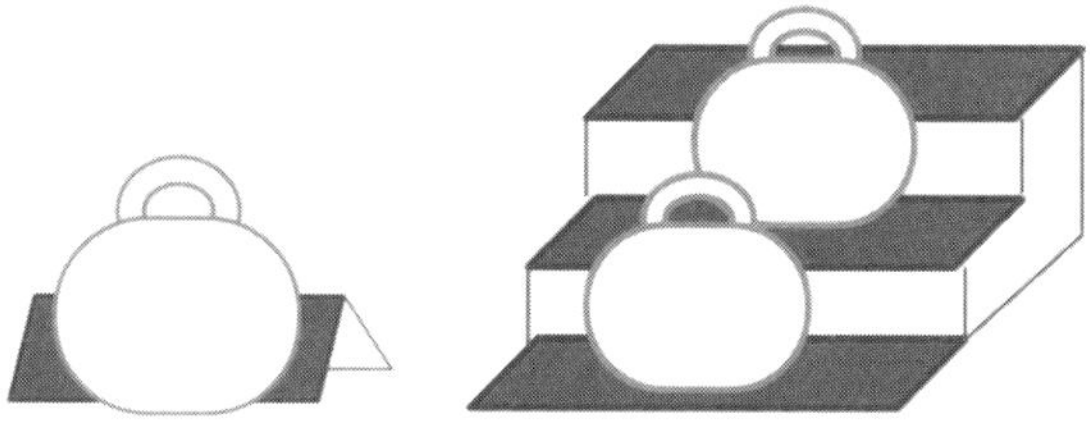

3：規則性を持たせる

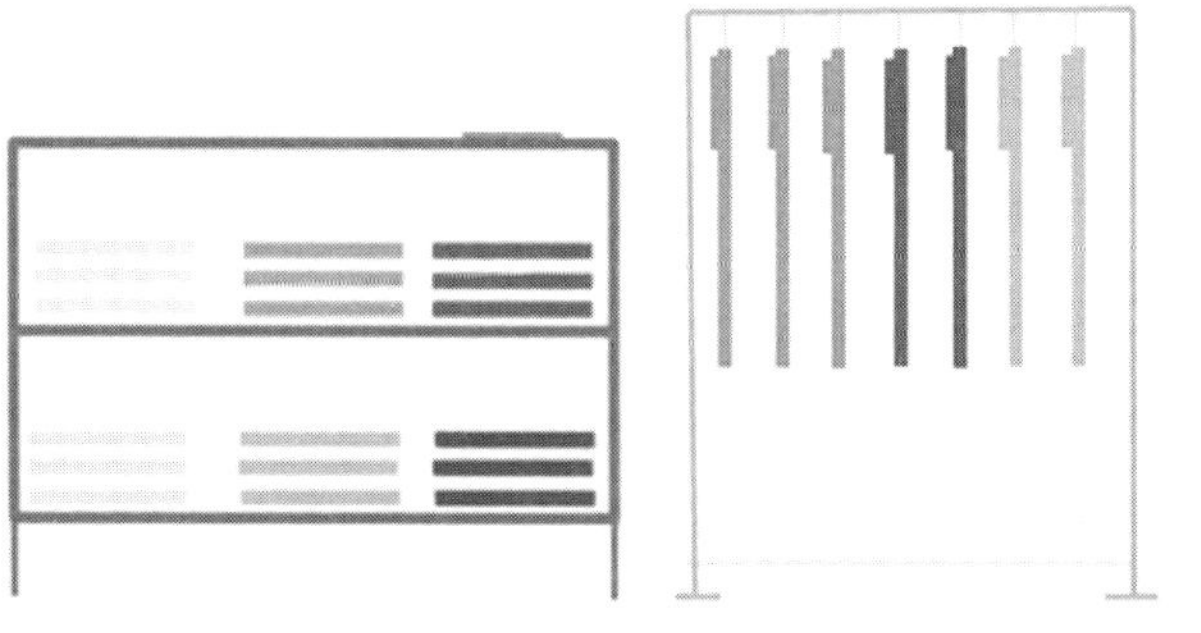

●陳列は、欠品や期限切れなどのチェック、全体のボリュームなどに気を配り常に手入れする

02 迷ったらコレ「陳列基準」

人には、見た目で心地よく感じる順番があります。それをまとめた図が、左ページの「陳列基準」です。

人の目は、たとえば紙面や画面を見るときは、左から右へと視線が流れやすく、下から上へ見上げていくよりも上から下へと見るほうが自然に感じられます。大きなものは実際より重く、小さなものは実際より軽く見えます。陳列基準も、この人の自然な感覚を尊重しています。

また、人は不安定よりも安定を好みますから、全体の重心が下側で安定して見えるように、小さいものは上段に、大きいものは下段にする順番になっています。

陳列基準に沿った店内は、自然で心地よく感じます。

しかし、商品によっては、自然に感じる順番通りであるよりも、見やすい位置で訴求したい品や、対比で強調して見せたい品もありますから、すべての商品を必ず陳列基準にあてはめる必要はありません。

ときには、陳列基準を逆手にとって、違和感で目を引く棚を作ることもあります。たとえば、巨大なぬいぐるみを、あえて上段に置いて不安定さを強調して目立たせることもあります。

ただし、店内あちこちで違和感を見せると、居心地が悪くなります。店内の大部分が基準に沿っているからこそ、一部の異なる陳列が目を引きます。全体の7割以上は、陳列基準に合わせます。

また、ひとつの什器内で基準の違う並べ方が混じり合わないように、特徴づけた並べ方は什器単位で行ない、全体の3割以下にします。違和感が効果を発揮する場所は、店頭のテーブル什器、通路の突き当りにある壁面棚、周囲とまったく違った形の什器（丸テーブル、ベンチ型什器など）です。

陳列基準は人の自然な感覚に沿っているので、ふだんの作業でも、無意識のうちに取り入れていることでしょう。それでも、ふと迷ったときには、この陳列基準を思い出してください。

●陳列基準

自然な流れに見える並び順
（あえて変化させることで、目を引く場合もある）

棚の手前～奥では

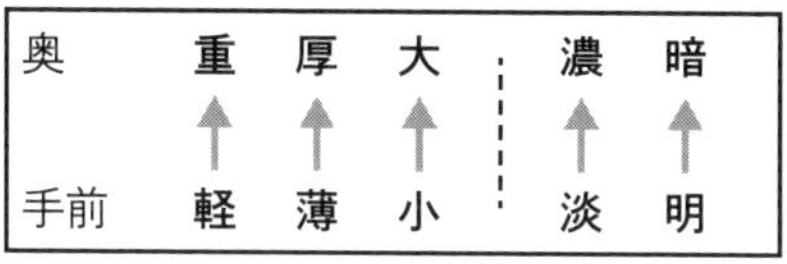

棚の左右では

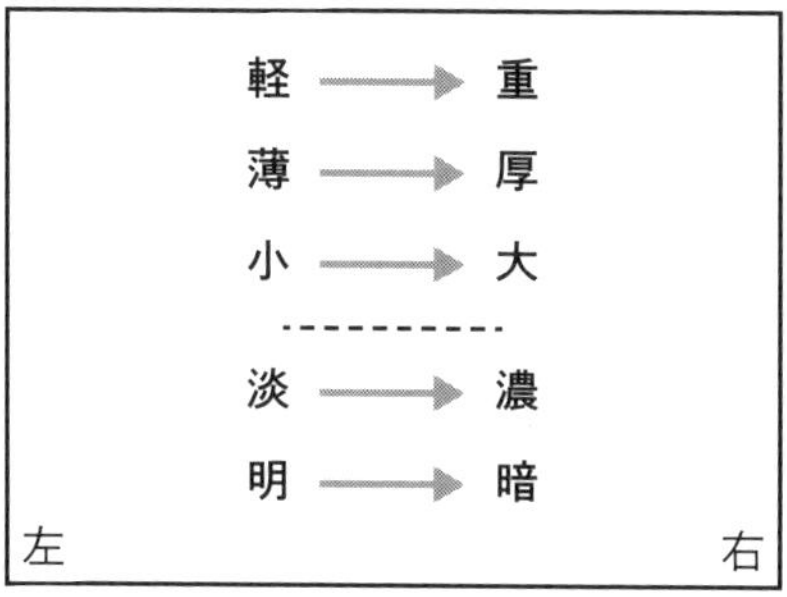

棚の高さでは

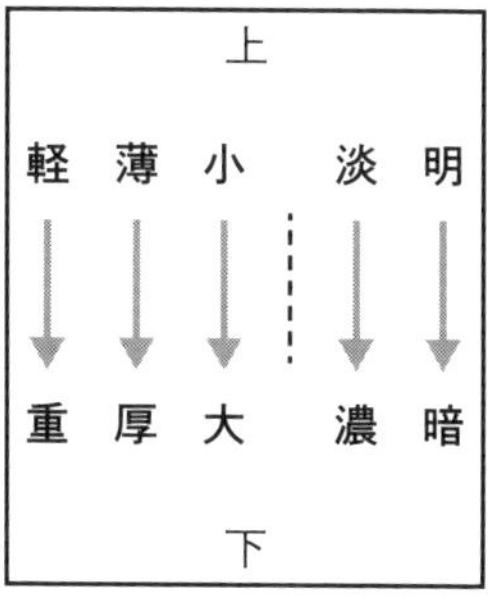

基本ルールから外れた陳列をするとき

- **お客様が見やすくなる**
  直角に置くよりも斜めにした方が、見やすくなる場合があります。
  ・入口から見て、左右両側の棚で高さ2m前後にある商品やディスプレイ
  ・入口まわりや通路角で、目の高さ以下の棚の商品
  ・間口が5m以下の店で、左右両側の壁際の商品　など
  ポイントは、**商品の顔とお客様の目が合うかどうか**です
- **全体のアクセントにする**
  全体が整列したなかで斜めに置いた商品は、違和感があり目立ちます
  斜めにすることで、**動きやリズムを表現する**ことにもなります。
  ただし、乱雑に感じられないようにアクセントは全体の１～２割までに抑えましょう
- **店のコンセプトを優先**
  「多少ごちゃごちゃに見えても、探す楽しみを提供する」などといった、店のコンセプトに沿った陳列方針がある場合は、そちらを優先します。その他にも、
  ・商品特性に合わせた陳列
  ・お客様の買いやすさを観察し、考えて工夫した陳列などでは、整列や規則性にとらわれる必要はありません

03 多色展開の商品は虹色の陳列で

お客様に色で選ばれる商品は数多くあります。色は、遠くからでもよく見えて、人の目を引き付けます。また、人の感性は色から多くのメッセージを受け取ります。この色の特徴を、陳列にも利用しましょう。

アパレルや雑貨などで、色違いで展開されている商品は、色相環に沿って虹色順に並べると各々の色が引き立ち、全体が美しくまとまります。無彩色（白・グレー・黒）は虹色の外側（右端）に並べます。

虹色陳列では、最初（左端）を強い色の赤で始めると全体が引き締まって見えますが、春は黄色から夏は水色からなど、どの色から並べ始めても色相の順番が合っていれば自然な流れに見えます。また、茶色やベージュは色の濃さや明るさの違う商品が多いので、虹色の並びに入れにくければ、無彩色の間に入れて収めます。

筆記具やコスメなど、数多くの色彩でラインアップされている商品の場合は、色ごとにグラデーションに陳列します。たとえば、同じ「赤」でも、薄桃色からだんだんと濃くなって真赤になり、さらにだんだんと暗い赤になっていくといった順番で並べると、隣同士のわずかな色の違いがよくわかります。

ふだんのブランドやアイテムでの分類ではなく、色で集めてひとつの棚に陳列すると、個性的な売場になります。少し前のことですが、２０１０年ごろデパートに色別売場が登場したり、２０１４年には店内の商品の色を一色に統一し、毎月のテーマカラーで入れ替えるお店が注目を集めました。

棚全体を、ひとつの商品だけで埋める単品陳列も、商品パッケージの色が集積して大きなかたまりになって、遠方からもよく目立つ売場になります。

色は、売場のアピールになり、お客様にとっても比較選択の重要な要素でもあります。色を引き立てる陳列で、お客様の目を引くようにしましょう。

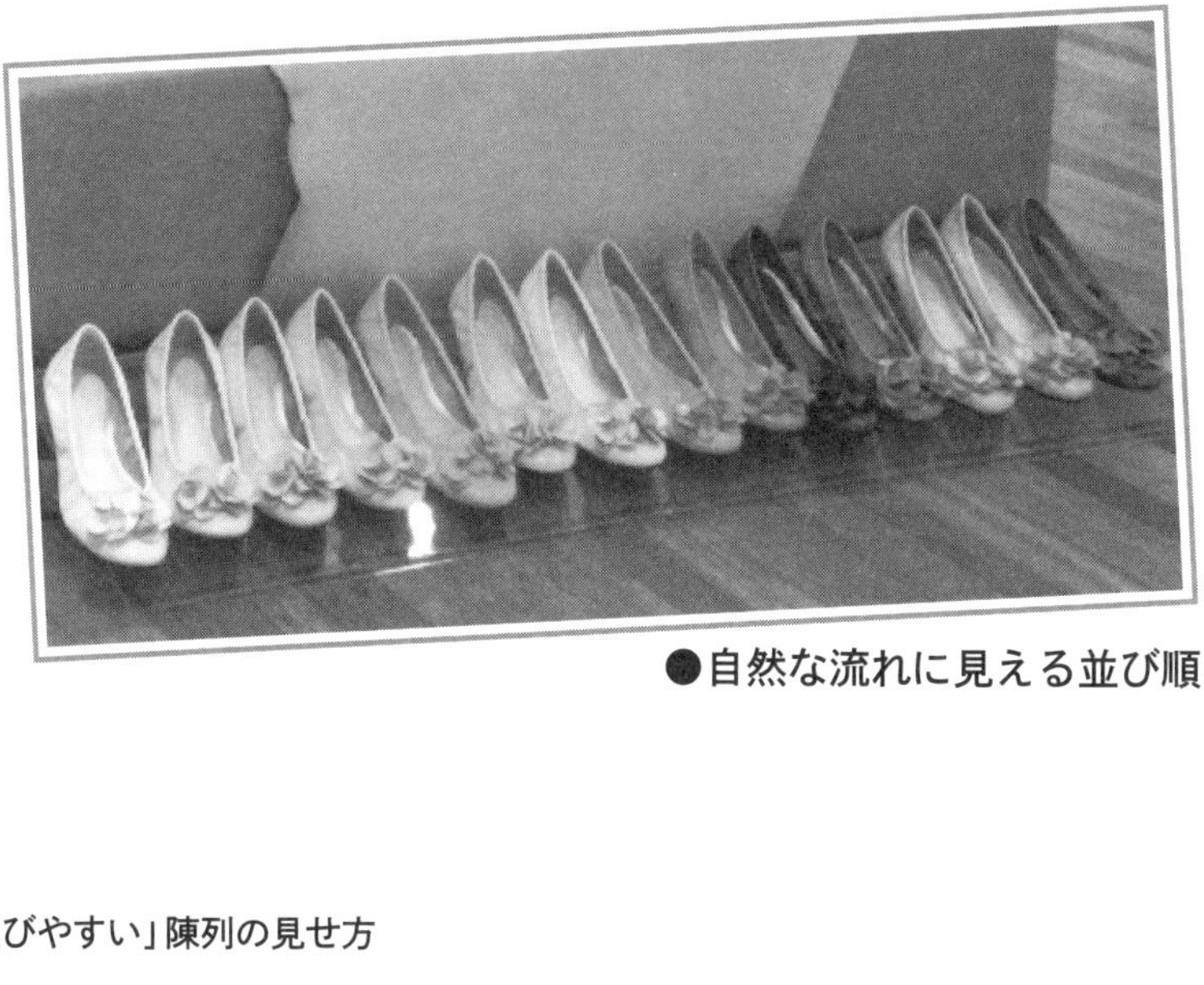

●自然な流れに見える並び順

04 棚のすきまは怖くない！

陳列するとき、効率からみると、ひとつでも多く商品を置いたほうがよさそうに思えます。しかし、すきまの使い方しだいで、より見やすく選びやすい棚になります。

●分類の仕切りに「すきま」

分類ごとや商品ごとに、指一本分のすきまを空けると、違いが際立って見えて選びやすくなります。商品の関係の遠い近いも、すきまの大小で表現できます。トレイやカゴを使った場合も同じです。

●高級感の演出に「すきま」

たとえば、ブランドショップのバッグのように、広いスペースにポツンと置かれると高級そうに見えます。トレイ上でも棚でも、低価格ラインの商品は陳列数を多くすきまを小さく、高価格ラインの商品はすきまを大きくとって陳列すると、メリハリのある表現になります。

●陳列空間が余ったとき

棚に対して、商品量が少なく空間が余ってしまう場合の対処法は、大きく3つあります。

① 商品の向きや並べ方を変える

ハンガーにかけて袖側を見せている服を、正面向きにするだけで、5着分くらいのスペースを埋めることができます。2列ずつの陳列を3列ずつに変えるだけでも、スペースが埋まります。トレイやカゴを利用して陳列スペースを調整することもできます。

② 商品全体を中央に寄せる

人の目は固まりに引き寄せられるので、中途半端に広げて見せるよりも、ずっと自然に見えます。さらに、両脇の空間は脳が勝手に省略してくれます。

③ すきまにPOPや装飾品を差し込む

分類の違いを際立たせながら、空間を埋めます。陳列棚に、すきまや空間を積極的に取り込んで、見やすく選びやすい陳列にしましょう。

●分類の仕切りに「すきま」

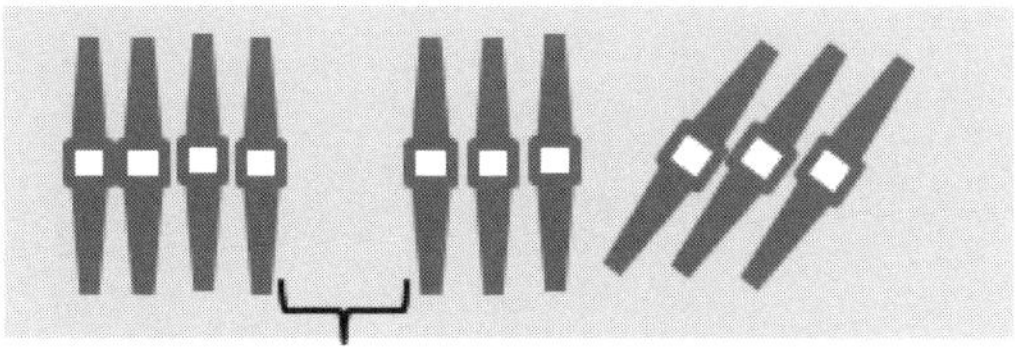

別の分類はすきま、メリハリで見せる

●高級感の演出に「すきま」

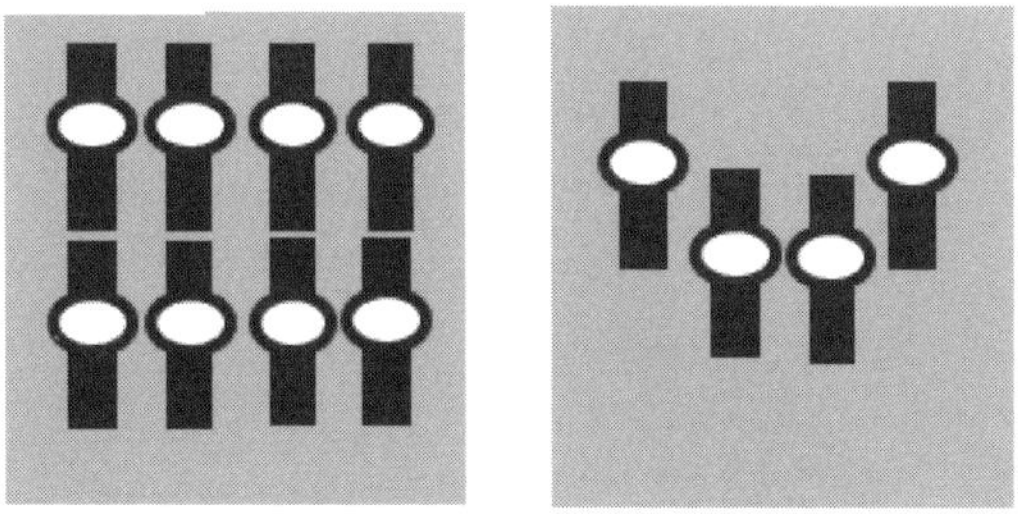

レギュラーライン　　高級ライン

●陳列空間が余ったとき

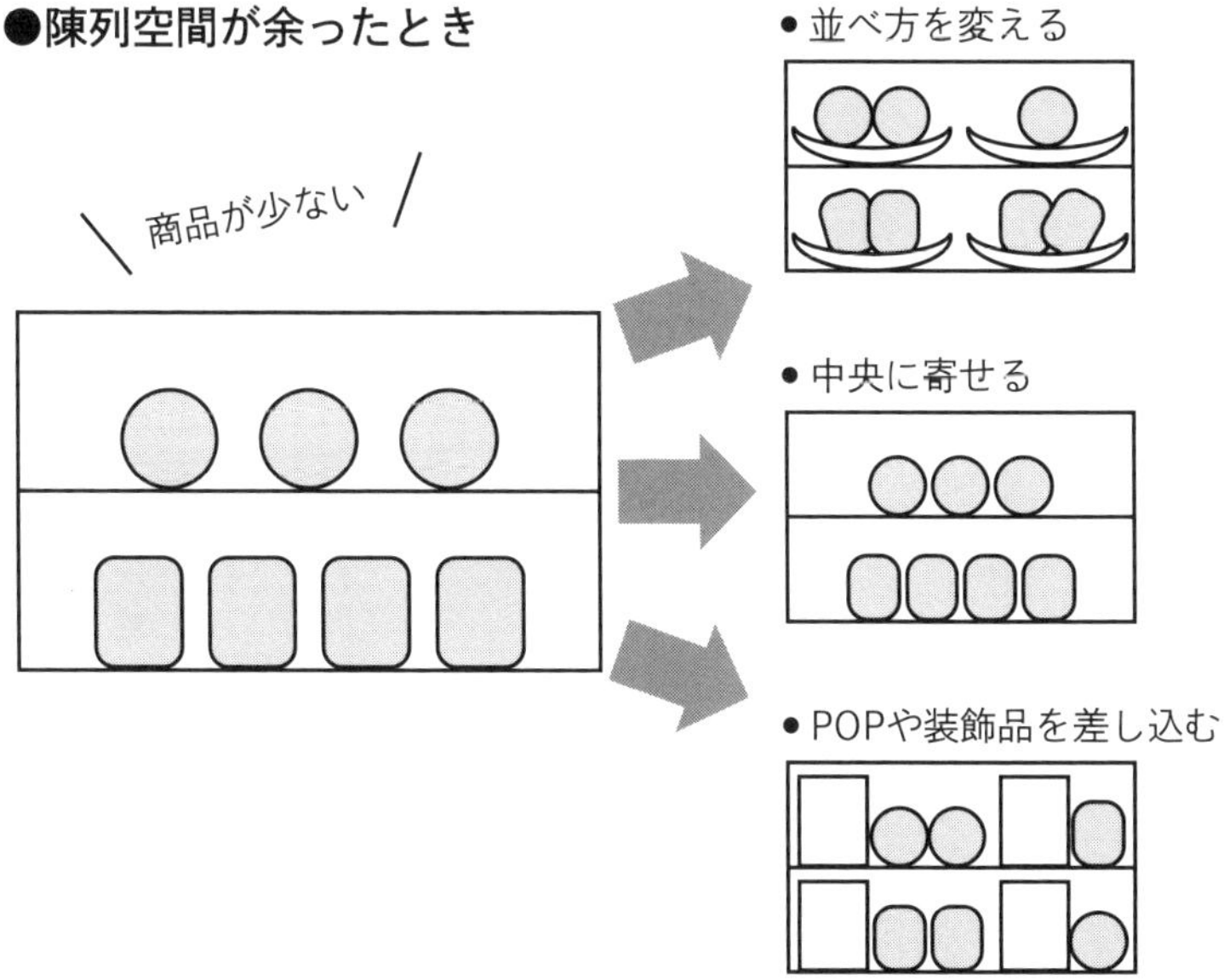
商品が少ない
• 並べ方を変える
• 中央に寄せる
• POPや装飾品を差し込む

05 適正量って意識している？

空間が余る棚と同様に、商品が並びきらない棚も、よく悩みにあげられます。並びきらないといって、無理に押し込むような陳列では、お客様は商品が見にくくなって、手に取ることもできません。棚の適正量を決めて陳列することで、見やすく選びやすくなります。

適正量は、棚の面積に対しての商品の面積で測ります。新規に什器を導入するときは、事前に商品の形状や単価から適正な陳列数を見積もります。現在の陳列数が適正かどうかを確認するには、陳列している商品を棚の片側に寄せて、どれくらいの空間が残っているかを見ます。

調味料やシャンプーなどの日用品などであれば、棚面積の8割～9割までが商品、残りがすきまや空間になるのが適正量です。お客様の手に取りやすさに配慮します。

雑貨類のように、商品の形に特徴がある場合は、棚面積の6割までを商品、4割が空間を目安に陳列します。宝飾品や時計など高級に見せたい商品は、より空間の割合を多くします。

ハンガーラックにかかった洋服の場合、洋服をラックの片側に寄せてみて、ラックの幅の2／3に収まるようにします。お客様が片手でハンガーを出し入れできるかどうかも判断基準になります。また、すきまが高級感を表現しますから、値の張る服は、ラックの幅の1／3～1／2（15着程度）に収めます。

適正量よりも大幅に多く陳列している場合、お客様が買いにくくなっている可能性があります。見えにくい、手に取りにくいは、販売機会の損失になります。

本当に全部の商品を並べなければならないのか、見直してみましょう。

●陳列量を測る

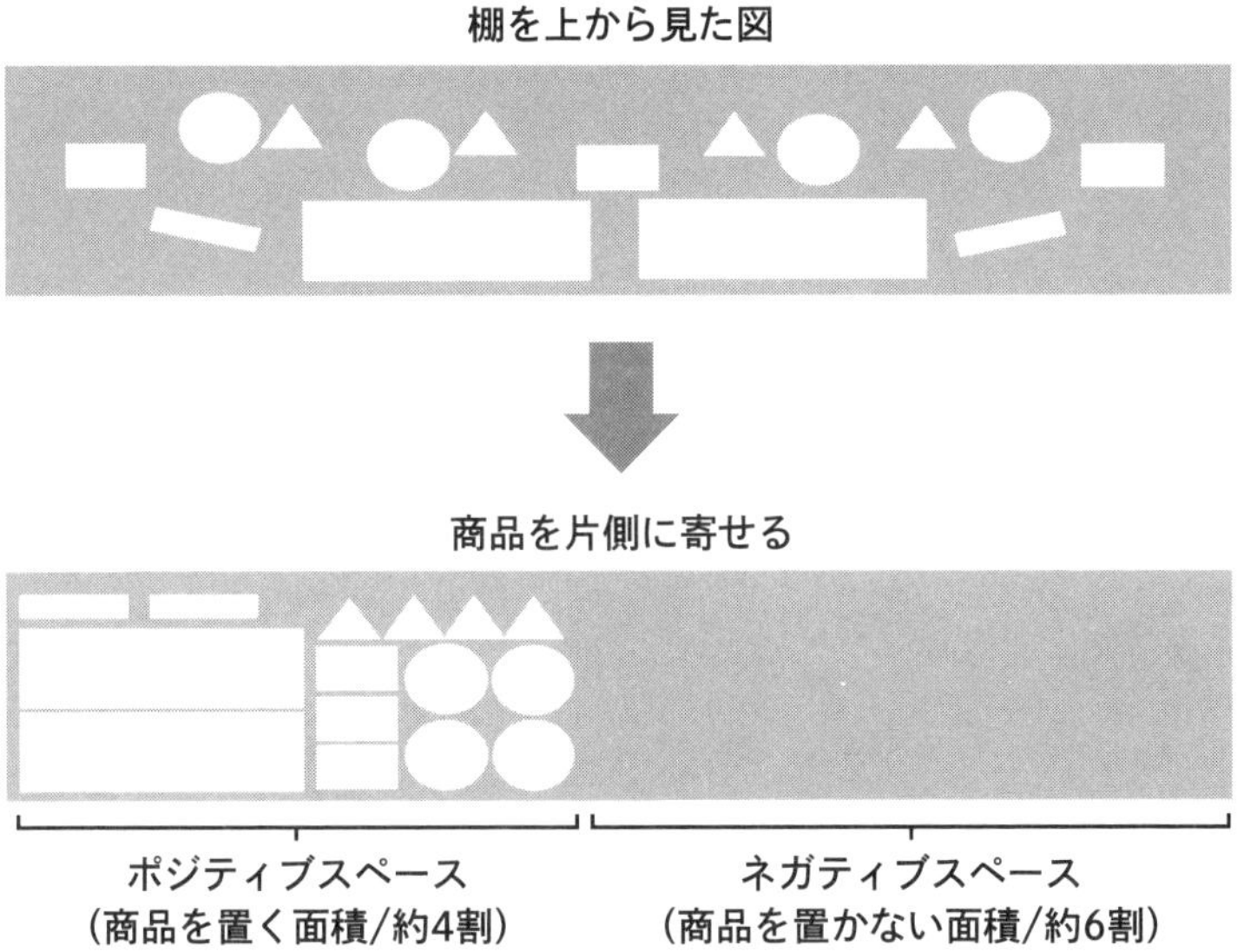

● 比率は、商品の価値・印象、店の方針によって決める

●適正量を超えると、販売機会を損失するかも！

06 横に並べるだけが陳列？

ここまで、主に什器に対して横方向に並べる陳列についてお話をしてきました。お店のスタッフとお話していても、多くの方が、「陳列は横に並べる」と思っていらっしゃいます。

しかし、分類した商品を横に並べるだけが陳列ではありません。左ページの図を見ながら、読み進めてください。

「タテ割り陳列」に向いているのは、種類が多く横並びにすると、ひと目で比較しにくい商品です。

棚幅90㎝以上の什器で商品が横並びに陳列されると、お客様は比較選択のために、棚の前を左右に歩きながら見ることになります。タテ割り陳列であれば、お客様は棚の前に立って、上下で商品を比較するようになり、他のお客様との交錯もなくてすみます。

シリーズ商品のタオルや洋食器などの場合は、色・柄でタテ割り陳列にして、さらに同じ型・大きさごとに横並びにすると、整理された陳列になります。

タテ割り陳列では、棚の背板がたくさん見えると、上下の商品がまとまって見えなくなるので、上下棚板の間隔は、商品高さの2倍以下になるようにしましょう。店内全体がヨコ割り陳列のとき、一部をタテ割り陳列に変えると、売り場にメリハリがうまれます。

「グループ割り陳列」は、棚ひとつを多様な商品分類（小分類）で分け合って陳列するときに向いています。商品数が多少増減しても、対応しやすいのも特徴です。雑貨店、小規模な小売店などで使いやすい陳列方法です。

ただし、各分類の仕切りがあいまいになりやすいので、境にしっかりと「すきま」を設けたり、あるいはＰＰ（商品紹介のディスプレイ）やＰＯＰを差し込んで、分類を強調する必要があります。

横並びの陳列だけでなく、商品特性やお客様の比較選択の仕方に沿って、タテ割り陳列やグループ割り陳列を使い分けて、見やすく陳列しましょう。

●陳列パターン

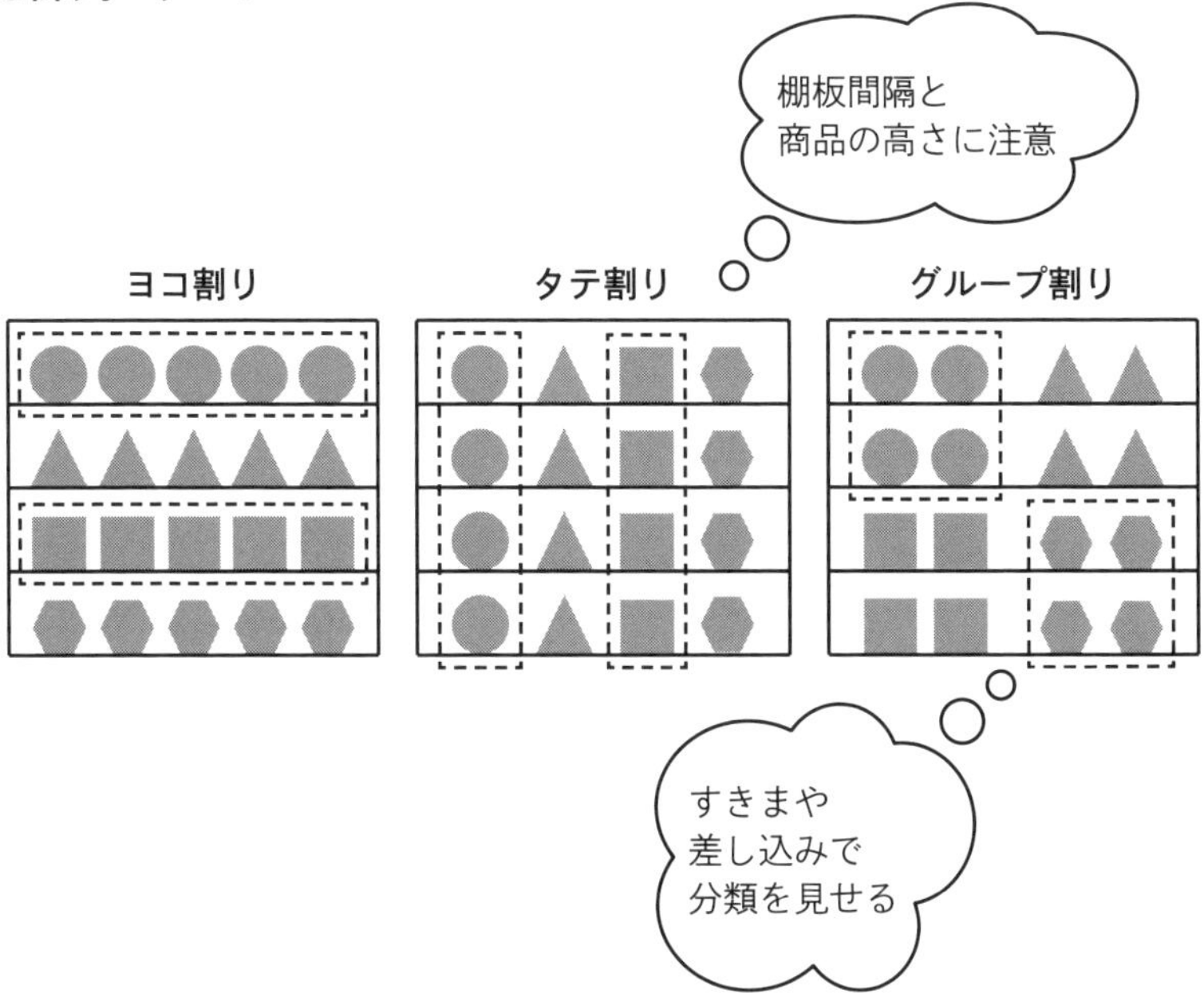

●陳列パターンを変える事例

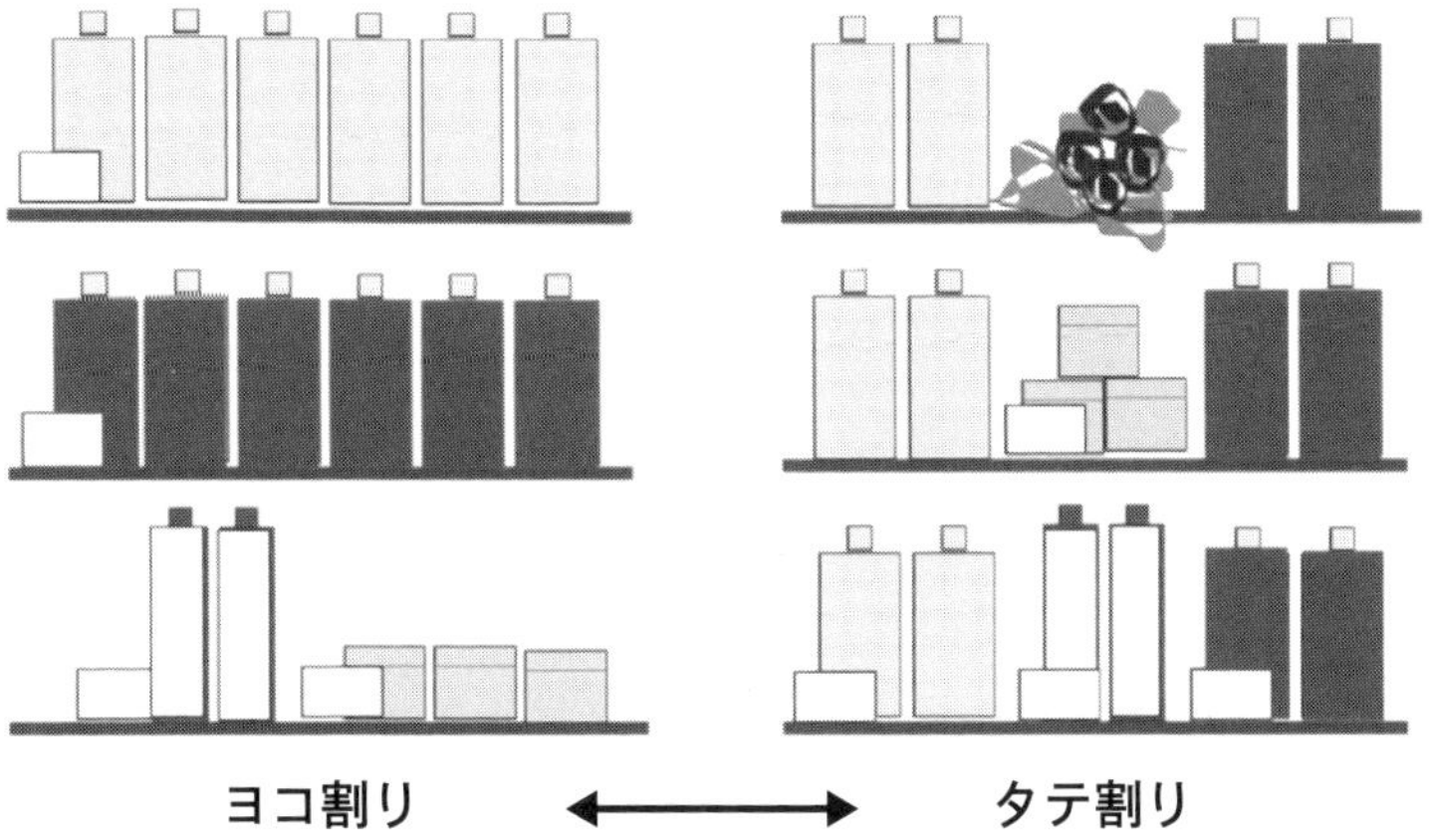

07

棚の高さと通路幅のただならぬ関係

陳列では、棚の高さも重要な要素です。とくに、高さ120cm〜90cm位は、棚の中でも一番目立ち、手に取りやすい位置、よく売れる場所＝ゴールデンゾーンと言われています。とくにアピールしたい商品は、周囲の商品よりもフェイス数（ラベルが見える面の数）を増やし、ゴールデンゾーンに陳列します。

このゴールデンゾーンは、身長160cmの女性を想定して計算されています。自然な状態で目線の先にある棚の高さが120cm〜90cmくらいで、ひじの高さが約120cm、見やすく手の伸ばしやすい高さというわけです。

ただし、この計算は棚の直前に立った場合、棚と目の間が1m弱での見え方を言っています。いちがいに、全部のケースにあてはまるわけではありません。

左ページの図を見てください。もし広い通路であれば、視野もぐっと広がり、棚全体が見えるようになります。また、自然な目線はやや下向きなので、1m以上離れたところから見るとすれば、下段であっても見えるチャンスが広がると言えます。

たとえ、店内の通路幅が十分にとれなくても、手前側の棚の高さが120cm程度であれば全体の見通しがよくなり、隣の棚まで視野に入るようになります。

逆に、十分な通路幅があっても、手前の棚の背が高ければ向こう隣りは陰になって商品数も少なく見えて、お客様は品薄に感じてしまうという、もったいないことになってしまいます（105ページ図参照）。

通路幅と視野、視野と什器の高さには密接な関係があります。また実際の買い物の場面では、やや離れた位置で商品やPOPに気づいて近づくことも多いのです。

「ここだけが売れる場所」という特定の場所はありません。どのように見えているか、どうしたら目立つようになるか、お客様になったつもりで、実際に店頭でチェックするようにしましょう。

●広い通路では、棚全体が見える

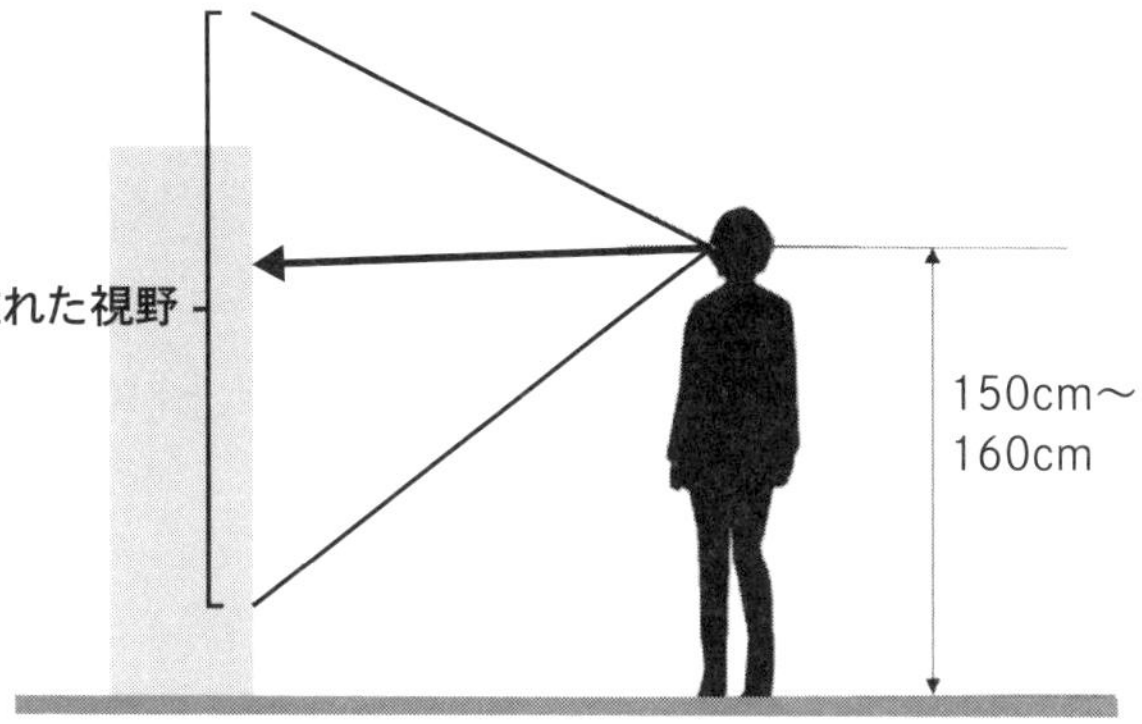

●狭い通路では、注目点しか見えない

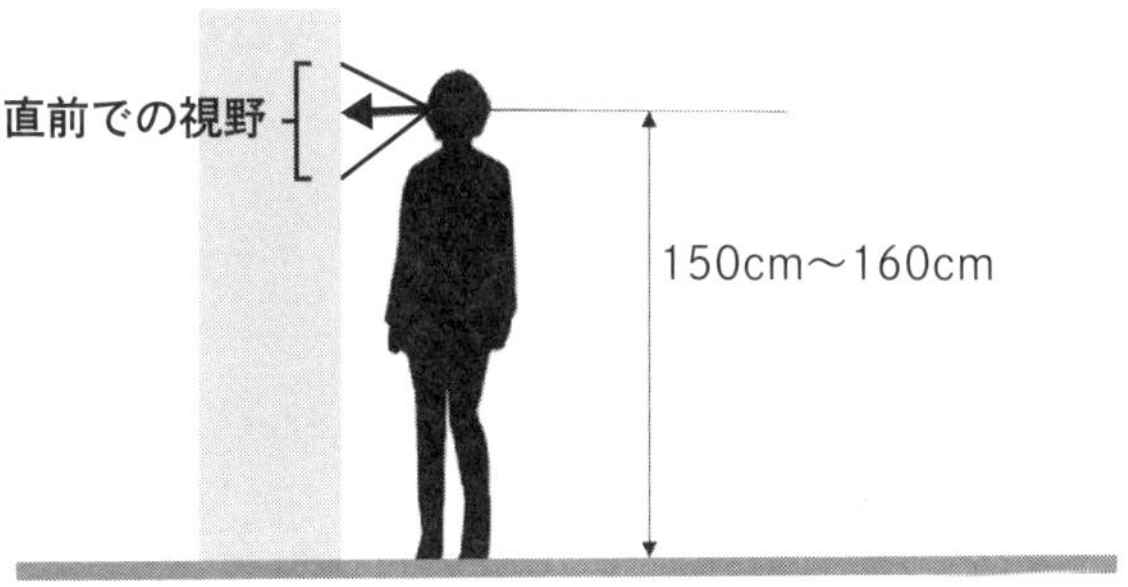

最下段での陳列 どうする？

棚の最下段は、お客様の目に入りにくく「売れない場所」とも言われます。在庫置き場に使用するケースも多くあります。しかし、少しでも売場面積を確保する工夫を紹介します

- **前出しを強化**　高さ60cm以下の部分は、上の棚の陰になって見えにくいため、できるだけ前出しをする。また、最下段の棚板を手前に10～15cm突き出すと見やすくなる
- **大型商品を陳列**　大型商品は、部分的に陰になっても気づかれやすい。陳列基準にも合って棚の陳列全体のボリュームも調和がとれて見える
- **色で目を引く**　商品やパッケージの色が鮮やかなものは、目を引きやすい。陳列の下にカラフルな敷物を用いたり、棚の枠部分をカラーテープで囲うなども効果あり
- **子供向け売場**　身長の低い子供は、大人とは視野が違うため、低い位置の売場のほうが見やすく、気づかれやすい

08 事例

木工雑貨店O店の話

ここまで、陳列の基本知識をお話してきました。あなたのお店でも、すぐにでも取り入れていただきたいので、実際に陳列を見直して作業をした事例として、木工雑貨を販売しているO店の店舗研修での話をご紹介します。

●陳列変更のポイント

雑貨などの細かな商品が多い場合は、店内全体で各棚の**棚板の高さを揃える**のが、陳列をスッキリ見せるポイントです。商品の高さの都合などで調整が難しい場合は、目線の高さ（ゴールデンゾーン）120cm～90cmの位置で横一線を設けるようにします。入口側から見える棚だけでも棚板の高さを揃えると、印象がアップします。

O店は、木製雑貨だけを扱っています。このような一見して区別がつきにくい商品の場合、とくに、**分類をハッキリ見せる**ように、すきまを大きめにしたり、敷物や棚の背板の色を変えたりします。

この2つの作業を通して、より選びやすく買いやすい陳列になりました。

●O店の研修内容

初回は、スタッフ全員の足並みを揃えるために、座学で分類や陳列の手法を学びました。2回目は、分類やゾーニング、通路、棚と商品のレイアウトと順に確認し直しました。そして3回目に、グループごとに担当の棚を割り当てて、購買率をアップさせるための「選びやすく買いやすい陳列」にする作業をしました。

陳列見直しには、自店の俯瞰も重要なポイントです。O店の場合は、商品の素材が木で統一されているため、店頭に並ぶだけで、統一感がとれた独自の世界観を表現できてしまいます。その反面、分類や陳列の精度が落ちても気づきにくくなります。

たとえ、人気店であっても基本を忘れず、常に見直し磨き続けることが、O店のすばらしいところです。

あなたのお店の陳列も、この機会に振り返ってみてください。

●棚板位置での見え方の違い

1：バラバラ

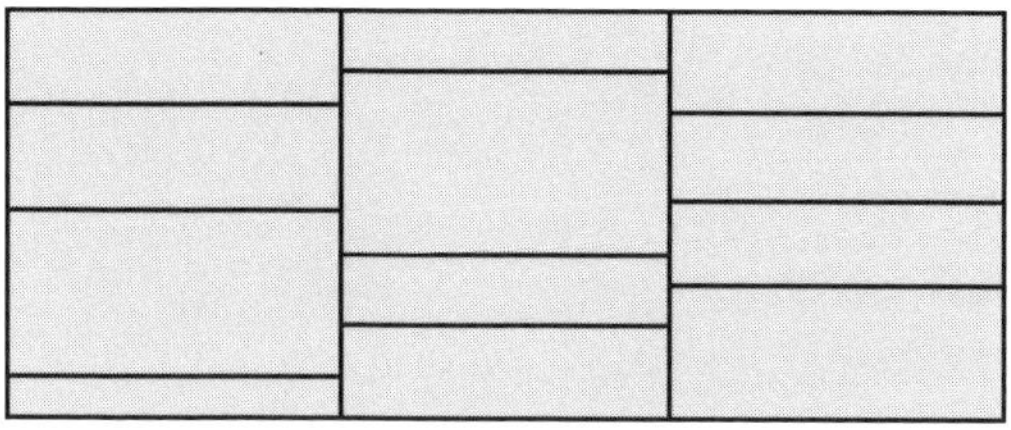

にぎわいが演出でき、個々の商品の特徴を引き立てて
見せることができる。ときに乱雑に見えることもある

2：全部揃え

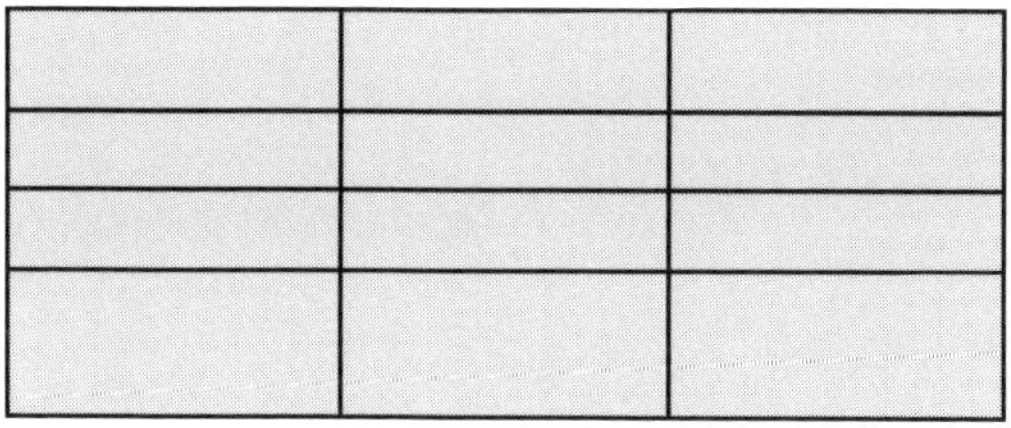

スッキリ見える一方で、面白みに欠ける印象もある
似たような商品が整列すると比較選択しやすくなる

3：目線高さ揃え

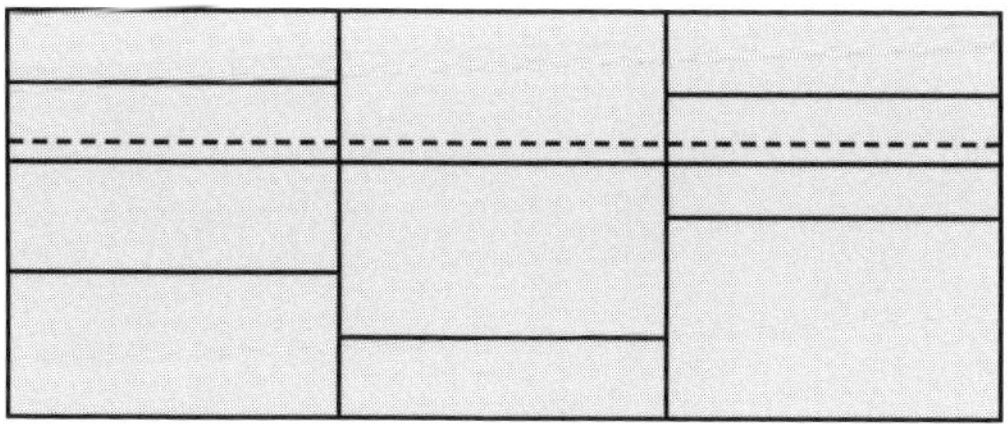

1と2の折衷案、重心が定まるのが利点
棚自体が揃っていないときにも採用できる

09 テーブル陳列の構成

ショッピングモールを歩くと、多くの店舗でテーブル陳列が、VP（メインディスプレイ）に代わって、「お客様がお店に気づく役割」として、お店の顔になっています。

また、店内全体をながめたとき、テーブルがあると什器構成のアクセントにもなります。店内全体の見通しのよさのうえでも、欠かせないアイテムです。テーブル陳列を上手に利用して、お客様を店内へと誘導しましょう。

●高さを使う台

テーブルに商品を並べると平板になりがちですが、台を使うと変化が出ます。1段だけでなく、2段・3段とひな壇のようにすると、ボリュームのある陳列になります。上段を小さくして、全体が三角形のシルエットになるようにしたり、4方向からピラミッド型にしたりすることも可能です。台の代わりにテーブルの上にボックスを載せ、その中に陳列することもあります。

●タテ割り陳列

テーブル上でひな壇に陳列するときは、タテ割りの陳列にします。さらに、色違い・型違いのある商品では、全体を左右対称に見せることもあります。このとき、左右が厳密な同一商品でなくてもよく、同じようなボリュームに陳列することで、全体をまとまったシルエットに見せます。

●ステージ陳列

テーブルの一部に、ステージに見立てた台を置き、その商品を使ったディスプレイを設置すると、商品を使用するイメージを伝える訴求力が高い売場になります。

テーブル上に高さを出した陳列をすると全体の重心が上がって、不安定な印象になりやすくなるため、テーブル下にも商品や観葉植物を置いて重心を下げます。

陳列した後には、2〜3m離れたところから全体のバランスも確認しましょう。

●テーブル陳列の一例

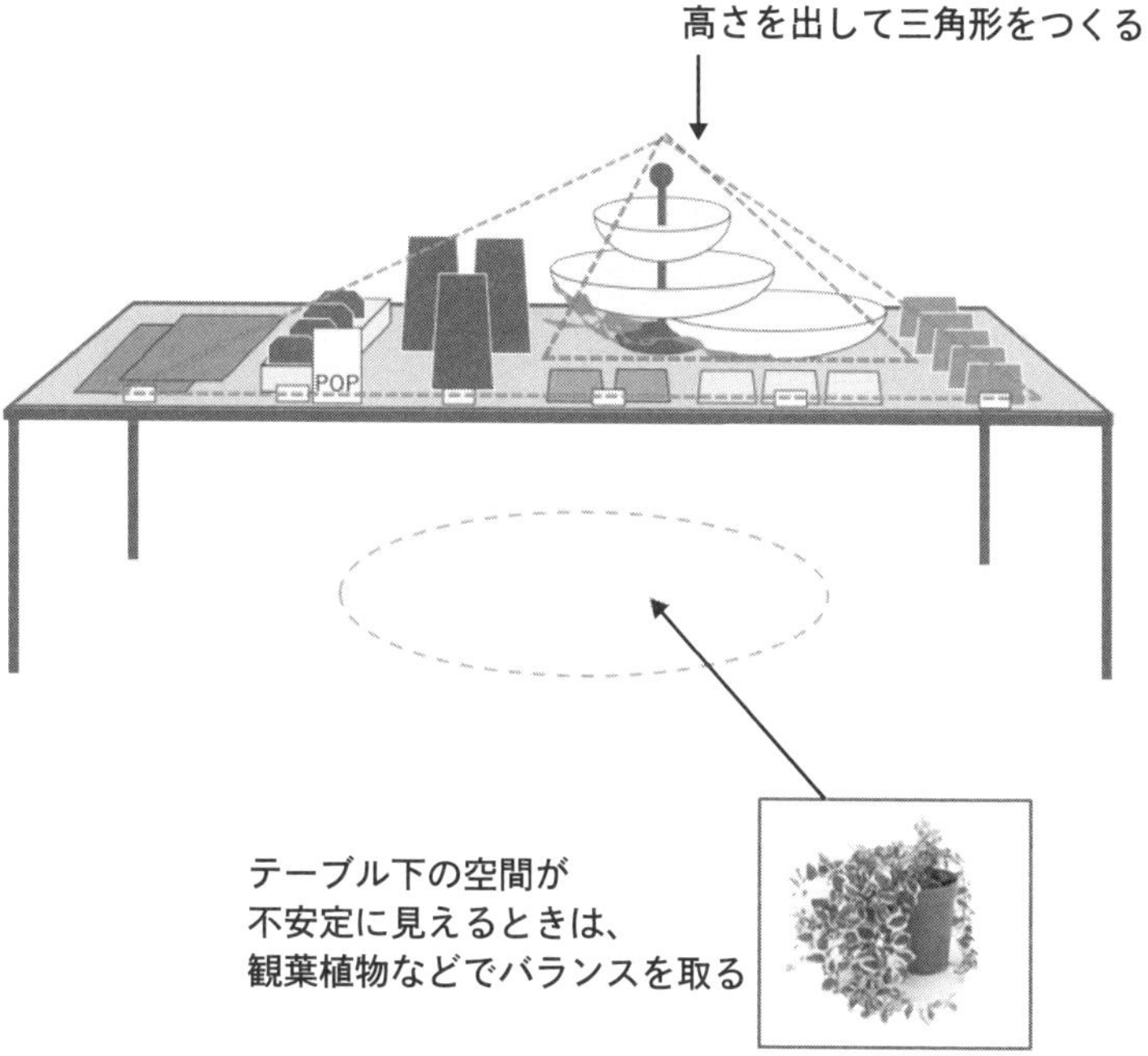
高さを出して三角形をつくる
POP
テーブル下の空間が
不安定に見えるときは、
観葉植物などでバランスを取る

●テーブルでタテ割り陳列をしている事例

事例10 リカーショップP店の話

テーブル陳列を取り入れ、「テーマ売場」を設けた町の酒屋、リカーショップP店の事例をご紹介します。

P店の什器は統一された棚で、入口に立つと棚のエンドが見える並びでした。エンド部分では菓子や缶詰などを入れ替えながら陳列していましたが、お客様の反応が思うほど得られていませんでした。

そこで、店頭の棚をひとつ撤去して、テーブルに入れ替えることにしました。

このテーブル陳列では、季節や行事のシーンを想定して、おすすめのお酒とそれに合うお菓子・缶詰を数種類ずつ選んで陳列して、「P店からお客様へ提案する場」としました。来店されたお客様に、必ず見てもらえる場所ができました。何度か入れ替えているうちに、これを楽しみにされるお客様も増えてきました。

テーマを設けると、店内でまったく別々に陳列されている商品が一ケ所に集まります。そこで、お客様にとっても、ふだん気づかない商品の組み合わせが目新しく感じられ、注目度も上がります。

テーマ内容は、季節・行事、色やサイズ、生活シーンなど、テーブルの上にひとつ新しい分類を設けるようにします。お客様にテーマが伝わりやすくなるよう、演出小物やPOPも加えます。

売場全体の分類を変えることは難しくても、テーブル陳列であれば取り入れやすく、変更もしやすいでしょう。商品が元の陳列場所との2重陳列になり、管理はやや手間取りますが、目立つ分、個々の商品の売れ行きが上がります。アパレルでは、「壁面陳列の4倍速で売れる」という説（商業界ONLINE2019・9・20（株）小島ファッションマーケティング代表取締役小島健輔氏の記事）もあります。

テーブル陳列にテーマを持たせ、定期的に入れ替えることで、お客様にとって新鮮で面白い店頭ができます。

●テーマ売場の場所の事例

before

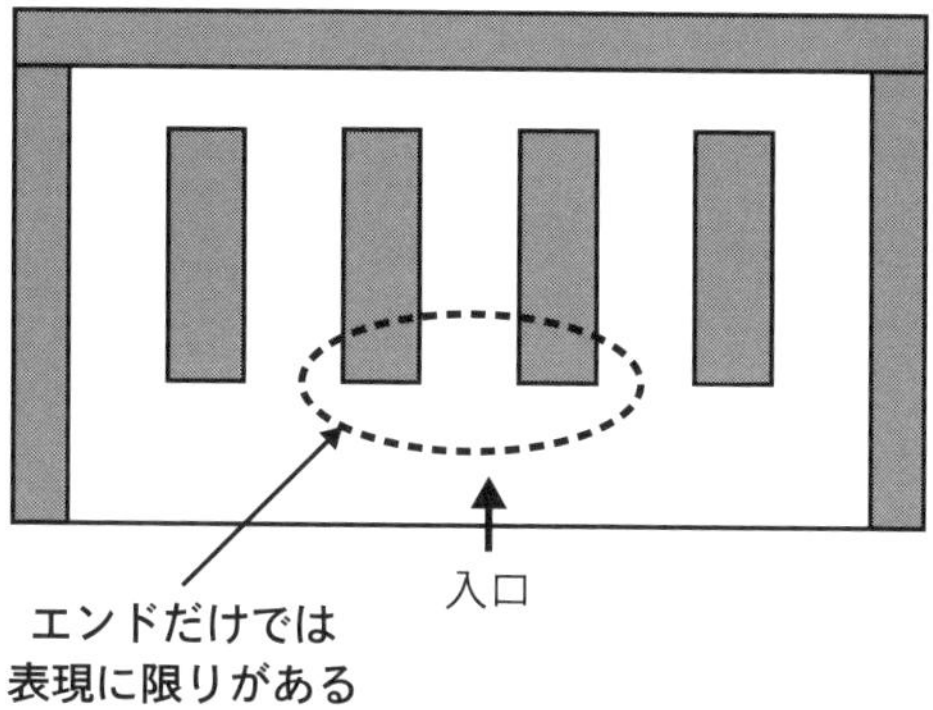
入口
エンドだけでは
表現に限りがある

after

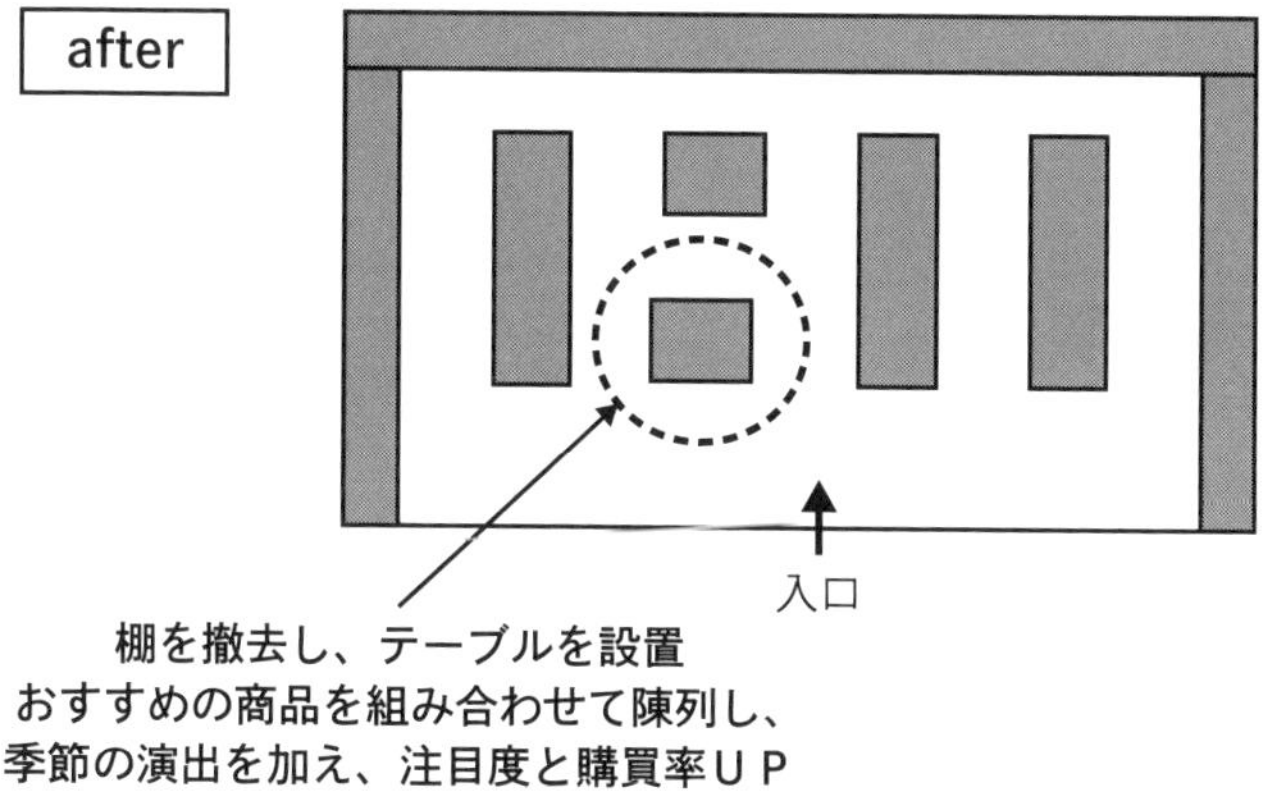
入口
棚を撤去し、テーブルを設置
おすすめの商品を組み合わせて陳列し、
季節の演出を加え、注目度と購買率ＵＰ

11 逆張り発想で作るマルシェ風陳列

箱やカゴを山形に積み上げて、にぎやかに見せるマルシェ風陳列。遠目からも目立つ華やかな演出です。雑貨や食品、プチコスメなど、応用範囲も広く、研修でも人気があります。

マルシェ風陳列は、ひとつのカゴに1種類の商品を入れ、分類をハッキリさせるところまでは、基本の陳列と同じです。しかし、棚の高さも揃え、直線・直角に整列させていたところは真逆にします。

高さは揃えるのではなく、すべての箱やカゴの高さを変えます。ひとつの箱やカゴに対して、高さを変える台もひとつ用意します。箱やカゴの幅よりも、台のほうをやや小さな幅にすると、後で全体の形が作りやすいのです。高さが決まったら、ワイヤーや粘着テープを用いて、崩れないようにしっかりと固定します。

一番背の高い箱やカゴを置き、その手前側へ、高さ順に並べて、それぞれを左右へずらします。上下、前後左右で見て、すべての箱やカゴが、ずれた位置になるように全体の様子を見ながら調整します。整列とは逆に、ジグザグさせます。

このとき、それぞれの箱やカゴが離れすぎないように、すきまを空けないようにします。上下、前後左右で隣り合う箱やカゴの端が、重なるくらいに寄せて置きます。商品の入った様子を見ながら、全部のすきまをPOPやフェイクグリーンで埋めて完成させます。

マルシェ風陳列でも、分類をはっきり見せますが、全体の形は基本とは真逆に、高さも前後左右もずらして、すきまを空けないようにして作ります。

華やかでお客様の目を引きやすいマルシェ風陳列も、陳列のルールを知っていれば、すぐにできるので一度挑戦してみてください。

●基本の陳列

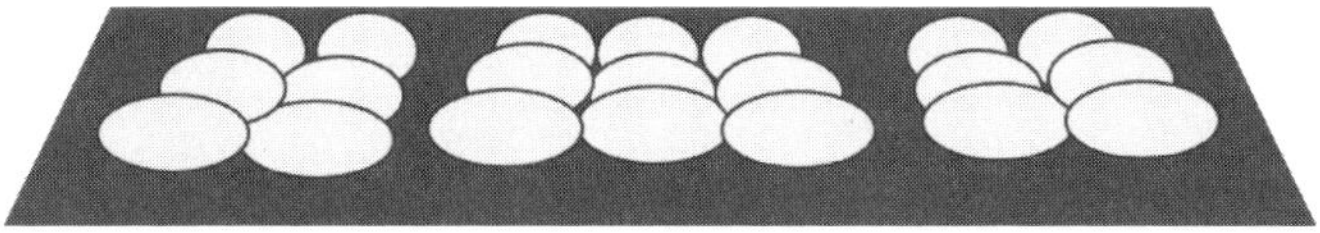

- 前後左右・高さ・向きを揃えて、整列させる
- 分類ごとにすきまを設ける

●マルシェ風陳列

- 分類したグループごとに、箱やかご、トレイに入れる
- 入れ物ごとに、高さ・向きを変えて並べる
- すきまがないように全体を寄せる

すきまはPOP、フェイクグリーンなどで埋める

12 「売れてる感」を演出する

陳列の基本、整列＝前出しは、江戸時代の呉服商で始められました。「常に商品を豊富に取り揃え、きめ細かな管理をしています、どうぞ安心して買い物してください」という演出だったそうです。

現代のセルフ販売でも同じで、お客様の手に取りやすいように、商品がハッキリ見えるように、前出し陳列が原則です。コンビニのドリンク冷蔵ケースや、ベビー用品の西松屋の傾斜棚のように、商品を手に取ると次の商品が滑り出して手前に来るようになった什器も使われています。

しかしその一方で、お客様は売れているものが好きです。「みんなが買っているなら、私も買いたい」という心理（同調効果）が働くからです。

たとえば、棚陳列で整然と並んだ商品のうち、ある商品だけが2～3個減っているとしたら「これが人気なのね」と思われやすいですね。

この方法は、お客様が比較に迷う場面で有効です。ジャムやドレッシングなど、シリーズ（味の違い）で並んでいる商品、焼きたてパンやケーキなどでも、「より満足できるものを選びたい」という損失回避の心理が働き、迷いやすくなります。

お土産菓子や箱入りタオルなどの場合は、主役は先様で、自分の好みが最優先ではないので選択肢があいまいになって、人気の品があれば選ばれやすくなります。

また、キャンペーン商品や福袋などをワゴン販売する場合も、無秩序に山積みするよりも、整然と並べるかピラミッド状に陳列されていると、売れて減っていく様子が目に見えて同調効果が働きやすいです。

お客様の心は、「売れてる感」に弱いのです。商品によっては、この心理作用を利用したわざと欠けた陳列で、より売れるようにすることができます。

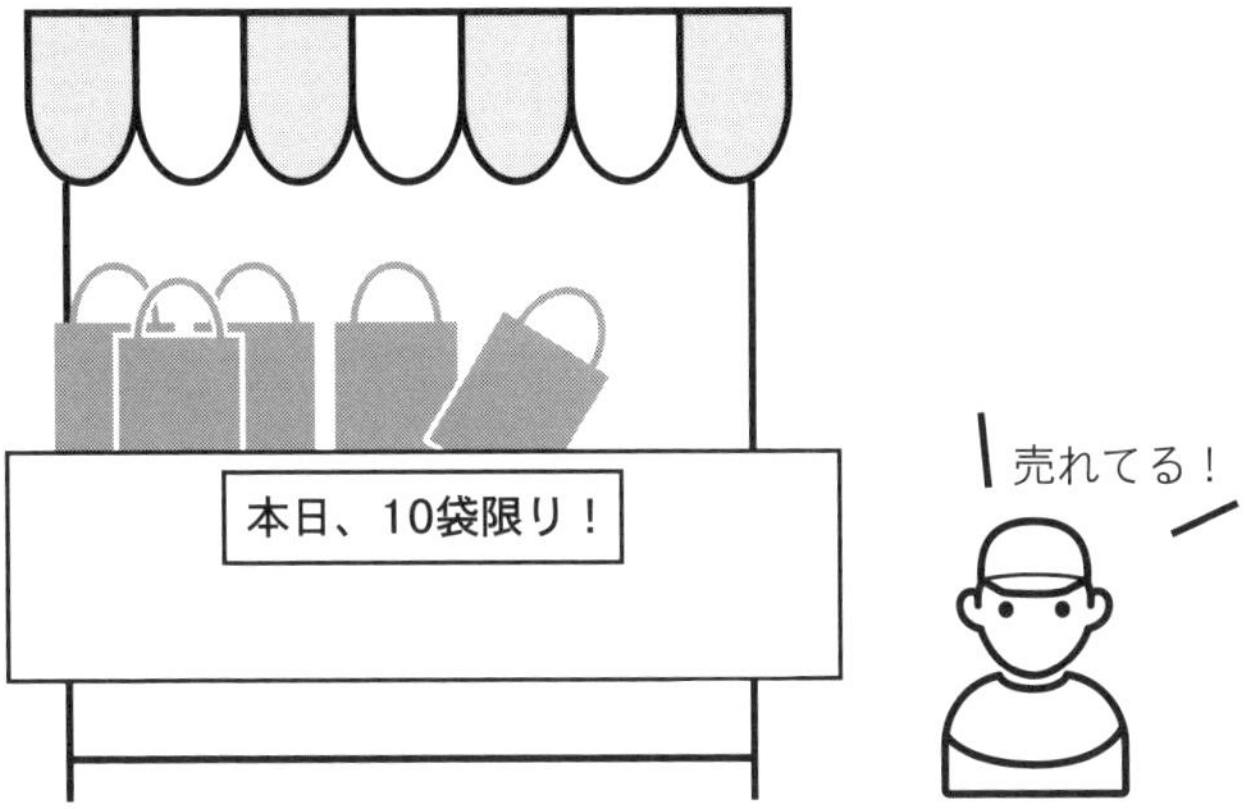
本日、10袋限り！
売れてる！

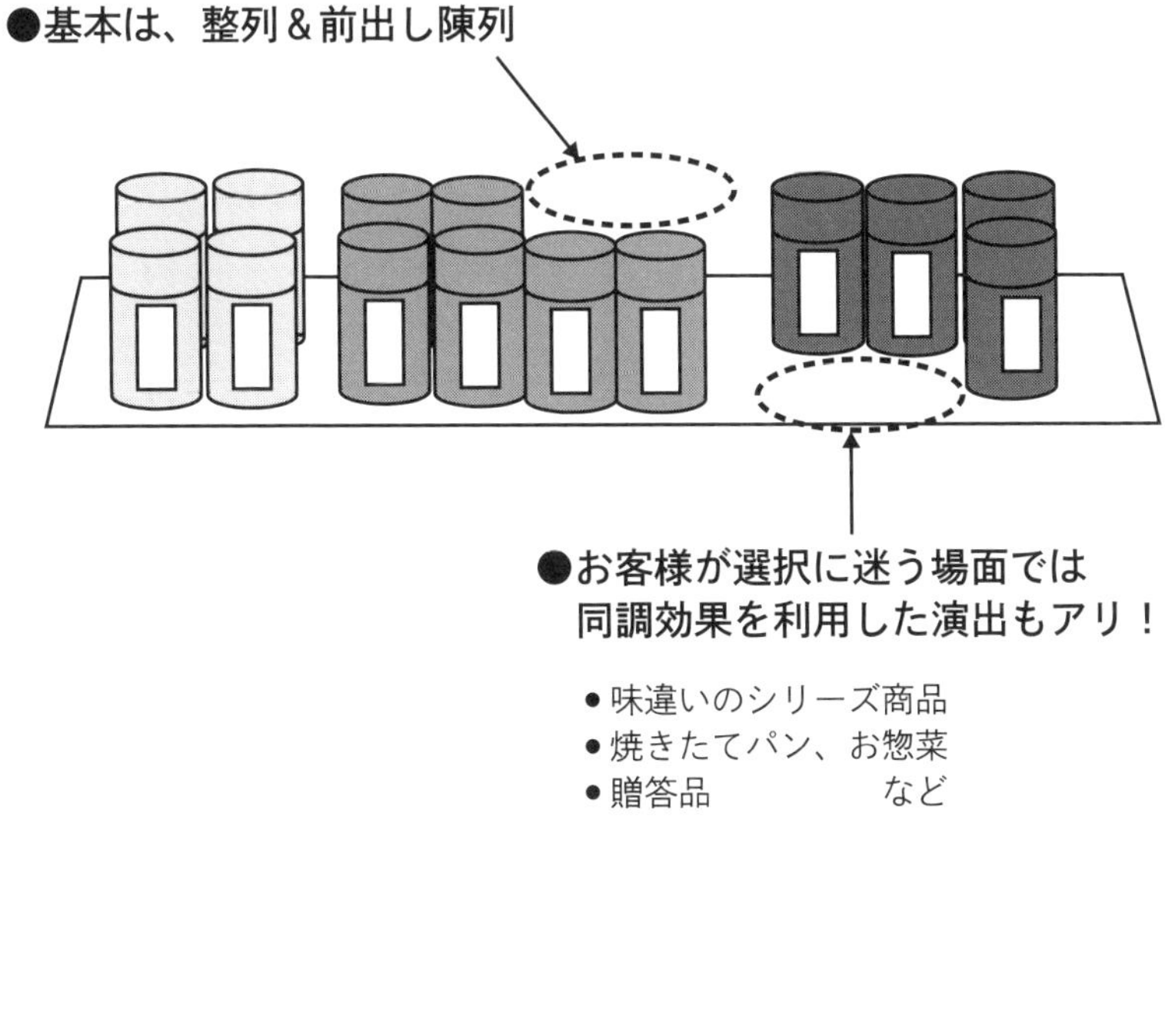
●基本は、整列＆前出し陳列
●お客様が選択に迷う場面では
同調効果を利用した演出もアリ！
●味違いのシリーズ商品
●焼きたてパン、お惣菜
●贈答品　　　　　など

13 バラバラな陳列が買いやすいこともある

陳列の基本は整列で見やすくし、似た種類のものは近づけて配置して比較選択しやすくすることです。しかし商品によっては、あえてバラバラに陳列するほうが見やすくなったり、お客様の買い物をワクワク楽しく演出したりします。

とくに、お客様にとって選択する過程を楽しむ買い方をされる商品には有効です。

たとえば、アパレルや雑貨で、3～4色展開の商品を陳列するとき、虹色順やグラデーションに見せるには色数が足りませんよね。こんなときは、無理に順番をつくるよりは、隣り合う色同士を反対色にしたり、濃い薄いで交互にしたり、対比で見せる陳列にすると、それぞれの特徴（情報）が多く伝わって、見比べながら選ぶ過程を楽しんでもらうことができます。

生ケーキのショーケースの陳列でも同様です。隣り合うケーキの色が重ならないようにして、赤いイチゴが載ったケーキがあちこち散らばっていると全体に目が届きやすく、商品が豊富にあるように見えます。

形もよくわかるように、三角は先側を揃えて、四角は斜めにして見せると、見栄えよくおいしそうに見えます。

このように、バラバラな陳列が有効に使える事例もありますが、店内全体までがバラバラに見えると、単に散らかった印象になってしまいます。

そこで、全体の大分類・中分類は崩さないように守りながら、小分類の中だけでバラバラにするようにします。その範囲は、全体の3割以下で、ひと目で見比べられるよう、幅1m以内の陳列にします。

基本を守った陳列とバラバラな陳列。商品の特性や、お客様の買い方を活かして取り入れ、選びやすく買いやすく、楽しい買い物シーンを演出しましょう。

●バラバラな陳列のつくり方

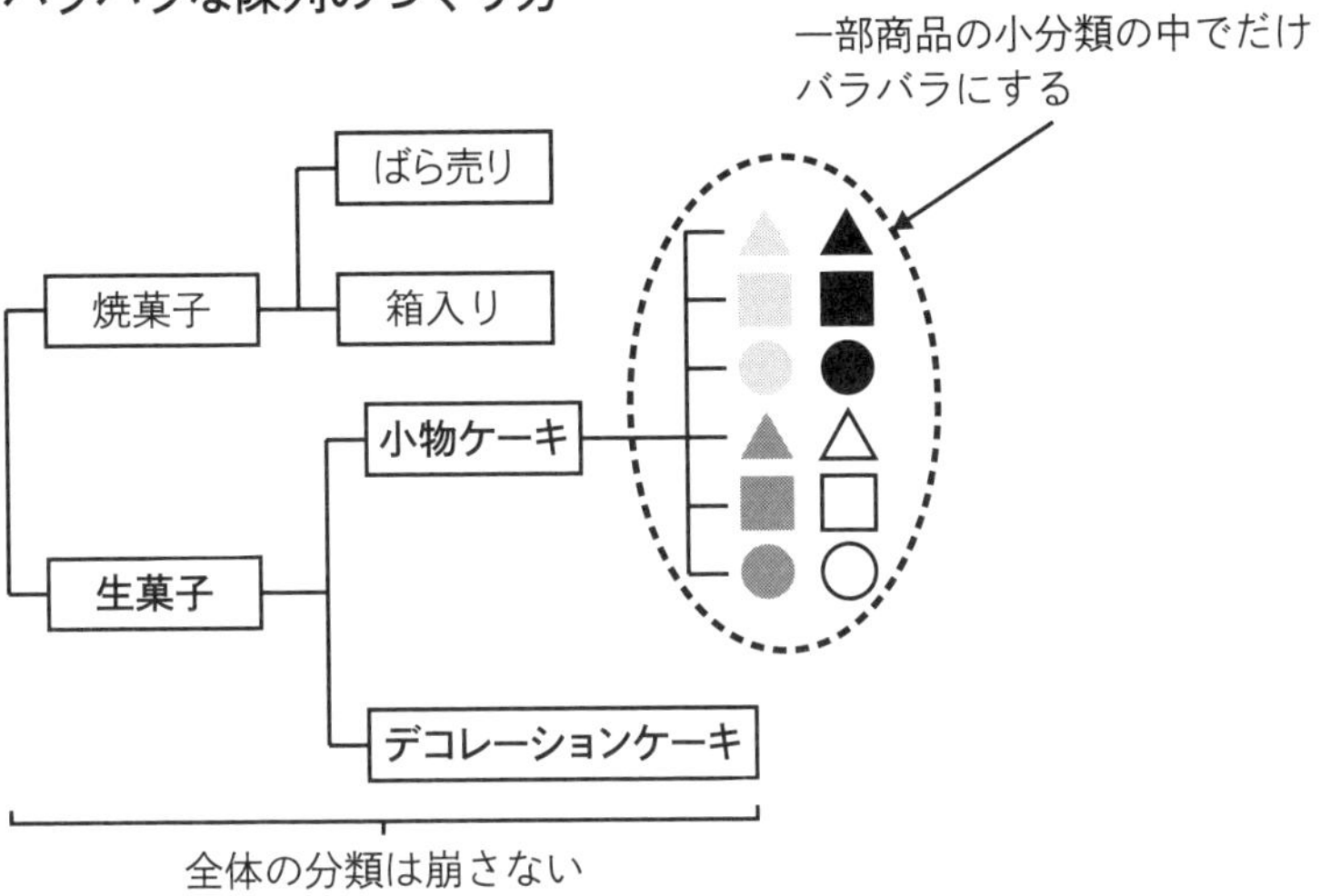

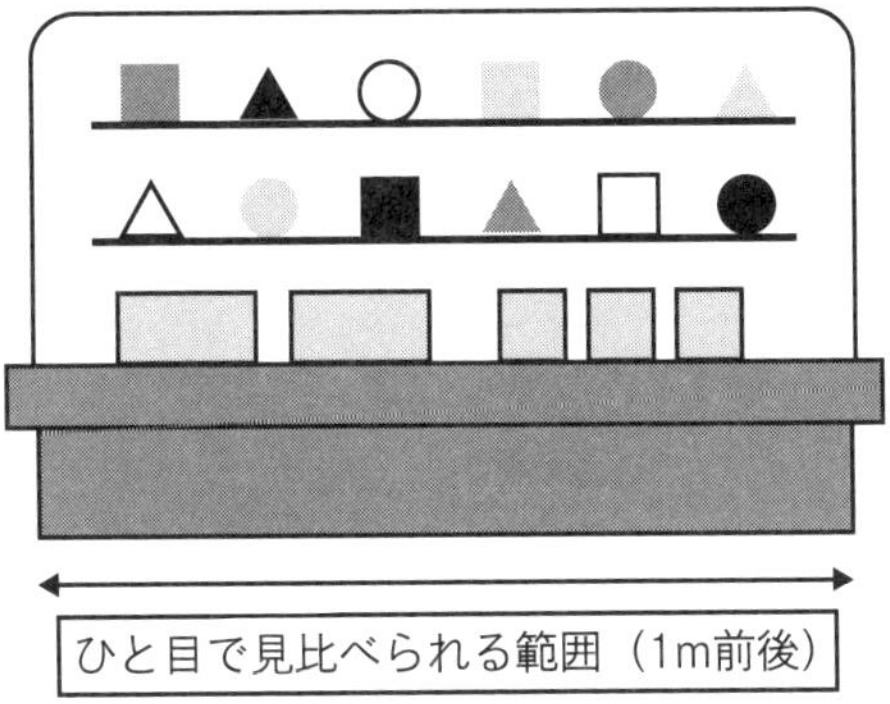

●形を見せる並べ方

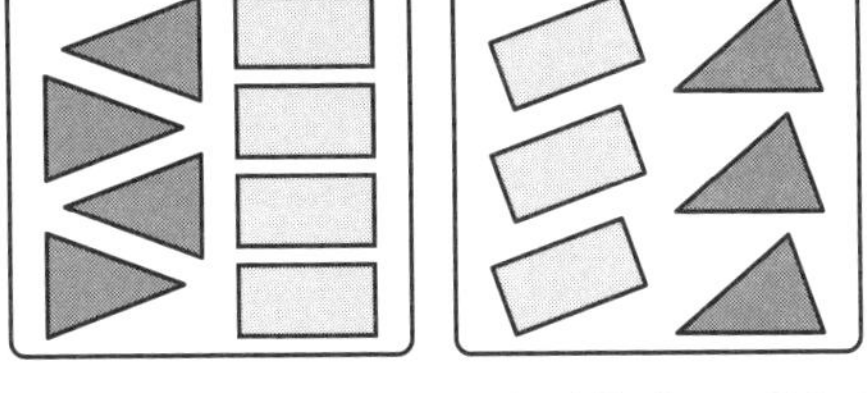

一見して、左のトレイの方が整列して見えるが、
右のトレイの方が特徴が伝わりやすい

7章　「来てよかった」と感じてもらう見せ方

01 にぎわいとワクワクを見せる仕掛け

見せて売る仕組み＝VMD（ビジュアルマーチャンダイジング）のディスプレイは、もともとアパレル業界で磨かれてきた演出技術です。

お店はウィンドウのマネキンで、お客様を楽しませる演出を見せます。それは「お店に気づいてもらう＝入店促進」と「イチオシの商品を伝える＝販売促進」の役割をはたします。お客様は、何となく目にしたディスプレイ（マネキン）に誘われて入店し、店内を回遊し、購買に至るという、自然で間接的な誘導をするわけです。

実はショーウィンドウがなくても、アパレル業界でなくても、マネキンでなくても、あなたのお店でも同じように演出することができます。

「にぎわいとワクワクを見せる」「季節感で目を引く」「お店の心遣いを伝える」といったディスプレイで、お客様の心を動かすことは可能なのです。

たとえば11月中頃、ケーキ屋が、レジカウンターの隅に小さなサンタ人形を置いたとします。

会計のとき、お客様が気づいて「ああ、もう来月はクリスマスか……」と、以前の楽しい思い出が頭をよぎって、思わず笑みがこぼれてしまう。

このとき、サンタの横にクリスマスケーキの予約票をセットしておけば、「そういえば、今年のケーキはどうしようかな」となって、小さなサンタ人形ひとつが販売促進の役割もはたすことになります。

ディスプレイは、装飾品と商品を組み合わせることで、仕掛けになります。装飾品で、季節感や商品を使うシーンを演出し、お客様の想像力に働きかけます。

センスできれいに飾るというよりも、入店促進と販売促進のツールです。

ディスプレイで、的確な場所で的確な表現をして、お客様の心を、店内へ、商品へと動かしましょう。

●ディスプレイの事例

ディスプレイとは、
商品と装飾品を組み合わせて、季節感や商品を使うシーンを演出し、お客様の想像力に働きかけて入店や購買を促す仕掛け

02 どこで仕掛ける？

ディスプレイには、2つの種類があります。VMDでは、店頭メインディスプレイのVP（Visual Presentation）と、店内商品紹介ディスプレイのPP（Point Presentation）と分けています。この2つ、それぞれに役割があり、設置に適した場所があります。

メインディスプレイ（VP）は、お店に気づいてもらう入店促進と、お店のコンセプトや代表商品を紹介する役割で、お店の外から見て目立つ場所に設置します。

お店の立地条件や、前を通るお客様の動向から、どうしたらお店に気づいてもらえるのか、適した場所や形態を探ってみましょう。お店の外に出て5m先、20m先から店を眺めて見たり、写真を撮ったりすると、どこが目立つ場所なのかが客観視できます。

たとえば、ショッピングセンターのテナント店舗の場合、店頭にテーブルやワゴンを使った陳列の大きな固まり（島陳列）を設けて、メインディスプレイ（VP）に置き換えることもあります。

路面店では、看板や店舗外観がVPの役割をすることもあります。

商品紹介のディスプレイ（PP）は、商品分類ごとの代表商品を紹介しながら、お客様が店内を回遊する際の案内役をします。

棚の上、棚のエンド部分、テーブルの脇などで、必ず陳列とディスプレイがワンセットになるように設置します。

設置したPPが、お客様にどのように見えているか、入口から店内を見渡してみて、メイン通路を歩きながら確認しましょう。

店内にPPを数多く置き過ぎると、陳列商品に埋もれて目立たなくなってしまいます。設置場所や設置数を絞り込むことも大事です。

お客様の目になり切って、2つのディスプレイ、それぞれの役割に適した場所を選びましょう。

●メインディスプレイ（VP）

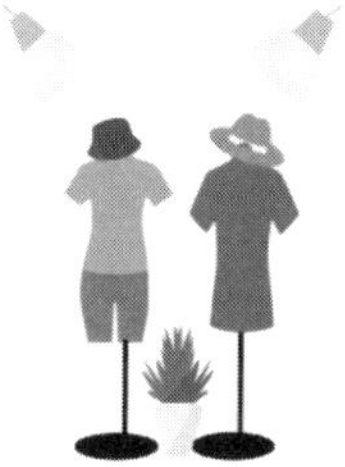

お店に気づいてもらう
お店のコンセプトや代表商品を紹介する役割

お店の外から見て目立つ場所
ショーウィンドウ・入口付近
（店によっては看板やレジ脇などでも）

●商品紹介ディスプレイ（PP）

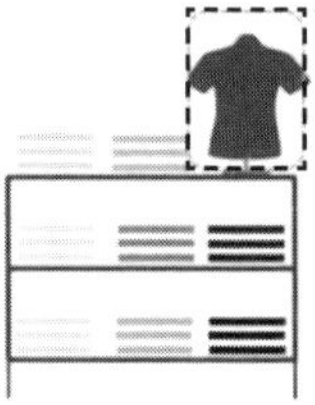

商品分類ごとの代表商品を紹介
店内を回遊する際の案内をする役割

棚の上、棚のエンド部分、テーブルの脇など
かならず陳列とディスプレイがワンセットになる

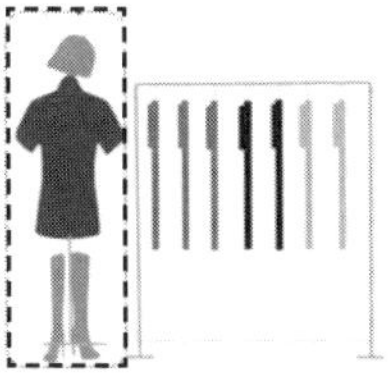

03 センスは要らない「ディスプレイの公式」

セミナーや研修でディスプレイのお話をすると、必ずと言ってよいほど、「ディスプレイってセンスが要りますよね」というお声をいただきます。

たしかにセンスがあれば、感覚で素早く作ることができます。でも、感覚だけに頼っていると、芸術的な作品に偏ってしまい、売るためのディスプレイになっていないということにもなりかねません。

ディスプレイの役割は、お店に気づいてもらう入店促進と、イチオシの商品を伝える販売促進の2つでした。気づかせるためには、目立たなければなりません。そして、販売促進のためには、「売りたい商品」が主張されていることが必要条件です。

目立つのは、周囲との対比があるからです。ひときわ大きい、はっきりした強い色がある、明るく光っているなどが目立つ要素になります。お客様がディスプレイに気づくためには、「色」と「形」で、調和のとれた大きな固まりに見せ、「照明」を当てて明るく見せることが必要です。

にぎわいを演出し、ワクワクを見せるには、売りたい商品＝主役商品に装飾小物を加えて「ストーリー」を表現します。お客様の共感を誘い、「もっと見たい」「買いたい」という衝動を引き出すには、お客様がその商品を手に入れた近い将来の自分の姿が、具体的に見える表現＝ストーリーにすると伝わりやすくなります。

ディスプレイは、主役商品を中心に、「色」「形」「ストーリー」を盛り込んで作ることが重要です。これを式で表わすと

ディスプレイ ＝ ストーリー × 形 × 色 ＋ 照明

となります。これが、ディスプレイの公式です。どれかひとつが欠けても、伝わるディスプレイにはなりません。

この公式にあてはめて作ることで、抜け漏れなく、誰でも役割をはたすディスプレイをつくることができます。

●ディスプレイの公式

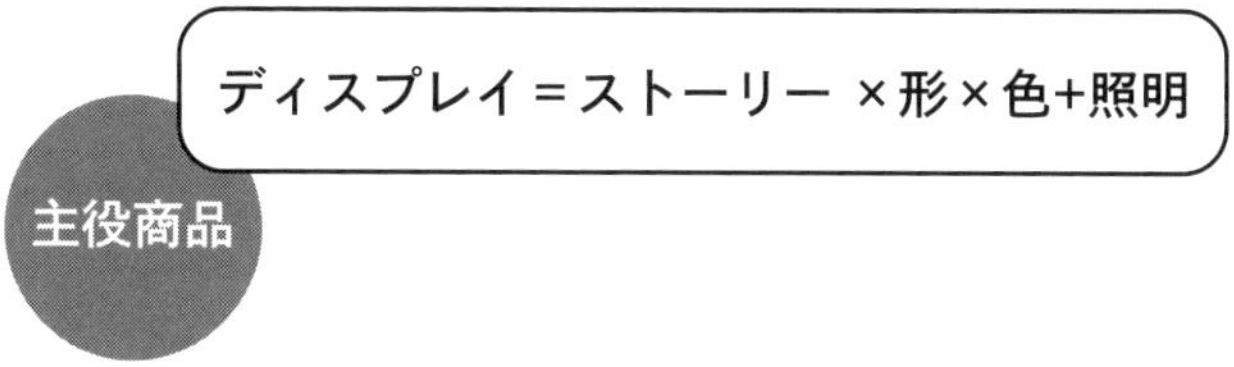

●ディスプレイを目立たせる要素

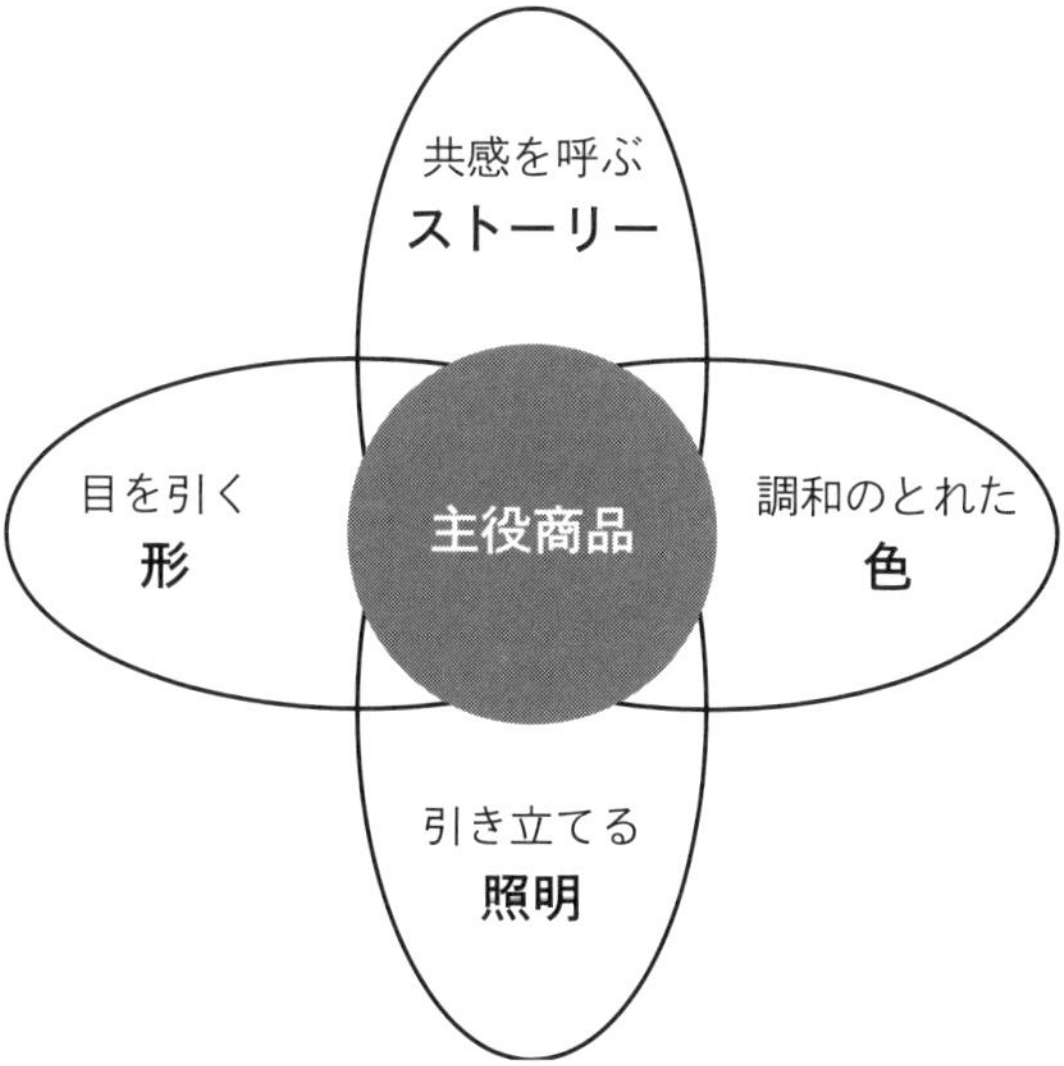

ディスプレイを磨くワーク

デパートでは、ショーウィンドウをはじめとして、売場のあちこちにディスプレイがあります。一つひとつ、主役商品は何か、公式にあてはまるか、くわしく見ながら歩いてみましょう。

あるいは、ネットで「○○　ディスプレイ」と画像検索してみましょう。このとき、○○は業種や商品ジャンル、季節·行事などを入れます。出てきた写真から主役商品を見つけ、公式にあてはめながら見ていきます。

これを繰り返すうちに、公式が身につきます。また装飾のバリエーションを知ることができます。同時に、「こうしたら、もっとよくなるかも」とか、「装飾小物はこんなものがいいな」とか、自分なりの提案も浮かんできます。

これが、自店のディスプレイを考えるときにも役立ちます。おすすめのワークですよ！

04 ストーリーのキーワードは「共感」

ディスプレイの要素のひとつ「ストーリー」は、どのように設定したらお客様の心が動くのでしょうか。

誰もが、遠い過去や未来よりも、今現在や明日のことが気になっています。また、自分自身と身の回りについても強い関心を持っています。

そこで、ディスプレイでも、今を表わす季節感をベースに、お客様と「売りたい商品」を主役にした物語を描くようにします。

- お客様の暮らしで、この商品が登場する場面
- お客様にとって、商品がより魅力的に見える場面
- お客様が、この商品を手に入れた後の場面
- お客様が、商品の効果を得ている場面

お客様と商品とが、一緒にある未来を描いて見せることで、お客様が「ああ、そうなのよ！」「わあ！　それいいね！」と共感できます。一瞬の共感がお店への親近感になります。

以前、ときは4月半ば頃、家具屋でディスプレイ提案したとき、スタッフさんが「うちは、母の日は関係ないから」と、つぶやきました。

たしかに直接的には、家具がプレゼント候補になる確率は少ないかもしれません。でも、お客様は毎日あちこちで、何度も母の日のプロモーションを目にしています。「お母さんがいる幸せな家族の食卓」といったストーリーで、いつも展示してある食卓テーブルの上に、カーネーションの一輪挿しを置き、椅子の背にエプロンを掛けるだけで「ああ、母の日だね」と共感してもらえます。

間接的な共感であっても、お店への親近感になりますから、季節やイベントを利用しない手はありません。

お客様の共感を得るストーリーは、現実的な季節感やイベントをベースに、商品とお客様が主役になる、ちょっと未来の物語を描きます。

●ストーリーで「場面」を描く

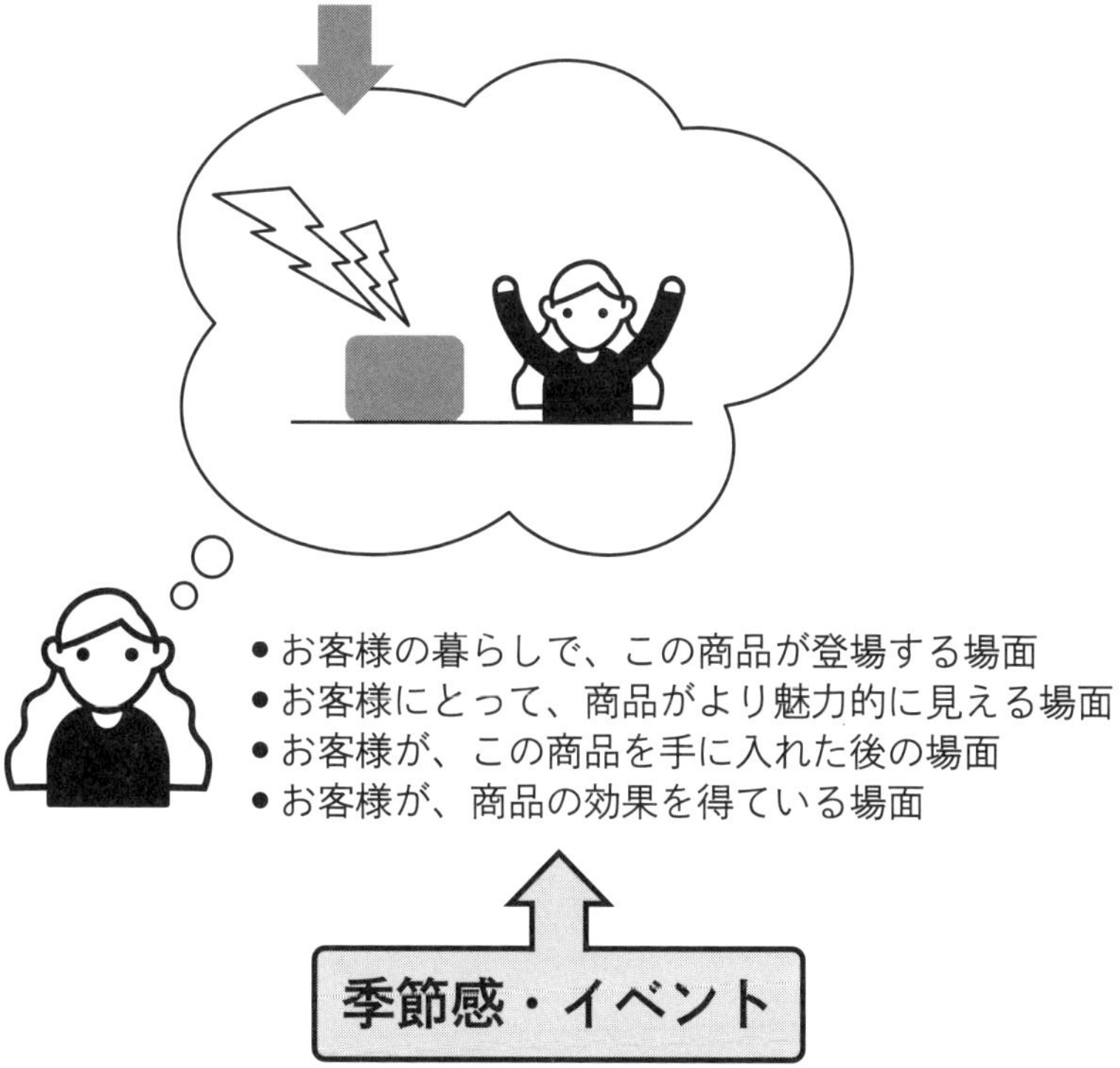

• お客様の暮らしで、この商品が登場する場面
• お客様にとって、商品がより魅力的に見える場面
• お客様が、この商品を手に入れた後の場面
• お客様が、商品の効果を得ている場面
季節感・イベント

05 ディスプレイは飾りではない！

ディスプレイでストーリーを表現するには、演出する装飾小物が必要です。先の家具屋で言えば、カーネーションと一輪挿しやエプロンです。

装飾小物は、ディスプレイの決め手になりますが、あくまで商品の引き立て役です。あれこれ飾っていくと、肝心の商品が埋もれてしまって伝わりにくくなります。

飾り立てるのではなく、なるべく少量で的確に場面を表現するようにします。

カーネーション＝母の日
エプロン＝お母さん

このように、ある特定の物が他の物を表わすことをアナロジーと言います。アナロジーを使った表現は身の回りにたくさんあり、装飾にも利用できます。

ランドセル＝桜の花
バレンタインデー＝ハート

といった、定番でお似合いの組み合わせも見逃せません。少ない装飾小物でも、華やかに見せることができます。

装飾小物の品質や価値が、商品の印象にも反映されます。もし、プラチナの指輪に100均のプラスチック製の花を添えたとしたら、その指輪はどう見えるでしょうか？　主役を引き立てて、釣り合う品質の装飾小物を選びましょう。

ディスプレイの背景や敷物では、質感を重視します。ガラスや大理石の板のような硬いもの、同じ布でも毛羽だったもの、ツルツル滑らかなものなどで、印象が大きく変わります。主役商品に合わせた質感で馴染ませて見せるのか、あるいは正反対の質感で際立たせて見せるのかで、印象が変わります。

装飾小物選びでは、アナロジーや定番の組み合わせを利用するのが早道です。ディスプレイは、飾りではなく販促ツールのひとつということを忘れずに、でき上がった後に引き算するくらいが、ちょうどよいのです。

●家具売場のディスプレイ事例

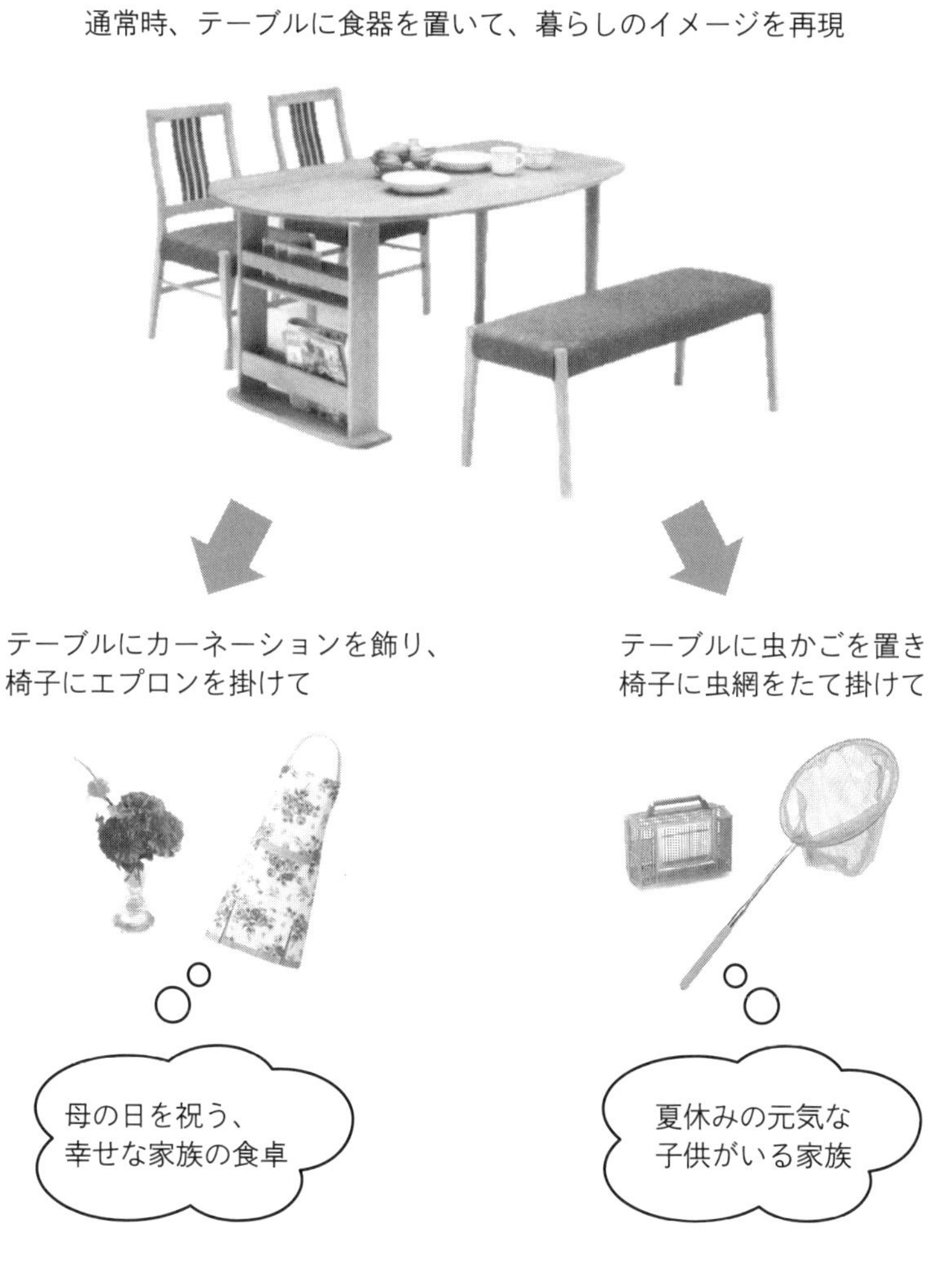
通常時、テーブルに食器を置いて、暮らしのイメージを再現
テーブルにカーネーションを飾り、
椅子にエプロンを掛けて
テーブルに虫かごを置き
椅子に虫網をたて掛けて
母の日を祝う、
幸せな家族の食卓
夏休みの元気な
子供がいる家族

アナロジーを用いて、共感を引き出す

06

目を引く形は、三角形

ストーリーで、にぎわいと商品にまつわるワクワク感を演出した後は、ディスプレイの形を整えましょう。

左ページの図を見てください。一番お客様の目を引きやすく、使いやすい形は**三角形**です。三角形は、絵や写真の「構図」や、華道の「型」にも通じる、奥行や動きが表現できる優れた形です。

この三角形では、背の高いもの、あるいは高い位置にあるものを頂点に、手前に低いものを2つ置いて、三角形になるようにします。

三角形を構成する3つの頂点は、お互いが前後に重なり合うようにします。この重なり合いが、奥行や動きの表現ポイントになります。頂点は、前後左右にずれていてもかまいません。全体をシルエットでとらえて、前から見ても上から見ても、三角に形を作るようにします。

三角形の構成に慣れてくると、装飾小物の品数が増えても、三角形にまとめられるようになります。また、複数の関連商品を用いて、いくつもの三角形が重なり合う構成も作れるようになります。商品も設置場所の大きさも問わず、小さな表現から大きな表現まで、変幻自在な表現が可能です。「ディスプレイは三角形」と覚えてください。

左右対称形は、西洋建築や洋風インテリアに多く見られる、バランスが取れて安定した形です。高級感のある印象で、宝飾品やブランド品でもよく使われる形です。

設置するときは、まず中央を決め、そこを起点に左右に同じものを順に置いていくため、広いスペースや横長のスペースでのディスプレイに向いています。

なお、ディスプレイでいう左右対称は、厳密ではありません。個々の商品や装飾品が左右で違っていても、全体のシルエットで見て左右対称であれば、同じ効果が得られます。

また、同じ形、あるいは色違いや型違いの**繰り返し**は、リズミカルに強調されるディスプレイになります。目を引く形を利用して、お客様に伝わるディスプレイを作りましょう。

●三角形

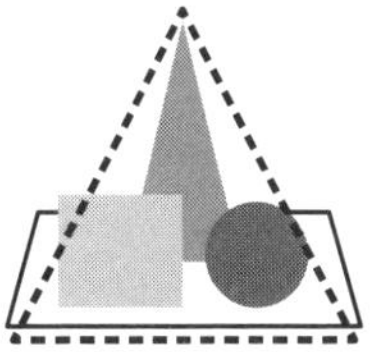

正三角形

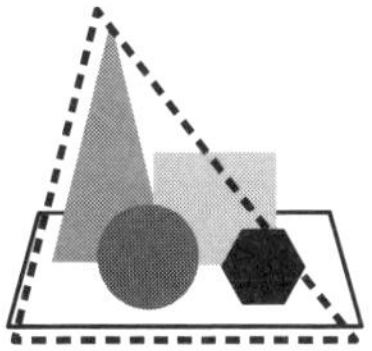

不等辺三角形

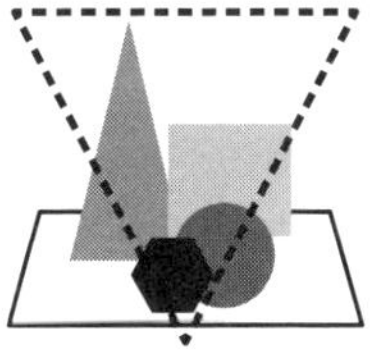

逆三角形

・個々の要素が重なり合うように寄せる

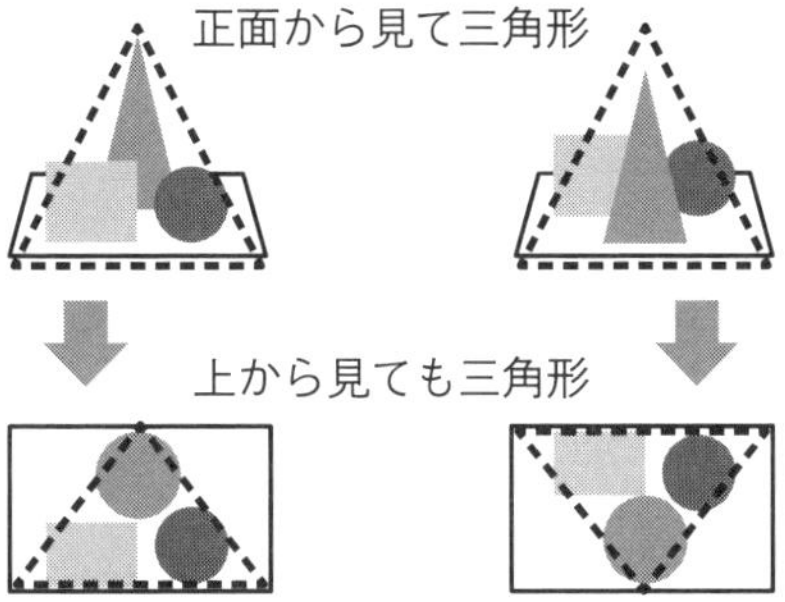

●重なり合う三角形

●左右対称形

横に広がる性質あり

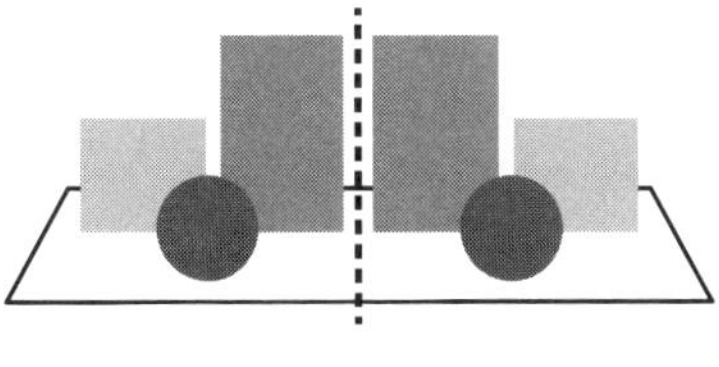

●繰り返し

色違い、型違いでの繰り返しもあり

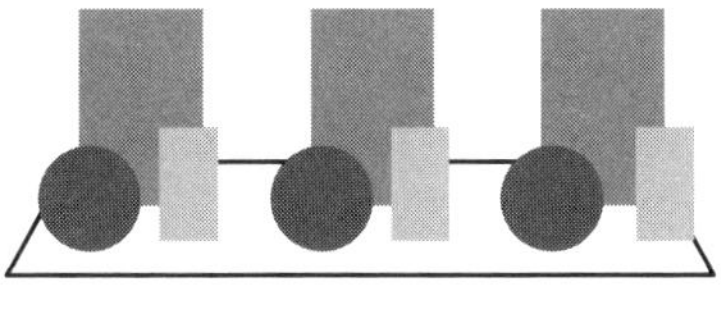

07

センスよくまとめる色づかいの法則

色の世界は深く、センスだけでなく、多くの知識も必要です。基本的には、色相、彩度、明度などです。でも、それほどくわしい知識がなくても、法則に合わせれば、まとまりのある色づかいが完成します。

ディスプレイの色づかいでは、色数が多いとまとまらないため、使う色数は3色とします。遠目でのキャッチが第一なので、大ざっぱに似た色合い（色相が隣同士、または明度、彩度が近い色）は「ひとつの色」として数えることにします。この3色の色面積の割合は、

ベースカラー　：70%
メインカラー　：25%
ポイントカラー：5%　です。

この割合も厳密ではなく、大ざっぱにとらえてください。（参考：色彩センスのいらない配色講座　https://www.slideshare.net/）

面積25%を占めるメインカラーが、主役商品の色です。商品の大きさはマチマチですから、割合に不足するときは、商品数を増やしたり、同色の装飾小物を加えたりして調整します。

多数多色の商品を主役に用いるときは、カゴにまとめたり、商品に対して背景板や敷物を置いて、ひとまとまりに見せるようにします。

一番大きく、全体の面積の70%を占めるベースカラーは、主には背景やステージの色です。メインカラーの引き立て役ですから、白をベースにした明るい色がおすすめです。メインカラーを薄めた（明度を上げた）色合いなら、遠目に見て全体をひと固まりに見せる効果があります。

ポイントカラーは、装飾小物で取り入れます。小さな面積ですが、ピリリとアクセントになる重要な役割で、メインカラーの反対色で彩度の高い色を用いると効果的です。

このように、色づかいの法則にあてはめることで、センスなしでまとめることができます。色づかいに自信がないという方こそ、ぜひ試してみてください。

●ディスプレイの色づかい

似た色合い（色相が隣同士、または明度か彩度が近い色）はひとつの色とみなす

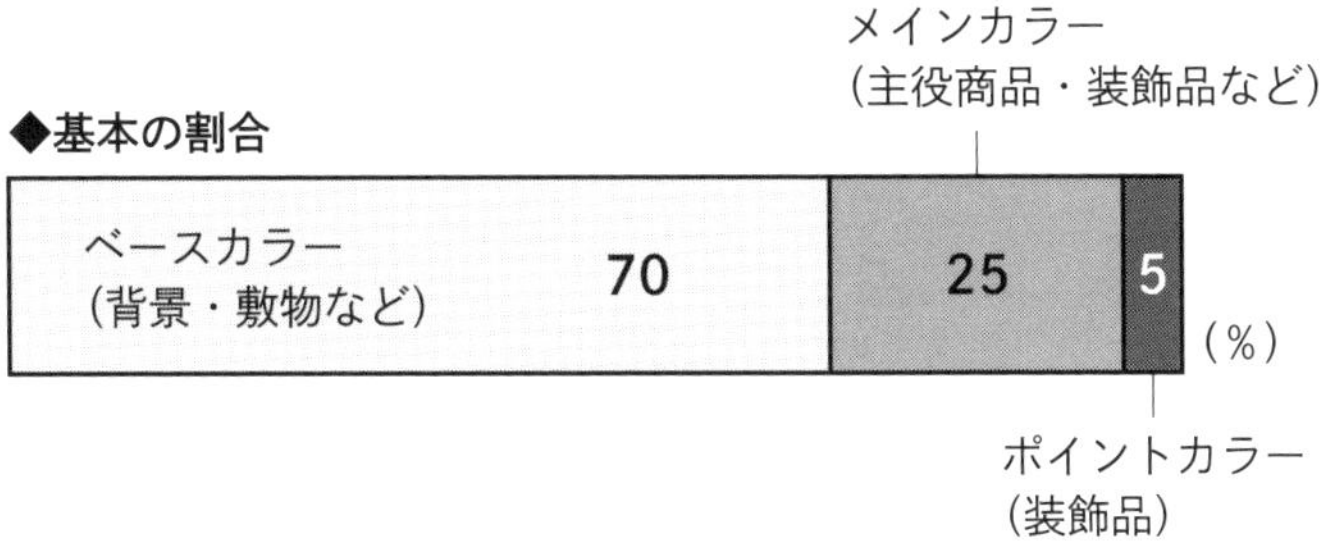

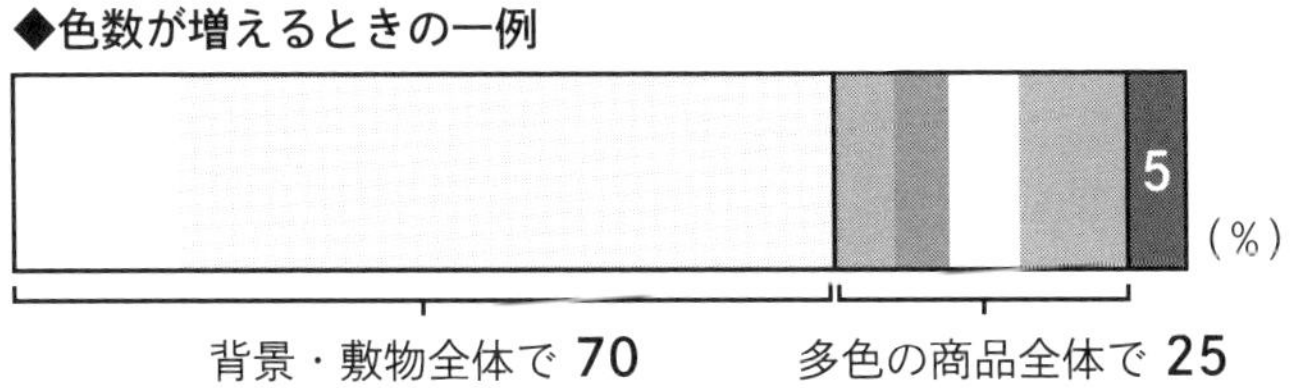

08 色メッセージをうまく使う

色には、色彩感情とか色メッセージと言われる印象や効果があります。これをディスプレイに取り入れると、装飾小物と同様に、お客様にストーリーを伝える役割をはたします。

代表的な色彩感情では、暖色（赤やオレンジなど）、寒色（青や水色など）があります。暖色は食欲を増進させるとも言われますから、食べ物関係のディスプレイに向く色合いです。

また、白や黄色などの薄い色は膨張して見え、黒や紺色などの濃い色は収縮して見えます。薄い色の服は太って見えるという経験はありませんか。ディスプレイでも同様に、薄い色は前面に迫って見えるし、濃い色だとキュッと締まった印象になります。

個別の色にも、それぞれに印象や効果があり、メッセージを持っています。左のページに表にまとめています。

赤は、信号にも使われるように、遠くからも目を引く力強い色なので、ディスプレイでもポイントカラーによく利用されます。暑さや温かさといった温度を伝える表現にも使われます。また、赤と白の縦縞の紅白幕はおめでたい印象であり、大売り出しの象徴にもなっています。ディスプレイに色メッセージを利用することで、さりげなくストーリーを盛り上げることができます。

色は、単色だけでなく、組み合わせることで表現できることも多くあります。

たとえば季節の色では、夏なら青空に白い雲、ヒマワリの花で、青・白・黄色の組み合わせです。

また、赤・白・緑でクリスマス、オレンジ・黒・紫ならハロウィンといった具合に行事を表わすこともできます。

色は口ほどにものを言います。ディスプレイにとって必要不可欠な要素です。

●色メッセージ事例

	積極的な意味	消極的な意味
赤	活動的・情熱的・元気 意欲的・食欲増進・	赤字・安売り・出血
オレンジ	自由・開放感・温かみ 家庭的・実り	軽々しい・子供っぽい
黄	知識・幸福・軽快	安売り・注意・ 警戒・落ち着かない
緑	自然・平和・調和・協調 穏やか・柔らか・優しさ	未熟・受動的・保守的 おとなしい
青	平和・安全・冷静・誠実・清潔 さわやか	寒々しい・消極的
青紫	気品・厳粛・崇高・高級感	妖しい・内向的 病的・食欲減退
紫	高貴・優雅・魅力的・ 非現実的・霊的・神秘	
白	清潔・潔さ・純粋さ	無機質
灰色	なじみやすい・調和・控えめ	あいまい・不安
黒	高級感・威厳・力強さ	葬儀・死・恐怖
銀	都会的・洗練・上品	人工的・冷たい
金	高級・特別感・豪華・成功	成金趣味・物欲

09

目立たせるテクニック

さて、せっかく完成したディスプレイを、目立たせるテクニックを3つご紹介します。

●「敷物」で浮き立たせる

敷物の上に置くと、周囲から切り取られて浮き立って見える効果があります。

敷物の大きさはディスプレイの1・2倍～1・5倍程度です。大きな敷物では、比較でディスプレイが小さく見えることになってしまいます。敷物の色は、ディスプレイがより浮き立つように反対色や、明度・彩度が逆になるように選びます。たとえば黄色のディスプレイなら敷物は反対色の青、黄色は彩度が高いため、青でも彩度の低いくすんだ色合いを選ぶ、といった具合です。シンプルな単色の商品が主役のディスプレイであれば、印象的な柄の敷物を使うといった対比も有効です。

●「背板」で目線を受け止める

人の目は広範囲を捉えるため、ディスプレイを見ようとしても、どうしても向こう側の景色まで目に入ってしまいます。ディスプレイの背後に一枚、背板を置くことで、この現象を防ぐことができます。

背板の高さや幅は、ディスプレイの周囲10cm以上にします。ぎりぎりの大きさで縁取りが細いと、効果が得られません。

背板と同様に、箱に入れても目線を受け止める効果があります。この場合もバランスで、箱の背が1／3から1／4程度見えるようにします。これ以上広く見えると間が抜けた印象だし、狭くなると無理に押し込んだように見えてしまいます。

●「照明」を当てる

人の目は明るいところに誘導されます。スポットライトで明るく照らしましょう。箱に入れた場合は、周囲からの光が遮られるので、必ず中に向けて照明を当てます。色を鮮やかに見せたり、光るものをさらにピカピカに見せたりするにも、照明は欠かせません。

●目立たせるテクニック3つの例

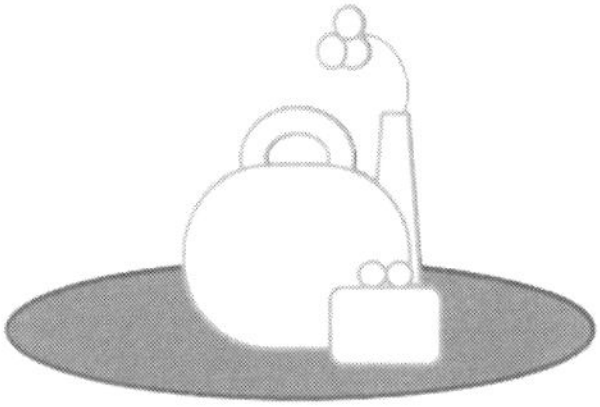

1：敷物で浮き立たせる

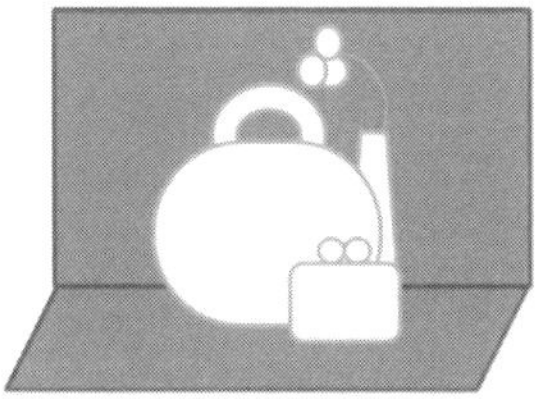

2：背景を置いて視線を受け止める

3：照明を当てて目を引く

10 季節先取りでお客様の一歩先を行く

ディスプレイは、お客様の共感を得るために季節感を取り入れます。始まりは、できるだけ早くがお勧めです。お客様にとっては、「あら、もうそんな時期なの」と印象深く感じられます。

とくにアパレル関係のお店、花屋、お菓子屋は、お客様側も季節感を期待しています。周囲のお店の先陣を切って始めてください。

たとえばクリスマスなら、11月初めから。ということは、ハロウィンが終わったらすぐです。切り替えを、一度に行なわなくてはなりません。

それに、クリスマスだといって、早々から全体を飾り付けるのは浮いた印象になります。最初は、レジまわりや棚の隅に小さく。11月中過ぎにじわじわと広げて、11月末にメインディスプレイを投入。さらに、12月に入ったら本格的な飾りつけにと、段階を踏むと違和感なく進められます。

つまり事前に、いつ何をどれだけ飾るのか計画しておくわけです。

計画といっても、それほどたいへんなことをするわけではありません。まず書き込みできる壁掛けカレンダーを用意してください。そこにまず、年間行事やセールの予定を書き込みます。行事やセールの合間には季節のディスプレイを入れます。こうするだけで、年間でいつ何のためのディスプレイをするのかが決まりました。

それぞれにディスプレイ開始の日、企画をする日、準備をする日を決めて印をつければ、年間計画になります。装飾品の保管箱の近くに貼って、スタッフで共有しましょう。

このように、年間すべてのディスプレイを計画しておくと、「あれ、もうそんな時期?」「しまった! 出遅れた!」といったこともなく、いつでもスムーズに、お客様の気分の一歩先をいく店内装飾が実現できます。

●カレンダーを利用した装飾計画をする

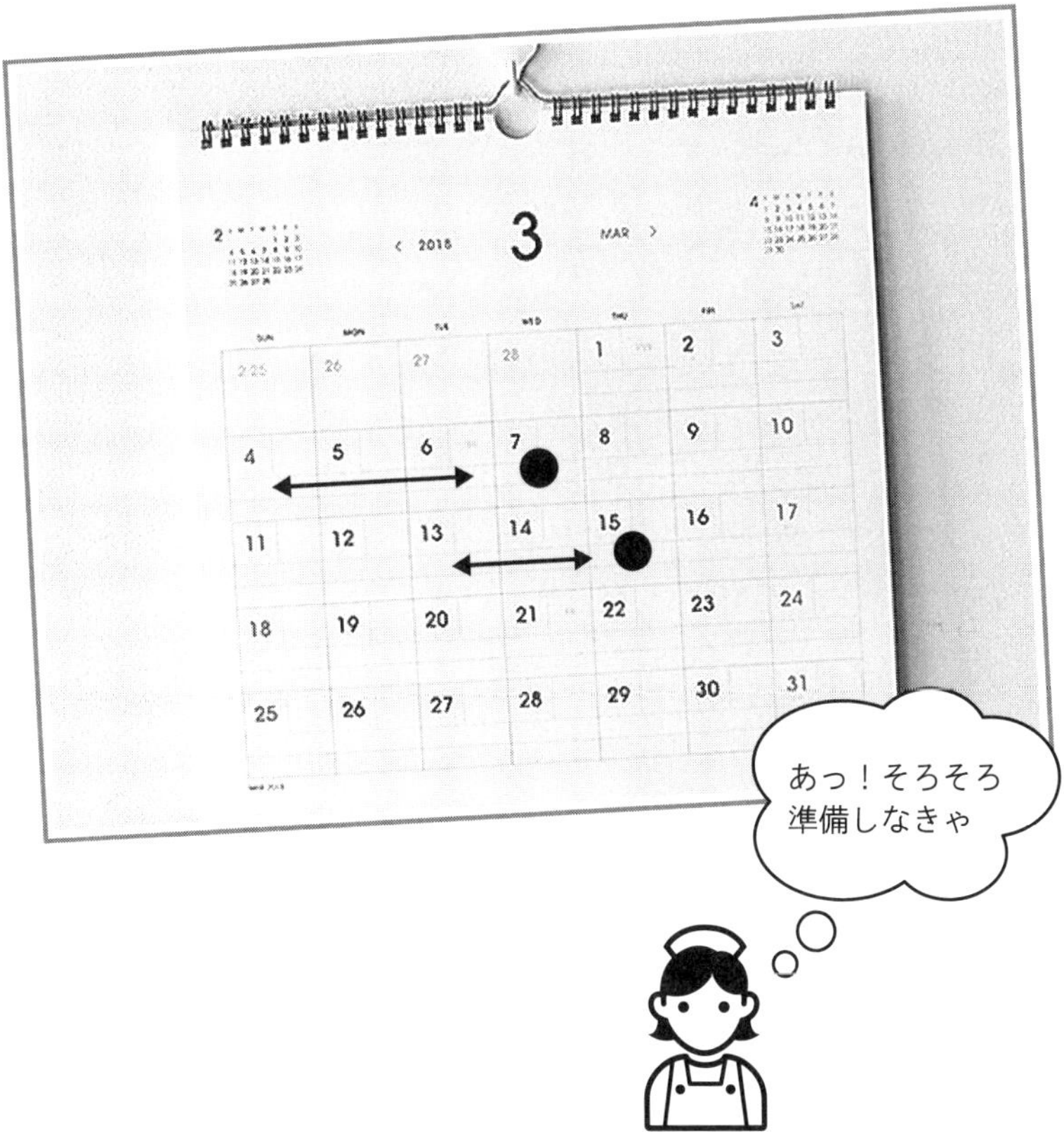
< 2018
3
MAR >
あっ！そろそろ
準備しなきゃ

11 事例

漢方薬店Q店の話

漢方薬の専門店Q店は、建て替えを機に、ディスプレイを取り入れました。小さなお店が、ディスプレイを計画運用するようになった手順をお伝えします。

●イメージを共有する

最初にスタッフ4名で、お店にふさわしい装飾品について話し合いました。検索や雑誌でいろいろな写真を見ながら、「こんな感じがいいね」といった話をするだけでも、装飾品のイメージが固まります。

●ディスプレイする場所を決める

Q店ではレジカウンター、丸テーブル、商品棚の上部の3ヵ所で、季節やイベントごとに、おすすめ商品に合わせたディスプレイを入れ替えることにしました。

●カレンダーでスケジュール管理

初年度は、各回の装飾小物を揃えるのを優先目標に、前ページで紹介したカレンダー管理を行ないました。その後、2年目からは左ページにあるディスプレイ計画表を取り入れ、ディスプレイを通常の業務に組み入れてスムーズに回せるようになりました。

●記録と保管

ディスプレイが完成したら、写真にとってファイリングします。計画表もファイリングしておくと、次回の参考になります。蓄積したデータとして、お店の財産にもなります。

使用し終わった装飾品は、段ボール箱にまとめてバックヤードで保管し、次年に備えます。箱に入っているのは何月の装飾かラベルを付け、カレンダーのすぐ近くに置くと管理しやすくなります。

スタッフは、「最初に準備開始日をあらかじめ決めておいたことが、一番よかった」と言ってくれました。装飾小物の保管は、季節ものと通年使用するものとで分別するなど、工夫が進みました。

写真と計画表の記録が蓄積されるとともに、ディスプレイの技量も着実にアップしています。

●ディスプレイ計画の進め方

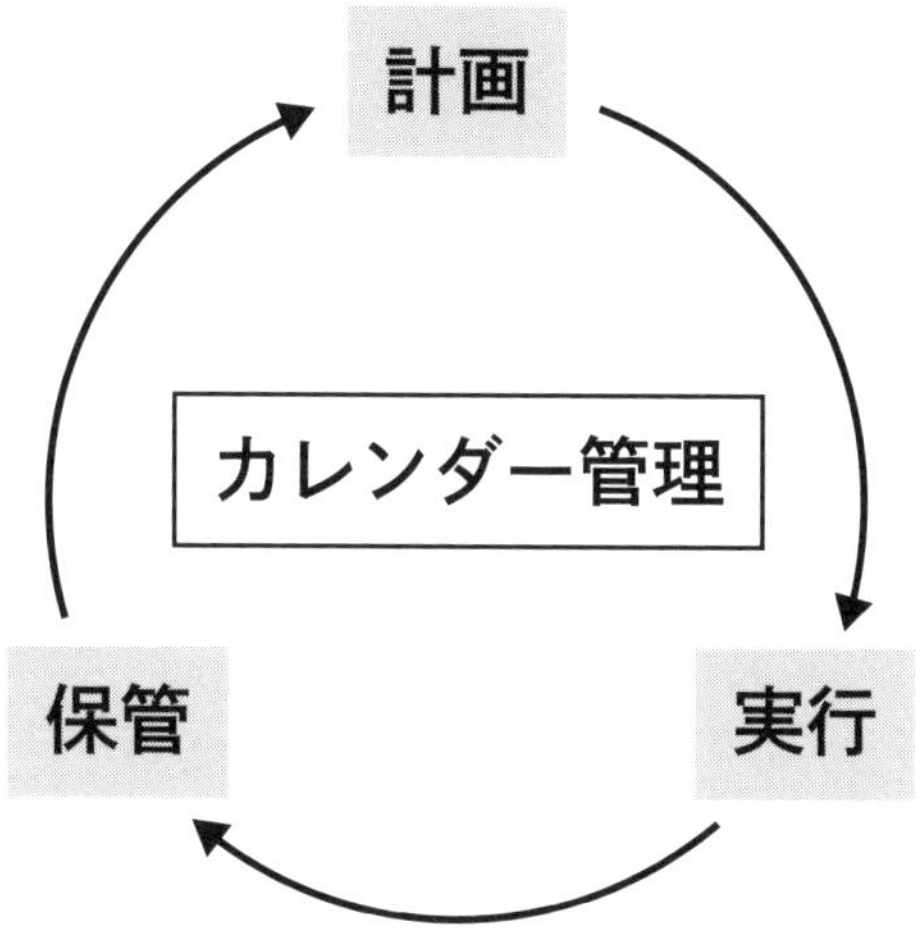

●ディスプレイ計画表

各回のディスプレイについて、事前に計画を立てる

主役商品	スケッチ
テーマ (だれが、どこで、何をしているか)	
演出小物	

12 デパ地下でセンスを磨く

ここまでセンス不要で、ディスプレイをつくる方法をお話ししてきました。公式とテクニックを用いた構成を、計画表を利用して、抜け漏れのないようにすることで、誰でもお客様に商品を訴求するディスプレイをつくることができます。

しかし、センスはまったく不要かというと、それは違います。センスがあれば、意識しなくても、色や形の調和を図ることができて、ディスプレイも時間をかけずに企画できます。

あなたのまわりにも、豊富なアイデアを持っていたり、おしゃれだったり、センスのある人がいますよね。しかし、そのセンスは生まれ持ったものなのでしょうか。

センスのある人は、もともと色や形の使い方に興味を持っていて、これまで見たり経験して蓄積したものが、今のセンスになっているのです。ですから、誰もが、どんどん観察と経験を重ねていけば、センスを磨くことができます。

私が密かに注目し続けているのは、デパ地下のお菓子売場のディスプレイです。いつ見ても、季節感を先取りしたディスプレイだし、陳列アイデアの宝庫です。

デパ地下では、最初にお店の色づかいに注目します。ディスプレイの装飾、敷物や背景、季節商品のパッケージなどは、その時々のトレンド色であることが多いものです。

和菓子屋のディスプレイは、和のきまりごとを踏襲しているので、とても勉強になります。

また、電車の中吊り広告や雑誌のカラー広告などは、プロのデザイナーの仕事ですから、色づかいや画面構成の参考になります。時間があれば、美術館に行ったり、図書館で画集を見たりしましょう。そこで見た色や形を、実際にディスプレイに取り入れてみましょう。

完成された美しいものをたくさん見て、経験を積み重ねることで、センスを身に着け、磨くことができます。

●和菓子屋さんのショーケース事例

- 主役商品の傾けた置き方
- 季節の表現と商品素材を紹介する装飾品
- 全体の形や色づかい

8章 価値を伝えるＰＯＰの見せ方

01 字が下手でも構わない！

ＰＯＰにも、見やすく伝わりやすくするポイントがあります。「字が下手だから」と苦手意識を持つ前に、ＰＯＰの意味や見せ方を知ってください。

●ＰＯＰの役割

ＰＯＰはスタッフの一人です。ずっと商品の横についていて、お客様に商品を案内しているのです。お店側のお知らせしたいことばかりでなく、お客様が、「この商品って…?」と疑問に思うことにも、先回りして無言でさっと答えています。しかも控えめな態度で。

しかも、どのお客様にも、いつでも同じように、抜け漏れなく応対する優秀さです。ときには、私たちが忘れてしまったり、思い出せなかったりすることも、きちんとフォローしてくれています。

●ＰＯＰの効果

ＰＯＰは、わかりにくい商品にこそ、その効果を発揮します。

- 見た目だけでは理解しにくい商品
- よさが知られていない商品
- 意外な使い方がある商品　など

ＰＯＰの助けをほしがっている商品は山ほどあります。

お客様も、新しい発見を楽しみに来店されています。

ＰＯＰで、商品とお客様の出会いをつくりましょう。

また、お客様は時と場合によって、接客されるのが苦手と感じることがあります。疑問に思っても、スタッフに声をかけるのは気が重いときもあります。そんなお客様にも、気兼ねなく応えているのがＰＯＰなのです。

●ＰＯＰは読まれるもの

お客様は情報を求めて来店されます。ＰＯＰは情報元として、字の上手下手とは関係なく読まれています。

そこに、ＰＯＰがあるのとないのとでは、お客様への伝わり方が大きく違ってきます。もうＰＯＰが苦手とは言っておられません。

さっそく、ＰＯＰをスタッフの一員にしてください。

●POPがあるのとないのとでは大違い

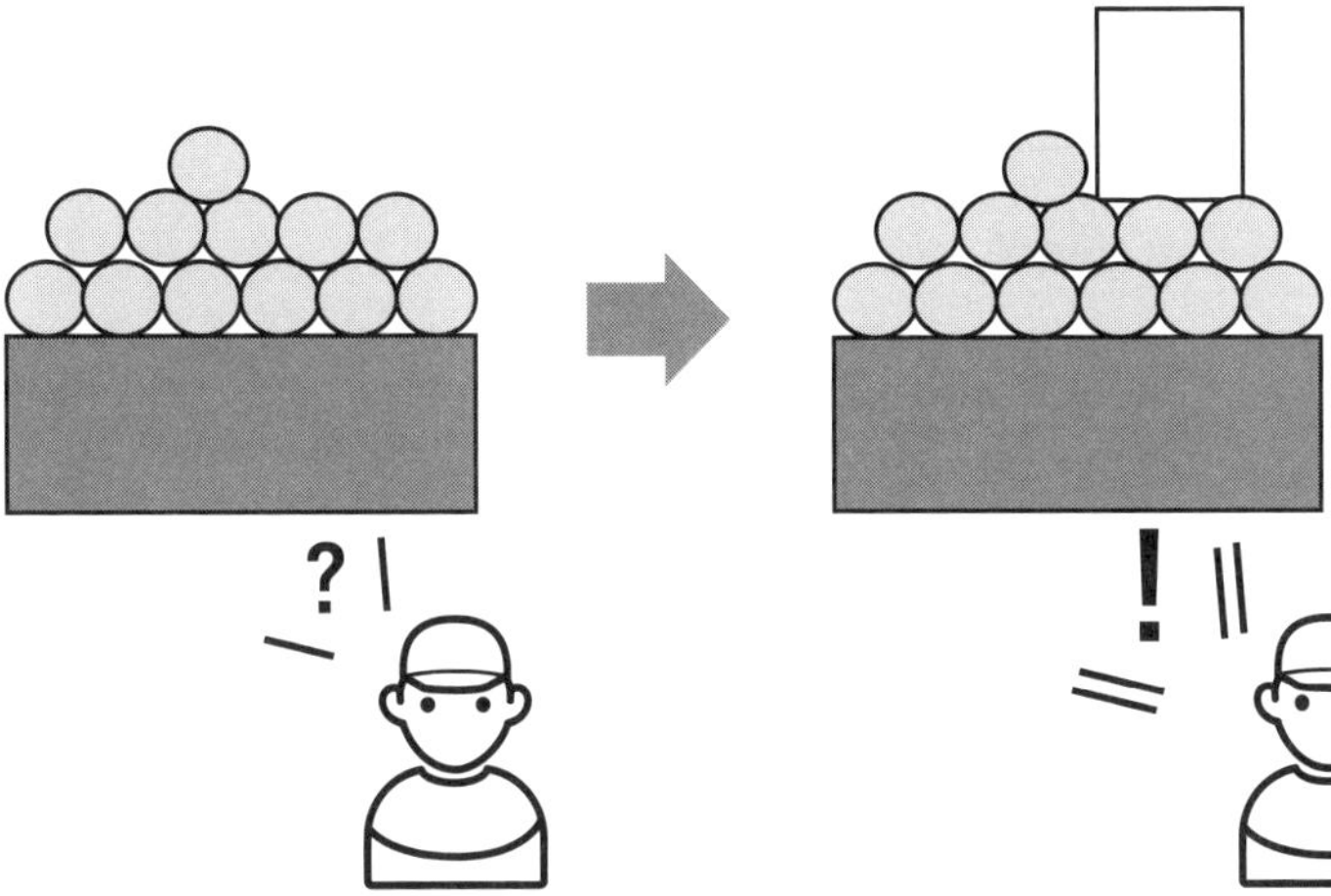

読みやすい手書き文字の書き方

手書き文字を読みやすくするには、**あわてずゆっくりと**ペンを動かすことです。

お習字では「はらい」や「はね」を大切にしますが、POP文字では**書き終わりを、全部「止め」**にします。一文字ずつていねいに書くだけで、格段に読みやすくなります。

さらにPOPらしくするには、**文字の高さを揃え、横線は平行に、太さを一定に書く**ようにします。PCのフォントでいう、ゴシック体を手本にするとよいでしょう。

使っているペンの先が四角のときは、文字の書き順にはこだわらず、常にペン先が紙に着く向きを一定にすると、太さが揃った文字になります。

慣れないうちは、先の丸い細ペンを使い、太字にするときは周りを囲って塗ると、書きやすいでしょう。（図１～３参照）

太字に縁取りをすると「袋文字」になり、メリハリも増します（図４～６参照）

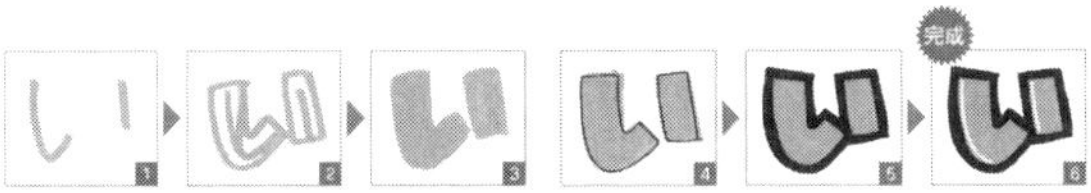

袋文字の書き方図　出典：手書きPOP.com

02 2種類のPOPを使い分ける

ＰＯＰには、サービスをお知らせするものと、商品情報を知らせるものの２種類があります。商品情報のＰＯＰは、さらに２つに分けられます。それを意識して使い分けましょう。

●プライスカード

品名・価格や容量についてのＰＯＰ。

必ず全部の商品に、同一規格で設置します。ＰＯＰ用紙の大きさと素材や色、文字のフォント、記入内容、記入順番などを揃えることで、お客様の比較選択がしやすく、店内の印象も統一感が出ます。

店内の商品の大きさに差異がある場合には、大中小３種類程度のＰＯＰを用意します。その際、大きさだけを変えて、デザインは崩さないように調整します（左ページ図参照）。

●ショーカード（コトＰＯＰ®）

商品の特徴、価値を説明するＰＯＰ。

とくにお客様にお知らせしたい商品にだけ設置します。書き方や用紙は自由です。お客様に伝える内容は「お客様の役に立つこと」「使用した体験談」などのストーリーにします。より伝えやすくするために、イラストや写真を使うこともあります。プライスカードと兼ねて製作する場合もあります。

設置場所に、すでにプライスカードがある場合は、ショーカードには品名や価格がなくてもよいでしょう。

多くの商品にショーカードを設置すると、お客様の視点が定まらず、読まれにくくなります。隣り合うショーカードは、１ｍ程度の間隔が空くようにします。

商品情報を知らせるＰＯＰは、お客様が選びやすく買いやすくなるよう、２種類を使い分けましょう。

※「コトＰＯＰ」は、株式会社山口茂デザイン事務所と商人ねっと株式会社の登録商標です。一般的名の「ショーカード」よりも普及している言葉なので、あえて併記します。

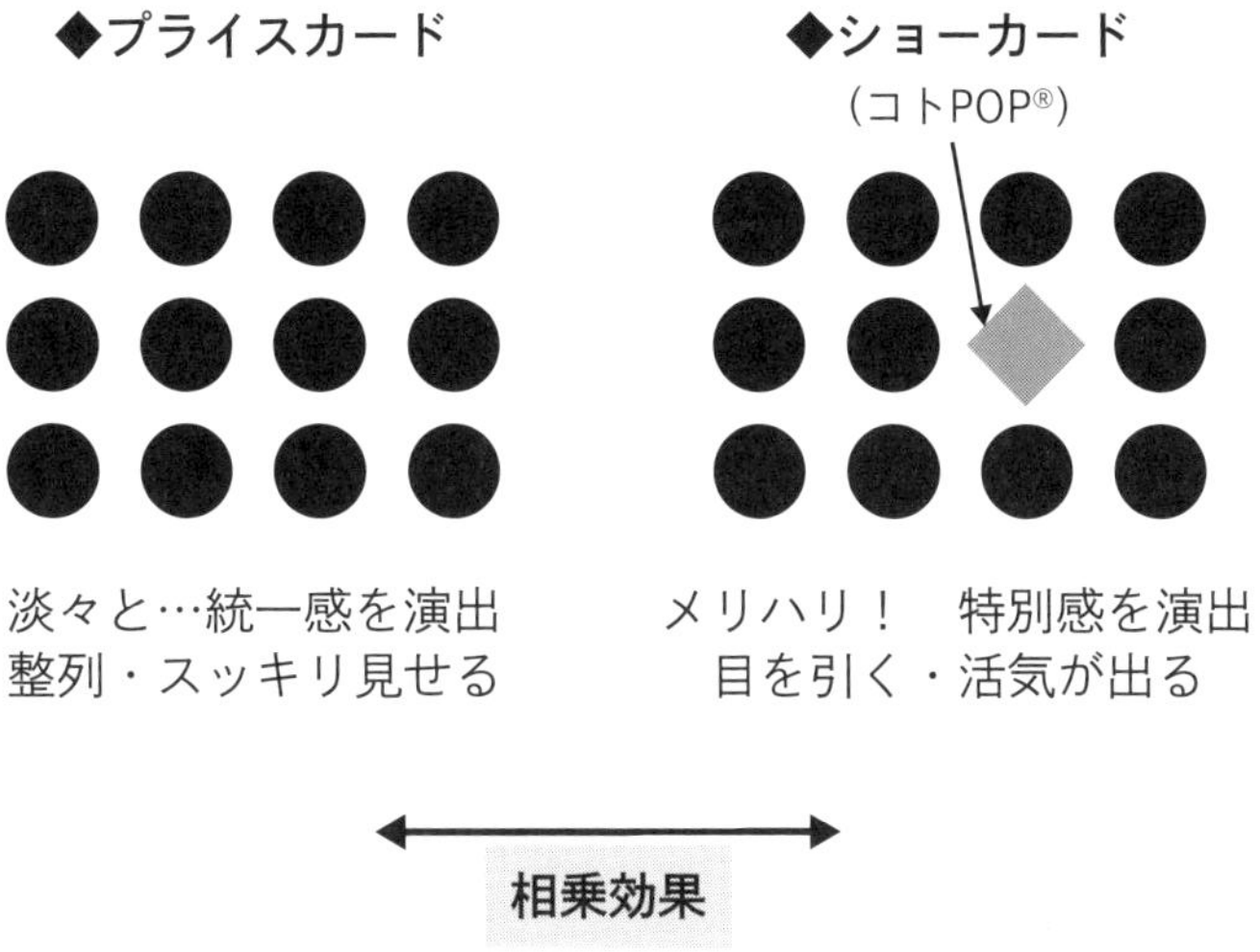

●プライスカードは整列で

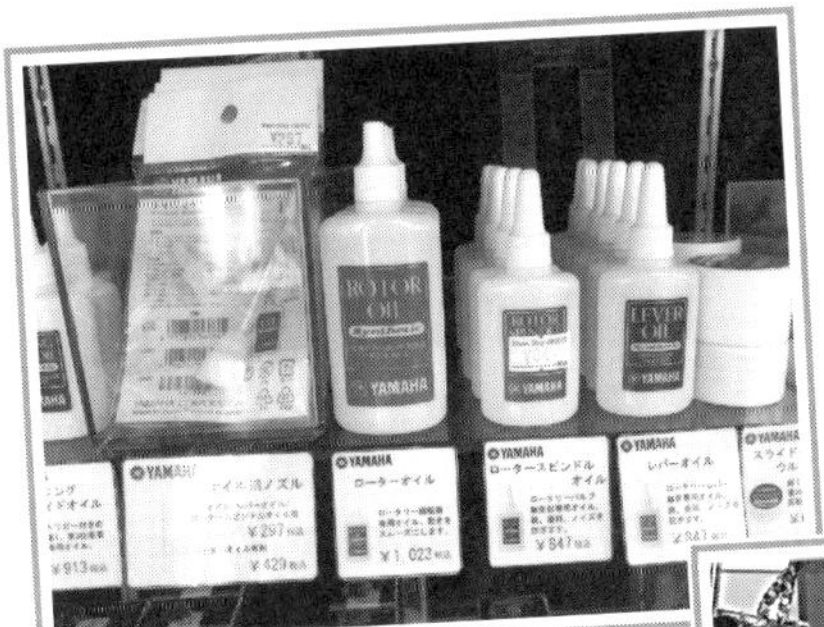

●ショーカードは間隔をあけて

03 「いいこと探し」で響くPOPにする

お客様に読んでいただけるショーカード（コトPOP®）を書くには、作文が得意ではなくても、段階を踏むことで作ることができます。

お客様が興味を持って読む内容は、

- 自分に関係していること
- 自分の役に立つこと
- 知らなかった情報
- 共感できる話

などです。

文章をつくるとき、対象商品を好きになると、お役立ち話や共感を得る言葉が出やすいのです。書き手の側が、「いいことだから聞いてほしい」という感情を持つと、自然と伝わる言葉になります。

しかし、その商品に特に思い入れがなく、「お店都合での売りたい商品だ」というときなど、何を書いたらいいのか迷うこともあるでしょう。

もし、POPを書くペンが止まってしまったら、「いいこと探し」をしましょう。

その商品のよいところ、他にはない特徴、使ったり食べたりした感想など、思いつくことを5～6個書き出してみます。商品情報や知らなかった裏話などは、商品パンフレットやメーカーのWEBサイトや検索などから拾い出すこともできます。

その中から、POPにふさわしい内容をひとつだけ選びます。

1枚のPOPで伝える内容は、ひとつに絞ります。いくつもの情報を書き連ねると、お客様が理解しにくくなって、結局は伝わらないことになってしまいます。また、お客様は意外とせっかちです。内容が多いだけで、読むのに時間がかかりそうで敬遠されることもあります。

次章からも、読まれやすいショーカードの要素を分解してお話していきます。

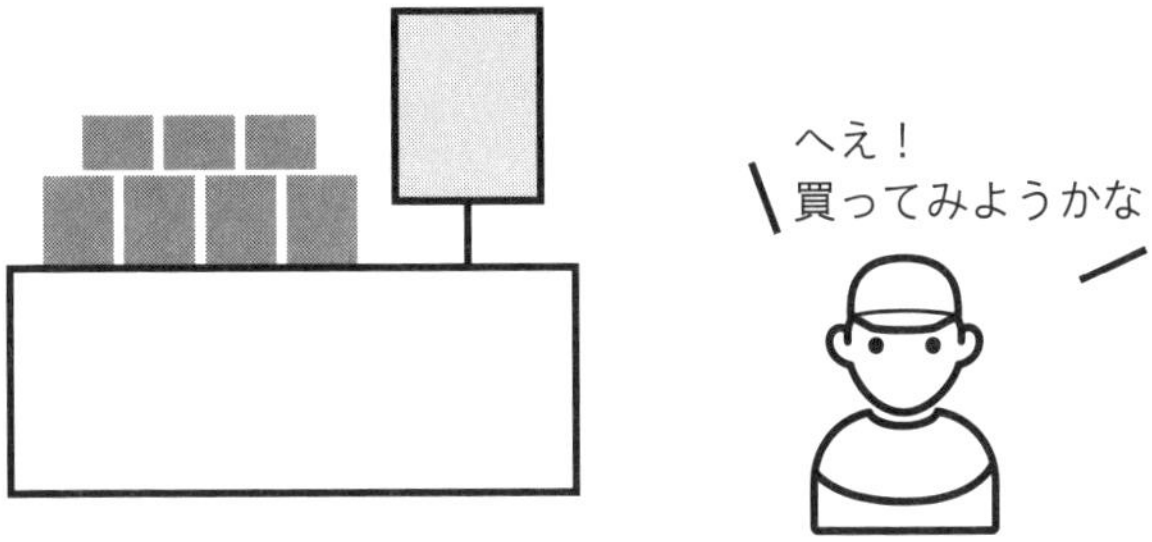
へえ！
買ってみようかな

●いいこと探しのヒント

- 商品がしてくれることは何？
- 一番買ってくれそうなお客様は、
  どんな人？　どんな家族構成？
- 最高においしい食べ方は？
  上手な使い方は？
- その商品を五感で感じるとどんな感じ？
- 商品にまつわる思い出は？

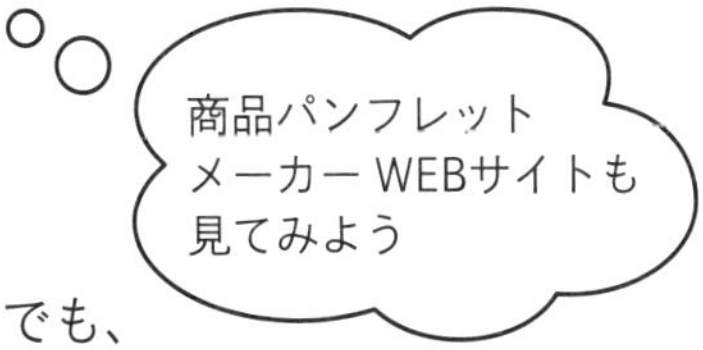
商品パンフレット
メーカー WEBサイトも
見てみよう

- 店側にとって当たり前のことでも、
  お客様は知らないことが多い
- 何も知らない人に説明するつもりで書く

04 13文字×3倍×3秒のルール

ショーカードで一番重要なことは、お客様の目を引くことです。「何が書いてあるの」と読み取ってもらうためには、一目で読めるキャッチコピーと、読みやすい文字のメリハリと、サッと読める文章量が決め手になります。

●キャッチコピーは13文字

人が眼球を動かさずに一度に読み取れる文字数は、横書きで13文字程度と言われています。

買い物途中のお客様は、歩きながらPOPを見ます。たぶん、それほど集中していませんから、POPが目に入るのは一瞬のことです。キャッチコピーは短いほうが、一瞬で目を引くし、読み取ってもらいやすいのです。

●ジャンプ率は3倍

見出しと本文の文字の大きさの比率を、「ジャンプ率」と言います。

ショーカードでは、まずひと目で読み取れる大きな文字のキャッチコピーで、お客様の目を引きます。その後に、小さな文字の説明文を読んでもらいます。

キャッチコピーの文字は、説明文の文字の3倍の大きさにすると、メリハリがついて読みやすくなります。

●3秒で読み取れる長さ

買い物途中のお客様は、意外とせっかちです。多くの商品とPOPから、あふれる情報を取捨選択して「買うか、買わないか」のジャッジに忙しいからです。

また、そのジャッジに要する時間は、商品の金額に比例すると言われています。100均で買うときと、家や車を買うときとでは、かける気持ちも時間も変わってきますよね。

このことから、ショーカードの説明文は3秒以内で読める量、100文字程度までが適量と言えます。

これらの条件は、商品や状況によって変わることもありますが、ひとつの目安にしてください。

- ひと目で読み取れる文字数は **13文字**
- 文字の大小が区別できるジャンプ率は **3倍**
- 説明文は **3秒** で読み切れる長さに

キャッチコピー（POPの見出し）によく使う言葉

1：一番、ナンバーワン、数字
「一番人気」「○○ランキング1位」「元祖」「初入荷」「○○初！」「新発売」「たった5分で」

2：有名な人、場所、もの
「タレント○○さんお取り寄せ」「○○産」「○○新聞に載りました」「グルメ番組○○で紹介」

3：限定
「期間限定」「今だけ」「数量限定」「○個限り」「在庫限り」「会員限定」「当店オリジナル」

4：オノマトペ、擬音、擬態語
「さらさら」「ピカピカ」「ふわふわ」「ジュルジュル」「するするっと」「とろ〜りと」

5：気持ち、感情、呼びかけ
「注目！」「職人がこだわり抜いて」「どうしても伝えたくて」「おすすめ！」「○○だよ」「食べてみてね」「知ってますか？」「うれしい」「簡単」「人気の○○」

6：特に強く気を引く言葉 ※使いすぎないこと
「運命の○○」「魔法の○○」「奇跡の○○」「人生を変える」「○○だけで」

05 余白とZの法則

ショーカードのように、文字を紙面に並べる場合には、読みやすい構成があります。この構成の仕方は、人の目の動きに沿ったものですから、ＰＯＰだけでなく、チラシやパンフレット、名刺などでも共通に利用できます。

●余白

紙面の余白と、陳列のすきまは共通の働きをします。紙面の情報を分類し、各情報は文字のひと固まりに配置します。固まりの間の余白が、内容を分けて見せる役割をします。情報を、余白＝すきまで読みやすく整列させるのです。

また、紙面周囲の余白を多めに残すと、目が紙面に集中しやすくなります。これは、向こう側の景色と区切って見せる、ディスプレイの背板と同じ働きをしています。

●Zの法則

人は、横書きの紙面を見たとき、Z字を描くように目が流れると言われています。

最初に左上に目が留まり、左から右へと読み進めます。そこで紙面上部の1行目は、見出しに適していて、お客様の「入口」になります。

見出しを読んだ後、中央部分では、ざっと全体の様子を把握しようとします。

そして、最下部も左から右へ読まれ、特に最後の右下部分が強く印象に残ります。そこで、紙面の右下部分は、読み終わった後の行動を具体的に示す場所です。ショーカードでも、「お試しください」とか「スタッフにお声がけください」などの呼びかけで終わると、そのような効果が得られます。

同様に、チラシの場合の右下部分は、店舗への来店を促すには地図を、電話予約を促すには電話番号を配置します。右下はお客様の「出口」になるようにします。

ショーカードは、お客様が読みやすくなるように、余白とZの法則を使った構成にします。実は、紙面であっても、陳列やディスプレイと共通の考え方なのです。

●POPの構成と余白

- 余白で情報を分けて見せる
- 余白がないと情報の区別がしにくい

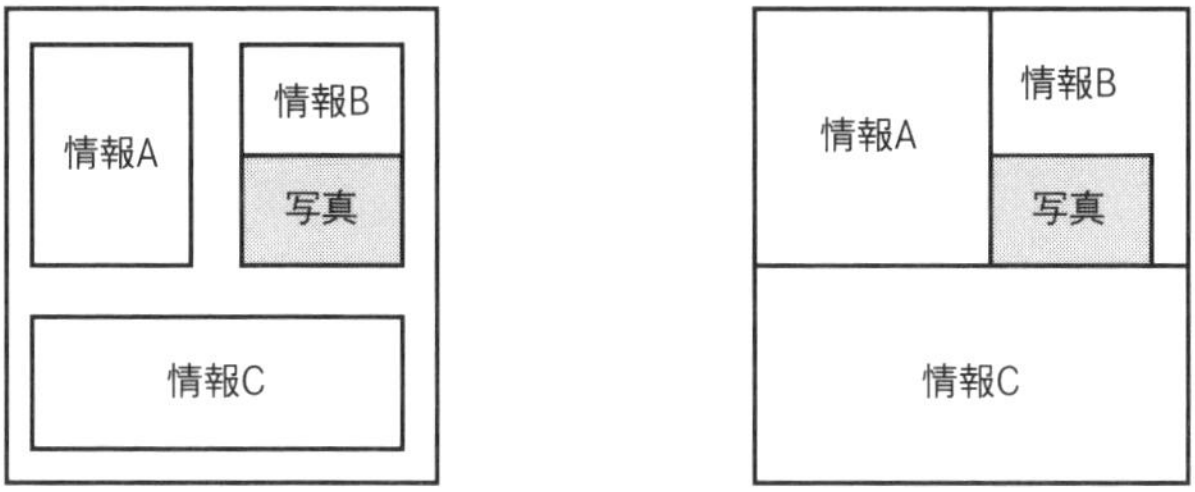

●余白で印象が変わる

- 上品な印象
- さびしく見える場合も

- インパクトがある
- 読みにくい場合も

●Zの法則

横書き紙面では、Z型に目が流れる

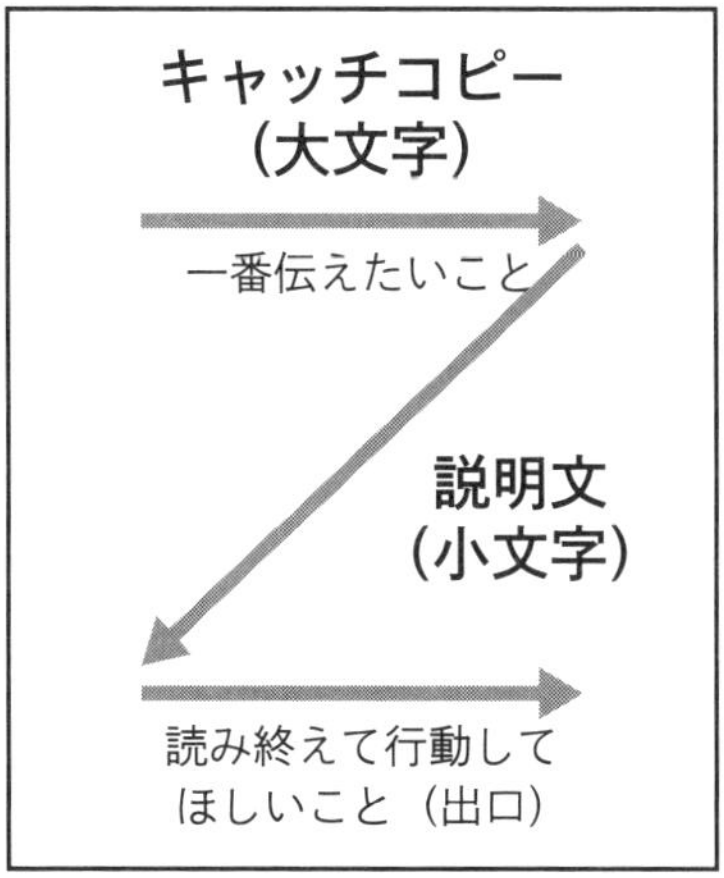

06 フォントは語る

ショーカードも、ＰＣで制作するケースが多くありま
す。フォントの種類や表記の仕方で、伝わり方が変わっ
てきます。

●フォント（＝書体データ）で伝わること

ＰＣで使えるフォントは無数にありますが、おおまか
に明朝体とゴシック体の系統に分かれます。

毛筆の流れをくむ明朝体は、文字の中で線の太さに違
いがあったり、ウロコ＊があったりします。全体に柔ら
かく上品な文字で、上質、丁寧な印象があります。

一方で、ゴシック体は、線の太さが一定でスッキリし
た文字構成です。全体に力強く、安定感があり、カジュ
アルな印象を受けます。

（＊ウロコ＝明朝体で、横線の右端にある三角形の飾り）

●手書き文字の良さ

暮らしの中では、手書き文字に出会うことが減ってき
ました。売場でも、商品パッケージを始めとして、ＰＣ
文字があふれています。だからこそ、手書きのショー
カードが目を引くとも言えます。

また、手書き文字には、温かみや親しみといった印象
があります。繰り返しますが、文字の上手下手と伝わり
方には関連はありません。ここぞ！　という場面でこ
そ、手書きのショーカードが力を発揮します。

●ひらがな、カタカナ、漢字の使い分け

同じことを書き表わすにも、ひらがな、カタカナ、漢
字を使い分けることで、印象を変えることができます。

漢字は、きっちり、まじめで固い印象です。漢字をひ
らがなで書き替えると、ふんわり、柔らか、優しいイ
メージになり、カタカナでは、元気で楽しいイメージに
なります。

ショーカードでも、フォントや表記を使い分けること
で、より商品を引き立てる伝え方ができます。お店での
統一フォントがないときの参考にしてください。

●フォントの印象

ゴシック体	明朝体
タテヨコの太さに差が少ない 飾りが無い＝サンセリフ	タテヨコに抑揚がある 飾り＝セリフ（ウロコ）が付いている
視認性に優れている 見出しやタイトル 図や短い文章向き	可読性に優れている 長文向き
子どもっぽい　親近感 存在感があり目立つ 元気　力強い　シャープ　男性的	大人っぽい　柔らかい 洗練　上品　知的 モダン　都会的　女性的

●表記の印象

漢字　　：きっちり・まじめ・かたい
ひらがな：ふんわり・柔らか・やさしい
カタカナ：元気・楽しい

07 POPの色づかい

ショーカードでは、どんな色づかいが適しているのでしょうか。

●文字の色は80：20

ショーカードの文字は、黒＋赤の2色づかいがおすすめです。ショーカードの文字を面積で見て、全体を100としたとき、黒が80で、残り20（重要部分）を赤にすると、スッキリとまとまり、読みやすくなります。

いろいろな色の文字を混ぜると、一見して華やかですが、読み取りにくくなります。一枚のPOPに、「あれこれ伝えたい」と複数の情報を盛り込むと、伝わらなくなるのと同じです。文字に多くの色を用いる場合でも、全体のまとまりを保つよう、黒80：色20の割合にしましょう。

●全体の色は70：25：5

ショーカード全体の色づかいは、ディスプレイをつくるときと共通で、全体を70：25：5の3色にまとめるとバランスよく見えます。

POP全体を面積の割合で見て、背景色＋黒文字が70、写真・イラストが25、赤文字（色文字）が5とします。

とくに、商品写真を強調して見せたい場合では、写真を大きくして面積割合を70と、全体の割合を入れ替えます。

●写真の上に文字を乗せるとき

ショーカードで写真を大きくして、文字を上書きする表現があります。この場合、迫力を感じさせて目を引く一方で、文字が判読しにくいケースがあり、注意が必要です。この場合は、文字の背景だけを単色にする（テキストボックスに着色）、文字に縁取りを付ける（袋文字）などで読みやすさがアップします。

他にも、写真の側でぼかしたり影をつけたり、加工する方法もあります。

ショーカードも、お客様が読みやすいバランスで制作しましょう。

●写真に文字を重ねるとき

・テキストボックスを単色にする

・袋文字を使う

・文字背景部分をぼかす

08 事例

雑貨店R店の話

雑貨店R店は、商品の入れ替わりが多い人気店です。手書きのPOPを向上させるため、次の2点を実行しました。

●手書きで統一感を出すPOP箱

R店のPOPは、スタッフそれぞれが陳列前に、思いつきで手書きしていました。そこで、色も形もバラバラで商品と混じり合い、店内が雑然となっていました。

POPの中でも、全商品に設置するプライスカードは形式を揃えると、お客様も見やすく、店内の統一感も生まれます。手書きでも揃えて見せる方法があります。

それが、POP箱の設置です。箱は、フタ付きの菓子箱の再利用で十分です。箱の中には、プライスカードを書くための黒と赤のペンと、POP用紙を入れます。用紙は、同じ紙を同じ大きさに切りそろえておきます。さらに、フタの内側に、プライスカードの見本を貼っておきます。

これで、誰がいつ書いても、同じ紙に同じペンで、見本と同じ型のプライスカードができます。R店の棚も、揃いのプライスカードで整いました。

●お店のパターンがあれば時短になる

ショーカードを書くとなると、どうしても考え込んで時間がかかってしまいます。でも、POPを書くだけに作業時間を割くわけにもいきません。

ショーカードでの、キャッチコピーやイラストの配置を決めて、いくつかパターン化するだけも時短になります。POP箱のフタに配置の見本を貼ってもよいですね。

さらに、事例集をつくると、スタッフ全員の書き方向上に役立ちます。使用ずみになったPOPで、お客様の反応がよかったものをファイリングしていきます。これらが後々、みんなのお手本になります。

手書きPOPも、ひと工夫で統一感を出すことができます。また、POPもお店の財産です。効果の高かったものは保存して、次の参考にしていきましょう。

●レジ近くに設置する「POP箱」の例

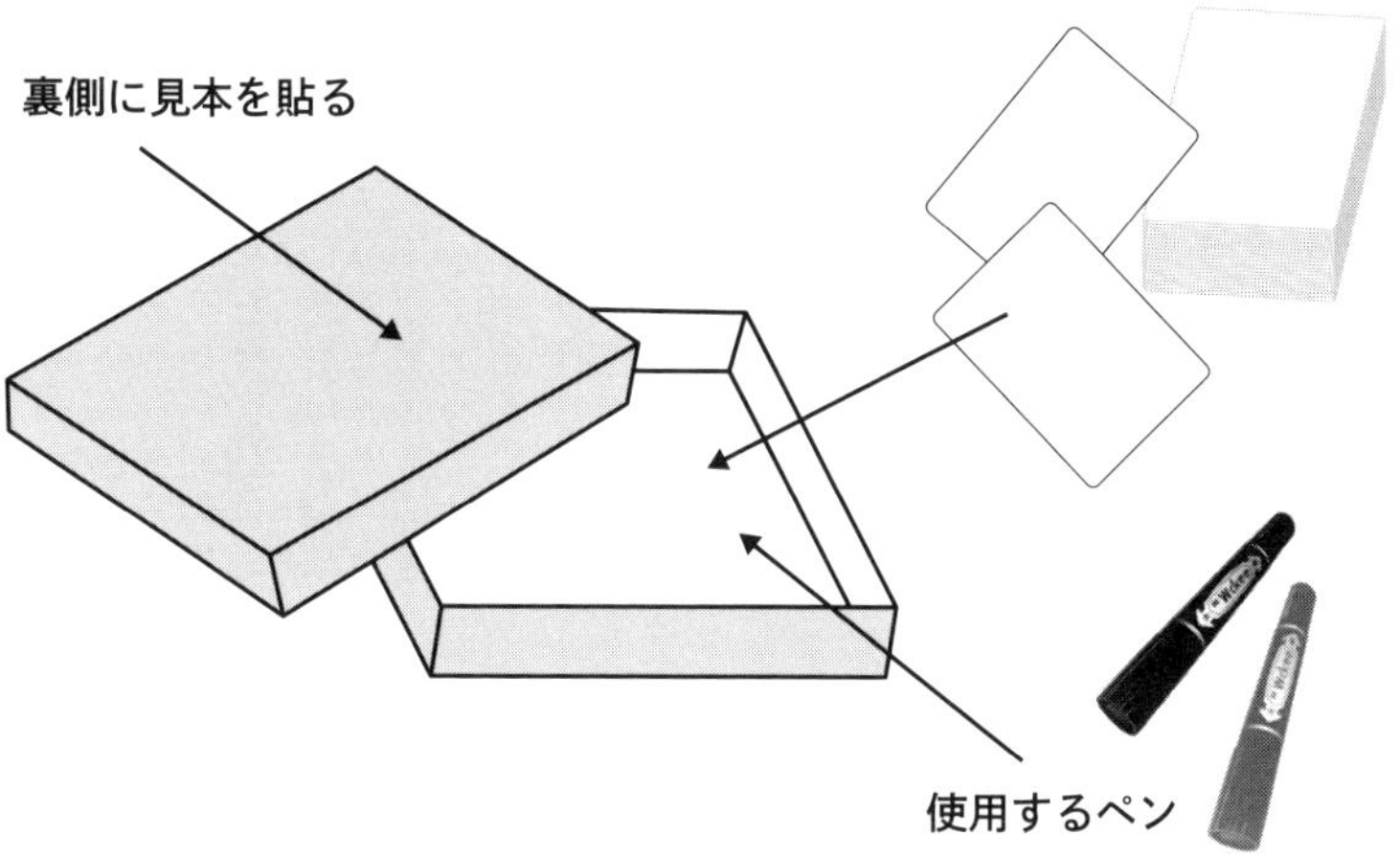

●POPマニュアル事例

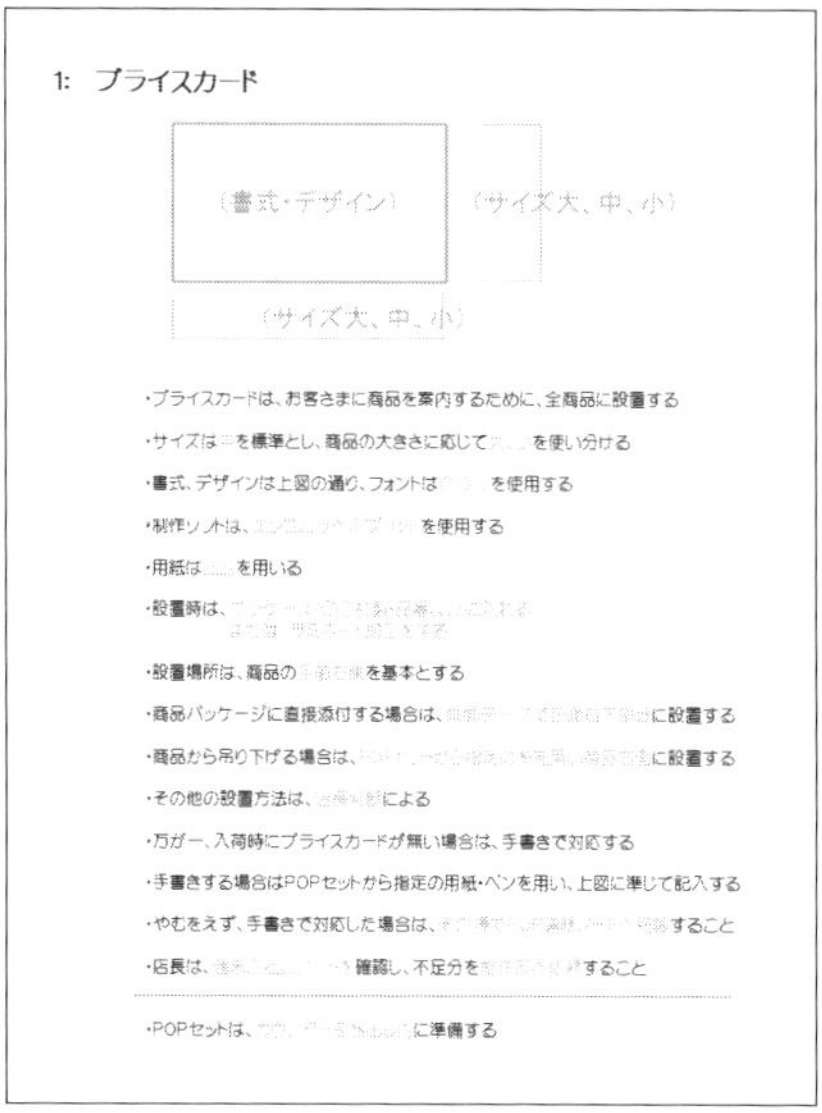

1: プライスカード

（書式・デザイン）
（サイズ大、中、小）
（サイズ大、中、小）

・プライスカードは、お客さまに商品を案内するために、全商品に設置する
・サイズは を標準とし、商品の大きさに応じて を使い分ける
・書式、デザインは上図の通り、フォントは を使用する
・制作ソフトは、 を使用する
・用紙は を用いる
・設置時は、
・設置場所は、商品の を基本とする
・商品パッケージに直接添付する場合は、 に設置する
・商品から吊り下げる場合は、 に設置する
・その他の設置方法は、 による
・万が一、入荷時にプライスカードが無い場合は、手書きで対応する
・手書きする場合はPOPセットから指定の用紙・ペンを用い、上図に準じて記入する
・やむをえず、手書きで対応した場合は、 すること
・店長は、 確認し、不足分を すること

・POPセットは、 に準備する

• POPのパターンを書き出して共有する

09

見やすいPOPの掲示位置

ＰＯＰにはそれぞれ、お客様にとって見やすい位置があります。

●お知らせＰＯＰの掲示位置

店内のサービスやお知らせのＰＯＰは、できるだけ多くのお客様の目に入る位置に掲示します。たとえば、買い物を始める前の、お客様に知らせるべき割引特典や配送サービスなどは入口で。レジ付近では、次回キャンペーンや休業日など、次の来店に向けたお知らせを掲示します。

●プライスカードの掲示位置

全商品に統一した形式でつけるプライスカードは、掲示位置も統一します。商品に対してどの位置に置くか、どの位置に吊り下げるか、をルール化します。店内で統一すると、お客様も比較検討しやすくなります。

また、置き方もお客様の見え方に配慮します。高さ90㎝以上の棚であれば立てて置きます。高さ70㎝のテーブルや棚の低い位置では、寝かせて置くほうが見やすくなります。実際に置いて見やすさを確認しましょう。

●ショーカードの掲示位置

商品案内をするショーカードは、該当商品（売りたい、見てほしい商品）の陳列された脇（主に高さ90㎝〜150㎝のゴールデンゾーン）に立てて設置します。

その際、いつでも主役は商品で、ＰＯＰは脇役です。せっかく、力を入れて書き上げたＰＯＰかもしれませんが、商品を隠さないように注意しましょう。また、ＰＯＰとＰＯＰが重なり合わないようにします。

ショーカードが多過ぎると、「たくさんあるのね」と、スルーされやすくなります。ショーカード同士の間隔は、１ｍ以上は空けましょう。

どのＰＯＰも、設置後は周囲を歩いてみて、お客様の目に入りやすいように向きを調整します。

● プライスカードの置き方

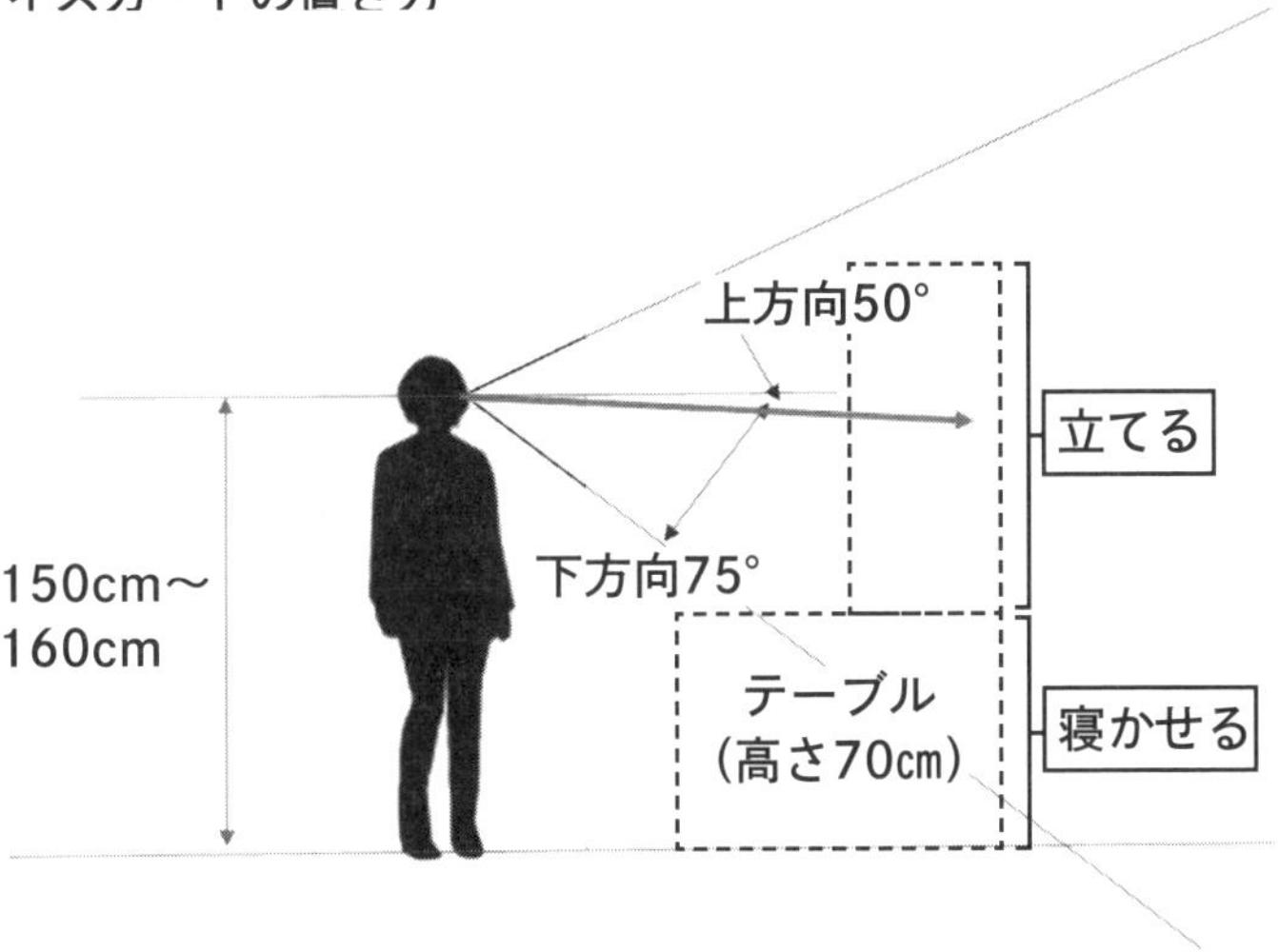

● 読みやすい
ショーカードの掲示位置

● 最下段のプライスカードは角度に注意！

10 POPの管理

一度設置したPOPには、賞味期限があります。

とくに、内容に日にちが入ったお知らせPOPは、期限後すみやかに撤去します。

また、掲示されたPOPが、折れたり破れたりしたら、それは賞味期限切れです。ラミネートしたPOPでも日焼けして、時間とともに劣化していきます。日々、注意して整えてください。

以前うかがったお店、1軒だけでなく、いくつかのお店であった話です。

ひとつの商品に対して、似たようなショーカードが2枚付いていたことがあります。その理由を聞くと、いずれもが、「他のスタッフが制作したものなので、はずしにくい」とのことでした。

スタッフさん同士、お互いを気づかい合ってのことなのですが、そのせいで、お客様に同じ説明を二度するのは変ですよね。新しくショーカードを作ったら、同じ内容の古いものは撤去して、入れ替えるべきです。

これは、案外とあちこちで起きていることかもしれません。でも簡単に、スッキリとできる解決方法があります。

それは、みんなで話し合って店内のショーカードの賞味期限を決めることです。ショーカードを制作して設置するとき、裏に日付を記入します。すると、次に用意されたとき確認して、期限が過ぎていれば、お互いの気兼ねなく交換できます。

また、よくできたPOPを見本としてファイルに保存する仕組みがあれば、使用ずみでも捨てるわけではないので、交換しやすくなります。

POPはスタッフの一員です。スタッフが、売場に出る前に身だしなみを整えるのと同じように、毎日チェックしてあげてください。

●POPは「スタッフの分身」

- 商品が主役、POPは脇役
- 掲示したら、まず、位置、向きを確認、お客様が読みやすいように配慮する
- 身だしなみと同じ。毎日、点検する

11 POPの精度の高め方

「POPの上達は千本ノック」と言われています。数をこなすうちに、コツを会得していけるということです。POPの精度を高めるには、3つの方法があります。

●言葉選び、言葉を磨く

一度作った文章でも、言葉を入れ替えると印象が変わることがあります。

たとえば、同じ「におい」でも、「匂い」と「臭い」の2つの漢字があります。ひらがなか漢字かの表記の違いもあります。同じ意味で「香り、薫り、かおり」と言い換えもできます。

またネガティブに感じる言葉は、前向きな表現に変えるようにします。

お店と商品にふさわしい言葉を探しましょう。

●「自分ならこうする」を繰り返す

いろいろな売場でPOPを見ることも上達の早道です。その際、POPの目的は何か・言葉や色の使い方・全体の構成などに注目します。そして「自分ならこうする」と、頭の中で添削してみましょう。

●「へえ！　そうか！」を集める

ディスプレイと同じように、日々、プロの作品（メーカーの販促品、新聞、雑誌、ポスター、中吊り広告など）を見て、「へえ！　そうか！」と感じ取る回数を増やしましょう。この蓄積がセンスの向上に役立ちます。

POPづくりと、店づくりには多くの共通点があります。POPの余白は、陳列やディスプレイのすきま（空間）と同じだし、色づかいや全体の構成は「お客様が見やすいかどうか」で一致しています。

陳列やディスプレイに比較すれば、POPは書き換えも容易です。掲示して終わりにせず、売場でお客様の反応を見ては、ジャストフィットへ近づけましょう。

●言葉選びの事例

よい香り
いい匂い

◆向上のコツ

●いろいろな売場のPOPをよく見る

- 目的＝キャッチコピーはどれ？
- 言葉の選び方
- 写真、イラスト、
  吹き出しの位置や大きさ
- 色の使い方
- 全体の構成

●プロの仕事をよく見る

- メーカーの販促品
  (ポスター、パンフレット、
  カタログなど)
- 本の表紙・雑誌の記事
- 電車の中吊り・街の看板

へえ～！そうか！
自分ならこうする

9章　お店を記憶してもらう見せ方

01

お客様は見ている!

あなたも、他所のお店に買い物に行って、棚のホコリとかガラスの曇りなどに気づいたことがあるでしょう。ちょっとしたことが、店に対する好感度を下げてしまいます。

お店には、「掃除しているはずなのに、できていない場所」があります。それは、ある意味仕方のないことです。

実は、人の脳はサボりたがり屋なので、見慣れたところは省略してしまいます。いつも長時間過ごしている店内では、自然と見ていない場所が増えていきます。掃除をするときも、慣れた場所ではいつの間にか動きが省略されていますから、したつもりでも、できていない場所が増えていきます。それが、お客様の目には見えてしまうのです。

自然と省略されていくことを食い止めるには、仕組み化が必要です。

●モノの置き場所を決めて、使ったら元に戻す

これは、仕事の効率を高める整頓の基本です。しかし、店ではお客様に見せてよい物と、見えないように置くべき物があります。事務用品や掃除道具も、どこに置くかを決めておきましょう。

●どこをどのように掃除するのかを決める

いつもの掃除で、脳の省略化を防ぐためには、チェックリストが有効です。また誰が掃除しても、同じようにきれいになるように、手順を決めて道具を揃えます。

●掃除は全員で、決まった時間に行なう

汚れに気がついた人が掃除をするのではなく、朝礼の後10分間など、決まった時間に全員で手分けして行ない、終了後は全員でチェックします。気づいたことは、その場で共有して改善につなげます。

販売職が知っておきたい脳の性質

1：脳は自分勝手　脳はとことん自分勝手です。見たいものしか見ないし、聞きたいものしか聞かない。

何かに夢中になったとき、周囲の雑音が聞こえなくなる経験ってありますよね。

お店でも、お客様は、興味がある商品やPOPはしっかりと見てくれますが、他のものはスルーされやすいです。「いかに目を引くか」日々の工夫が重要です。


2：人間の想像力　ひとつのことをきっかけにして、次から次へと連想できるのが人間の想像力です。

「風が吹けば桶屋が儲かる」という言葉もありますね。

ディスプレイの色や装飾小物は、見る人の脳を刺激して想像力を発揮させます。脳の刺激は誰にとっても心地よいものです。売場に取り入れてお客様を楽しませましょう。

3：アンカリング　脳は、最初に見聞きしたことを基準にして考えます。価格で、先に安い値段を知ると後から聞く値段が高く感じられます。伝える順番は「定価は○円、今なら△円」のほうが、お得に聞こえます。品質や性能などでも、有利な順番で説明しましょう。

02

3つの掃除ポイント

新しい建物はきれいで、古い建物はきれいではないものでしょうか。いいえ！　古いものは、そのままでは朽ちていきますが、磨き続けていれば、いつまでも魅力的に輝きます。古い建物でも、お客様にとって居心地のよい店になります。

掃除をする際、とくに気を付ける点が3つあります。

●直線・直角

人の目は、無意識に直線直角を見分けます。まっすぐであることが心地よいのです。何となくずれて斜めになっていると、商品の価値も下がって見えます。

什器は、壁面や床のラインに揃えます。棚の掃除をする際も、商品を棚の前面に揃えて直線・直角に並べましょう（什器や商品を斜めにするのは、見えやすくなる・誘導効果があるなど、斜めにする意味があるときに限ります）。

●入隅

3つの直線が合わさってできるくぼんだ隅を入隅（いりすみ）と言います。床の壁際の隅や棚板の奥の隅など、お店の中に入隅はたくさんあります。

平面部分を一所懸命に拭いたとしても、入隅に汚れが溜まっていると清潔には見えません。気づいた順に磨いてください。古い什器も入隅の手入れで蘇ります。

●光るべきところ

店の中で光るもの、ガラスや鏡が光っていると、店全体が明るくなります。什器のステンレス部分も毎日の掃除では見落としがちですが、どんなに古いものでも、磨かれていれば清潔に見えます。光るべきところが光っていると、商品も全体の印象もアップします。

清潔の維持は、誰か一人の頑張りで解決できるものではありません。全員で気持ちを合わせ、チェック表などの仕組みをつくり、積み重ねていきましょう。

1：直線直角
2：入隅
3：光るところ

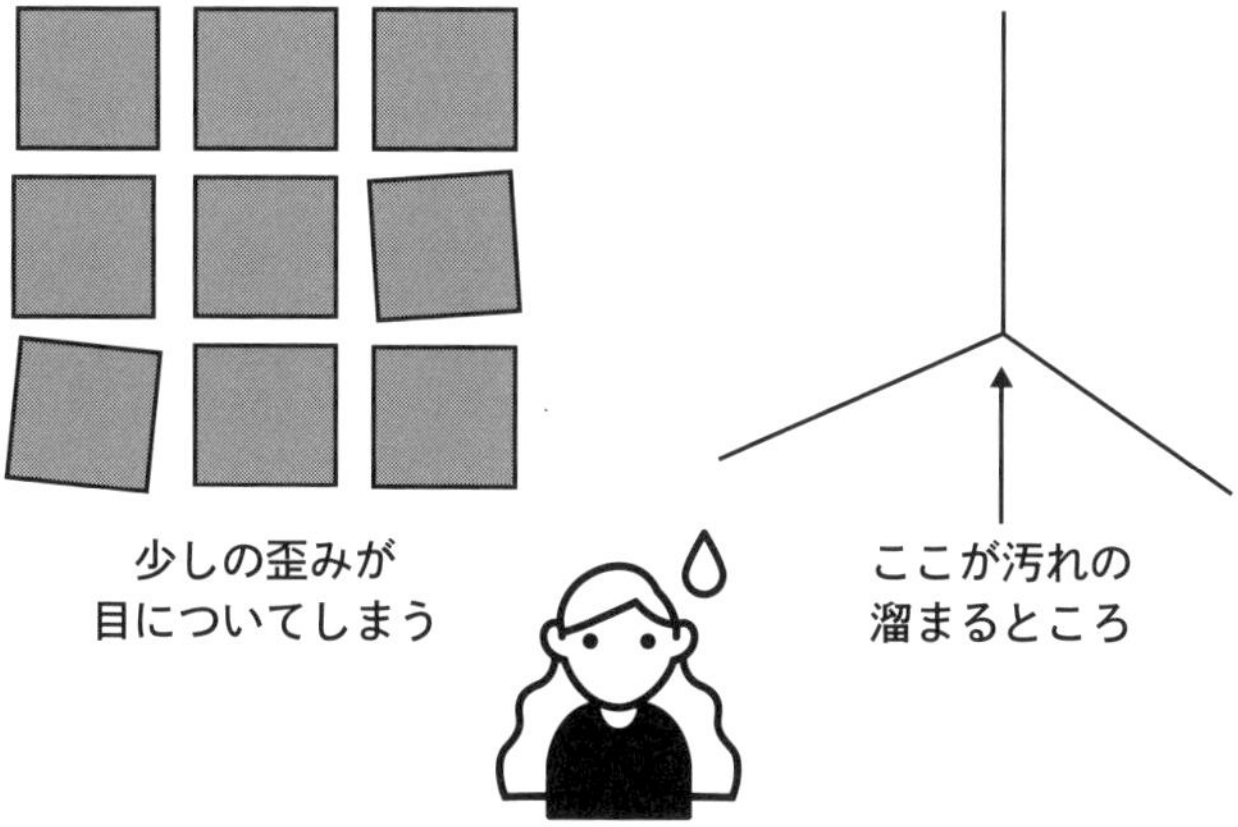
少しの歪みが
目についてしまう
ここが汚れの
溜まるところ

掃除道具こぼれ話

● 入隅の掃除

入隅はふつうの雑巾だけでは汚れが取れないことがあります。細かなところには、・綿棒　・爪楊枝　・歯ブラシ　などを用意すると掃除しやすいでしょう。水道の蛇口の根元部分は、タコ糸に洗剤を付けて巻き付けるとキレイになります。

● ナチュラル洗剤

掃除用洗剤は強力な反面、什器を傷めたり手荒れも心配です。環境のためにもお店で（家庭でも）ナチュラル洗剤を取り入れてはいかがでしょう。

・せっけん　＝軽い汚れ全般
・アルコール＝軽い油汚れ、ガラス・鏡の手あか汚れ、除菌、カビ除去
・クエン酸　＝トイレの消臭や掃除、水あか落とし
・重曹　＝陶器やステンレス磨き（注：アルミサッシには使わない）

この4種類でたいていの掃除ができます。他にも、やや強力な洗剤として、

・セスキ炭酸ソーダ＝強力な油汚れ
・過炭酸ナトリウム＝除菌・漂白、カビ除去、油汚れ

があります。

いずれも、説明書に沿って使用し、薬剤を混ぜないようにしてください。使用前に目立たない場所で、素材を傷めないかを試してください。また、使用後は水拭きで薬剤を落としてください（アルコール以外）

03 印象の決め手はレジまわり

人は、買い物で支払いをした後に、無意識の部分で「よい買い物をした」と納得する理由を探しているそうです。これも、脳の働きのせいです。脳は、買うと決めた瞬間には快楽物質を出しているのですが、お金を払うときは痛みを感じます。そのギャップを埋めるために、買い物を正当化しようとするのです。

また、人は最後の印象が記憶に残ると言われています。お店の最後の印象はレジまわりです。

さて、あなたのお店のお客様も、レジの前で「よい買い物をした」と、満足感を味わおうとしています。最後の印象を、記憶に刻もうとしているのです。

もしかしたら、レジカウンターにさっきまで使っていたボールペンや電卓、ハサミやセロハンテープの台が出しっぱなしになっていないでしょうか。お客様から見えないカウンター下に納めておきましょう。

背面の壁が収納棚になっている場合は、ファイルを揃えるなどして、なるべくスッキリと見せるようにしましょう。

お客様の思いを、余分な情報でさえぎらない環境にしておきましょう。

これまで訪問したなかで、気づいたことがあります。それは、仕事を効率的にこなす、デキるタイプの販売員さんほど、レジカウンター上に事務用品やファイルを並べてしまうという傾向です。自然に、自分が「テキパキ仕事をしやすい環境」に整えてしまうのですね。

レジまわりは多少仕事がしにくくても、「お客様に関係するものだけを見せる」ようにしましょう。

「終わりよければすべてよし」とも言います。商品のお渡しのときの笑顔の重要さは言うまでもありませんが、その前にレジまわりもしっかりと見られています。整頓して、お客様に好印象の記憶を残すようにしましょう。

●作業は重要だが、お客様の来店タイミングはわからない

- お客様の目にふれないよう、他の場所で作業できないか
- カウンター上は最少限のものだけになるよう、他に置き場所はないか
- 作業中からの1アクションでサッと片づけられるか

04 椅子ひとつで伝えられること

高齢社会と言われて久しくなりました。２０２３年には、日本の人口の半数が、50歳以上になるそうです。

今でも、お客様の大半が50歳以上、という店も少なくないのではないでしょうか。高齢のお客様はお店に来るだけでひと仕事です。それから、さらに商品を比べて選んでとなると、体力も気力も負担になる、という事態がすぐそこに来ています。

お客様用の椅子は、これからのお店に必須のツールになります。椅子ひとつで、「ようやく店に着いた」と思っているお客様に対して、「まずはゆっくりどうぞ」と迎え入れる、そうした心づかいを表わすことができます。それは、高齢のお客様に対してだけでなく、どのお客様にも伝わることでしょう。

たとえば、入口前にベンチがあれば、道行く人にとってても便利に使ってもらえることでしょう。椅子とテーブルのセットを置くときは、椅子を道路に向けて並べると、受け入れる印象になります（テーブルに向き合うように置くと、完結し内側に閉じた印象になります）。

店内でも椅子を置くと、お客様との接点になります。座っていただくと、お客様の心も開きやすくなります。店内を見る視点も変わり、目的以外の商品にも気づくきっかけになります。

お店側にとっても、お客様に落ち着いて話を聞いてもらえるし、カタログ類も見せやすくなり、自然と濃い接客の場になります。

「ユニバーサルデザイン」という言葉があります。これは、最初から、年齢や障害の有無、体格、性別、国籍などにかかわらず、できるだけ多くの人にわかりやすく、できるだけ多くの人が利用可能であるようにデザインすることを言います。

椅子ひとつ置くことで、お店もユニバーサルデザインの心づかいを表わすことができるのです。

1杯ごとに
挽きたてを
ドリップ。
SEVENCAFÉ
せっかくの
7-ELEVEN

ほっ！

05 地域特産品店S店の話

私が椅子の重要性に気づいたのは、友人の店がきっかけです。

その友人が一人で運営しているS店は、地域の特産品の加工品を委託販売しています。5坪ほどの小さな店で、中央に置かれた木製の椅子と丸テーブルが、外からもよく見えます。

お客様は来店すると、すぐに椅子を勧められ、座って商品の試食をしたり、説明を聞いたりします。お茶を出しながら、生産者の紹介や特産品開発の由来など、話が弾むことも珍しくありません。

実際に商品を手にしたり、試食しながら聞く話は、心に残り、誰かに伝えたくなります。実際S店では、お客様が友達を連れて再来店されることがよくあります。「いつも、誰かが椅子に座っていますね」とも言われるそうで、お店のにぎわい演出にもなっています。

一見、無駄に時間をかけた接客のようにも思えますが、S店では、商品に情報を加えて売っているのです。

向き合って双方向で情報を伝えられるのは、実店舗ならではの「おもてなし」です。ネット販売で商品に同梱されてくるパンフレットは、実は、読む時間が取れずにタイミングを逃すことも多いですからね。

この、おもてなしの実現に不可欠な装置が椅子です。一般に、接客で難しいと言われるお客様へのお声がけも気楽になります。商品を売ろうと意気込む必要もなく、「どうぞ」と椅子を勧めるだけで、会話が始まります。お客様のほうも、売りつけられるトークではないので、安心します。さらに腰を下ろすと、自然に心が開き、話を聞く態勢になります。

「もう少しお客様と近づきたい」と思ったら、店内を見渡してみてください。お客様に勧める椅子をひとつ置くスペースはありませんか。

春日井さぼてん・ラボ＆ショップこだわり商店／愛知県春日井市
https://www.kasugai-saboten.jp/

06 お客様を育てる

店の売上げの8割は、2割のお客様がもたらしています。つまり、「いつも買っていて、また今日も買う」という常連のお客様が、お店を支えてくれているのです。

また、新規のお客様を獲得するコストは、

広告費÷獲得客数

で計算できますが、一般に既存客の維持コストの5倍かかると言われています。業種によっては、顧客一人当たりの利益と比較すると、意外と高くつきます。

あまり広告費をかけられない小さなお店では、新規客を追うよりも、既存のお客様を失わず、もうひとつ買ってもらう、常連のお客様に育てる施策が大切です。

お客様と売上げに関する指標の一つにLTVがあります。これは、Life Time Value（ライフ タイム バリュー）の略で、「顧客生涯価値」のことです。

LTVでは、一人のお客様が、お店と取引を始めてから終わりまでの期間（顧客ライフサイクル）内にどれだけの利益をもたらすかと考えます（左ページ参照）。

計算式からわかることは、購入単価・購買頻度・おつきあいの期間を増やす、一方で顧客維持コストを減らすと、長期的利益が上がるということです。

お客様が繰り返し買うパターンは、3つあります。

- 買った商品の消耗部品を繰り返し買う
- 同じ商品を繰り返し買う
- いろいろな商品を繰り返し買う

いずれの場合も、お客様は毎回違ったお店で買うこともできます。「ここで繰り返し買う」と、お店を認識し、覚えてもらう努力（顧客維持）が重要です。常連のお客様には、新しい商品やサービスをこまめにお声がけをして伝え、再来店を促します。少し間が空いた休眠客には、案内を送って思い出してもらいます。

顧客維持には、顧客管理、つまりお客様一人ひとりを把握し、適切な接触をし、育てていきましょう。

●ライフタイムバリュー（LTV）計算式

ある顧客のLTV ＝ 購買単価 × 購買頻度 × 契約継続期間

●ライフタイムバリュー（LTV）

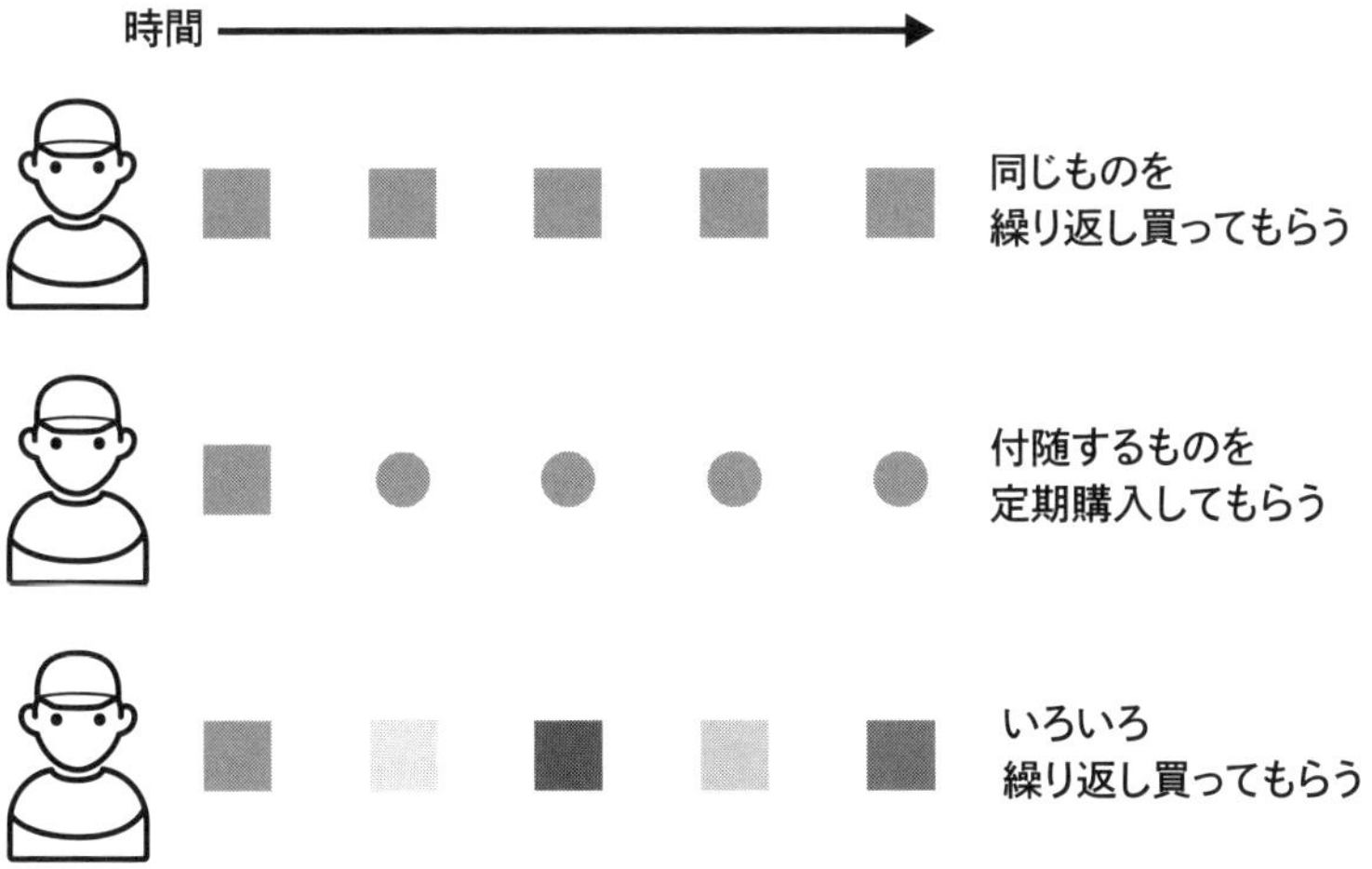
時間
同じものを
繰り返し買ってもらう
付随するものを
定期購入してもらう
いろいろ
繰り返し買ってもらう

07 キッチンショールームT店の話

LTVを見据えた顧客維持をしているお店、T店のお話です。プラットホーム戦略（左ページ参照）の好事例として、マーケティングの入門書でも取り上げられています（『「なぜか売れる」の公式』理央周著・日本経済新聞出版）。

T店のオーナーも私の友人の一人で、インテリアコーディネーターが本職です。当初は、キッチンリフォームのショールームとしてオープンしました。

しかし、地方都市での住宅リフォームですから、お店の稼働日はそれほど多くはありません。空いた日を活かす発想から、飲食業の許可をとり、カフェとレンタルキッチンを始めました。でも、ただのカフェではありません。

カフェに、人気店のシェフ、料理教室の先生などをワンデイシェフとして招くと、そのファンや教室の生徒さんもランチを食べに来ます。そうしたお客様とSNSで接点を作り、イベントごとに案内を送っています。逆に、お店のお客様がシェフの店や料理教室に行くこともあり、相互送客の関係にもなっています。

一見して、本業とは関わりのない飲食業ですが、数年を経て、今では、ランチを通して知り合ったお客様がリフォームを依頼するケースも増えています。

予約制で貸し出すキッチンも、パーティや撮影に利用され、利用者のSNSでの拡散によって、認知度があがっています。

お店を、「物やサービスを売る場」だけでなく、「人が集う場」ととらえ直すと、お客様とのつながり方も幅が広がります。

LTVを見据えて、どんなきっかけでお客様と出会うのか、どんな方法で何度も繰り返し買ってもらうのかという視点を変えてみましょう。

あなたのお店でも、「場」の見せ方は、ひとつだけではないはずです。

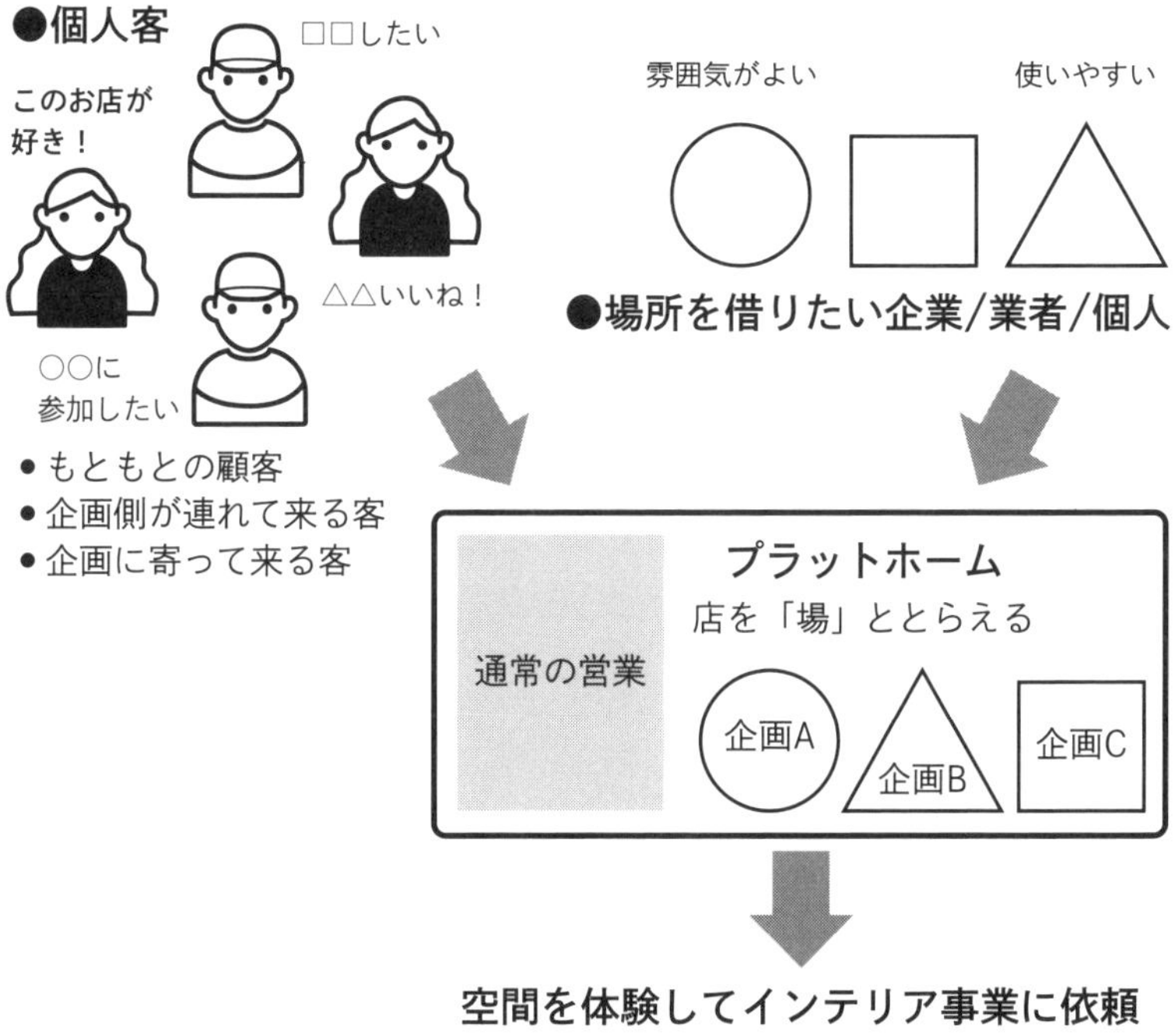

pirouette（カフェ＆レンタルスペースピルエット）
スペースプランニングPA★DU-DUE（パドゥドゥウ）／愛知県一宮市
https://www.pa-du-due.jp/pirouette/

08 伝えれば喜ばれる

たくさんのお店を訪問していると、お店の当たり前とお客様の認識に差がある場面によく出会います。

- 常連客が多く、サービス内容はみんなが知っている
- この場所で○年も営業しているから、みんな知っている

お店側はそう思っていても、実はお客様は知らないことがほとんどなのです。お店にとってはわが店一軒でも、お客様は日々、リアルでもＷＥＢでも、多くのお店とお付き合いしていますからね。

以前、食事に行った和食屋で、隣のテーブルから「この漬物おいしいね」「自家製の野菜で、おかみさんが漬けています」と、お客さんとスタッフの会話が聞こえました。私も思わず、漬物に手が伸びました。初めてのお店でしたが、畑から手を掛けているとは、その会話を聞かなければ、知らずにいました。

あなたの店にも、こだわりや歴史があるはずです。それは、お客様に伝えなければ知られることはありません。

ある文房具店は、配達先の会社に「実は、こんなことできます」と、取扱説明書を配布することにしました。文具以外にも、事務用家具や印刷などを取り扱っていることは、長年のおつきあい先にも知られておらず、「これはいいね」と喜ばれたそうです。便利なサービスも、お客様が知らなければ発注してもらえません。

また、あるエステサロンでは、フランチャイズ本部から上級の技術表彰を受賞したことを、お客様に知らせていませんでした。お客様も、「たしかなサービスを受けられる」と知ると喜ぶはずなのに、お店側は当たり前のこととして、特に宣伝もしないのはもったいないことです。

あなたのお店でも、お客様に知らせていないことはありませんか。店頭の品揃えだけが商品ではありません。お店にまつわる話で、お客様に親近感を持ってもらい、喜んでもらうことができます。

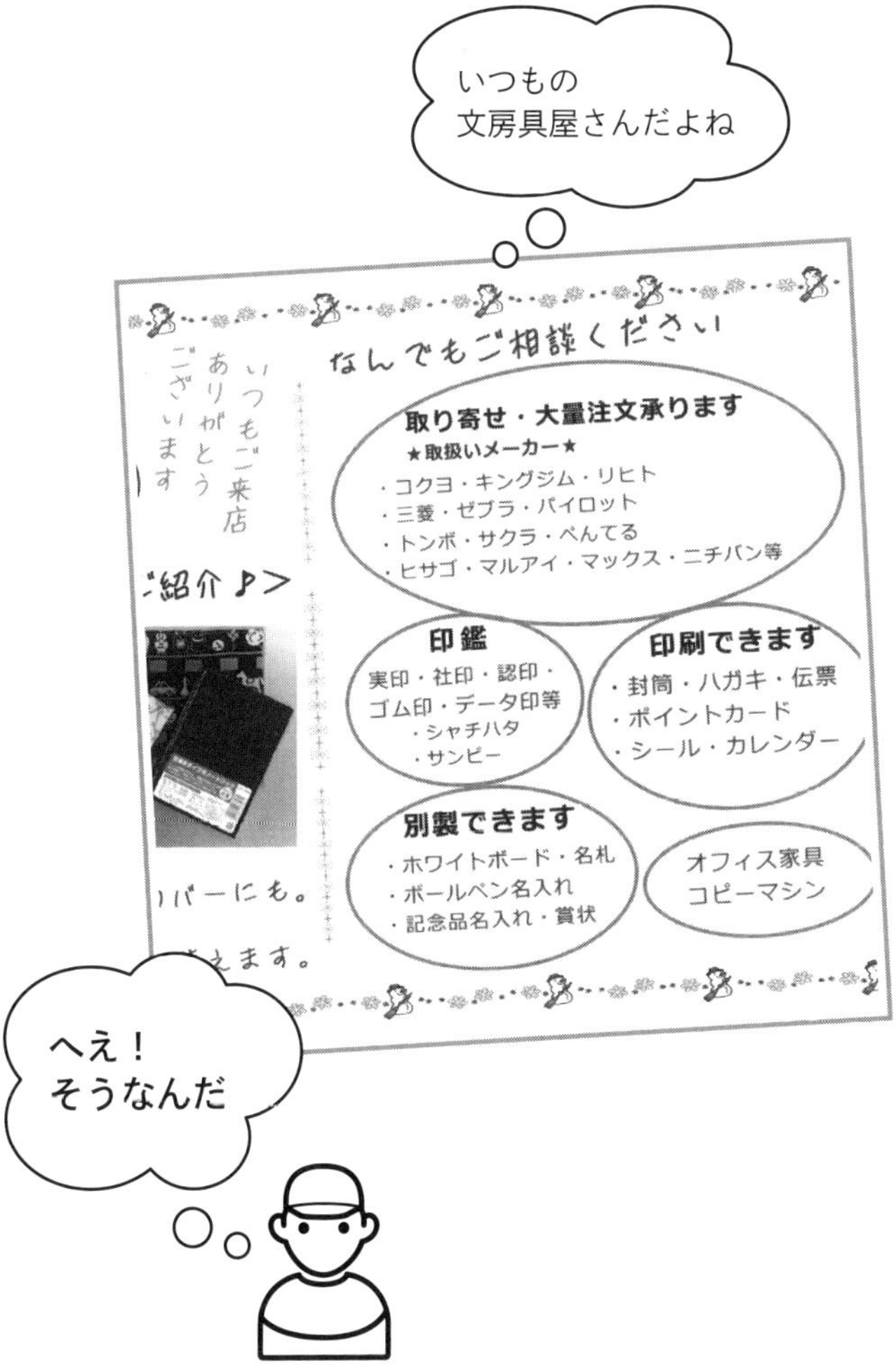
いつもの
文房具屋さんだよね
なんでもご相談ください
いつもご来店
ありがとう
ございます
取り寄せ・大量注文承ります
★取扱いメーカー★
・コクヨ・キングジム・リヒト
・三菱・ゼブラ・パイロット
・トンボ・サクラ・ぺんてる
・ヒサゴ・マルアイ・マックス・ニチバン等
印鑑
実印・社印・認印・
ゴム印・データ印等
・シャチハタ
・サンビー
印刷できます
・封筒・ハガキ・伝票
・ポイントカード
・シール・カレンダー
別製できます
・ホワイトボード・名札
・ボールペン名入れ
・記念品名入れ・賞状
オフィス家具
コピーマシン
へえ！
そうなんだ

事例09 喫茶店U店の話

以前、街づくり事業の一環で、古くからの商店街にある喫茶店におうかがいしたときのお話です。

そのお店は50年近く営業していて、今は娘さんが三代目として跡を継いだばかりでした。

ヒアリングでは、おばあちゃんが開業し、お母さん、娘さんと代々受け継がれたおいしいサンドイッチが自慢とのことでした。でも、その話を知るお客様は、ごく一部の常連さんだけで、レトロな街並に惹かれて来店する、観光のお客様には伝わっていませんでした。

これも、「お店にとっては当たり前なことなのに、知ればお客様が喜ぶ情報」です。

そこで、メニュー表の最後のページに店主の顔写真とお客様への手紙を載せることにしました。

メニュー表は、意外と注文してから後にも読まれるものです。これは、お客様には無意識のうちに「よい買い物をした」と納得したくなる心理があるからです。飲食店でも、自分が注文した以外の品をもう一度確認したくなるものです。

よほど格式を重んじる店以外は、メニュー表は下げずに、お客様の手元に置いたままのほうが再度読まれる率が高いのです。

U店では、おばあちゃん伝来の自慢の味の話を、お客様への手紙に書きました。これを読んだお客様から、「サンドイッチを食べてみたい」との追加注文にもつながりました。また、手紙に添えた開店当時の店の写真は、常連さんも喜んでくれました。

歴史ある店の場合は、昔の写真がお客様との絆づくりに役立ちます。当時を知るお客様は、喜んで話題にしてくれます。新規のお客様にとっては、信頼の根拠になります。U店のようにメニュー表に入れたり、レジの近くに掲げたりしてみてはいかがですか。

●お客様に特別な印象を感じてもらう工夫

・メニュー表の最終ページに
店主の顔写真や思いを手紙形式で記述したり、
店のこだわりや歴史を紹介したりする

へえ～そうなんだ～
頑張ってるんだね
応援するよ！

・レジの後ろに創業時の写真を掲げる

わあ！　なつかしいね
これからも
ずっと、よろしくね！

10 お客様は忘れやすい

以前、研究熱心なパン店の社長から、「お客様は忘れる」という話を教えていただきました。

お客様は「パンがほしい」となったときに、頭の中の記憶を検索してお店を選択します。ところが、世の中には商品も情報もあふれ、パンを買える店は無数にあります。常に、自店が検索に含まれるように、お客様の記憶の上書きをしなければならない、ということです。

その社長は、同じタウン誌の同じ場所に同じフォーマットで、今月の新商品を紹介するキャンペーン広告を掲載し続けています。そのお店ならではの、記憶の上書き方法です。

私の経験でも、「夕ご飯に出かけよう」と、わざわざ車を出して遠くのお店まで出かけた帰り道に家の近くで、「ああ、ここのお店もあったよね」となることがあります。私が最初に思い出せなかった、忘れられたお店です。

記憶の上書きとは、思い出す作業を繰り返すことです。思い出すたびに、記憶は確実になります。

たとえば、帰宅して買った商品を取り出すときにニューズレターが入っていたら、そこで1回、家族がそれを見て会話になったら1回、捨てるときにもう1回思い出すことになります。ポイントカードがお財布に入っていれば、見るたびに思い出すかもしれません。

顧客管理ができていれば、お客様に対して、DMが届いた、ブログ更新のお知らせがあった、Facebook のフィードに記事が上がって来たなど、思い出すきっかけを送ることもできます。

もし、買ったモノが飛び切りのお気に入りで、それを見るたびに、買ったときの様子やスタッフとの会話まで思い出すという流れならば、もう忘れられることはないでしょう。

あなたの店なら、一度ご来店いただいたお客様の記憶を上書きするために何をしますか？

●いざ！というときに思い出してもらうには
情報を繰り返し伝える

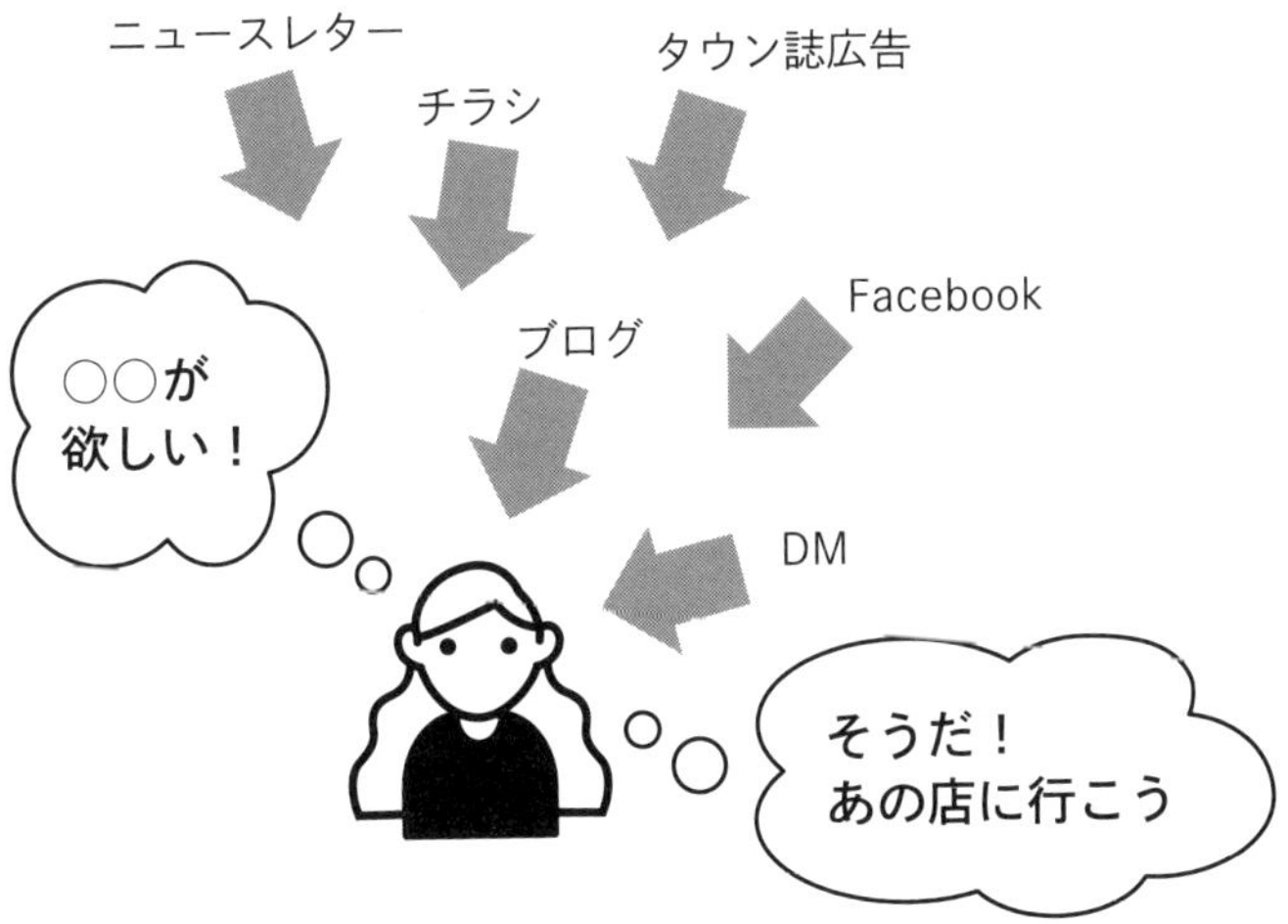

人は回数が多いことを記憶し、思い出しやすい

事例11 美容院V店の話

お客様の心を引き付けて記憶に残る話には「文脈」と「知識」があります。

「文脈」は、ストーリーとも言います。たとえば、老舗としての歴史、開店までのいきさつ、お客様との出会い、店主やスタッフの想いなど、お店の背景になる話です。先の喫茶店U店がメニュー表に載せた手紙も、この文脈にあたります。お客様が文脈を知ると、共感や親しみが生まれ、好感を持ちます。

「知識」は、たとえば商品の成り立ち、素材の性質、加工の方法、生産者の姿などの情報のことです。トリビアとも言われます。POPで、商品情報をお知らせすると売れるというのは、よく経験されることと思います。

お客様に知ってもらいたいお店のことを、「文脈」と「知識」に分けて、一度紙に書き出してみてください。

美容室V店では、この書き出した内容をもとに、毎月ニューズレターを発行しています。表面に「文脈」からひとつの話と営業カレンダー、裏面に「知識」をひとつと簡単料理レシピという構成です。ひとつずつ、お店の情報を伝えることで、お客様にお店のことを知ってもらい、親しみを持ってもらうことができます。

毎月発行することで、お客様に忘れられないように接点を持つことにもなります。

制作するとき記事の枠は固定して、文章だけを毎回入れ替えています。ぱっと見て、いつも同じ体裁で「V店さんの手紙だ」と覚えてもらいやすくしています。

このニューズレターは、お客様に郵送したり店頭で手渡したりしています。発行して6年が過ぎ、今では楽しみに待っているお客様も多くなりました。

お客様の記憶に残る店になるために、薄い紙を何枚も重ねていくような接触を続けていきましょう。

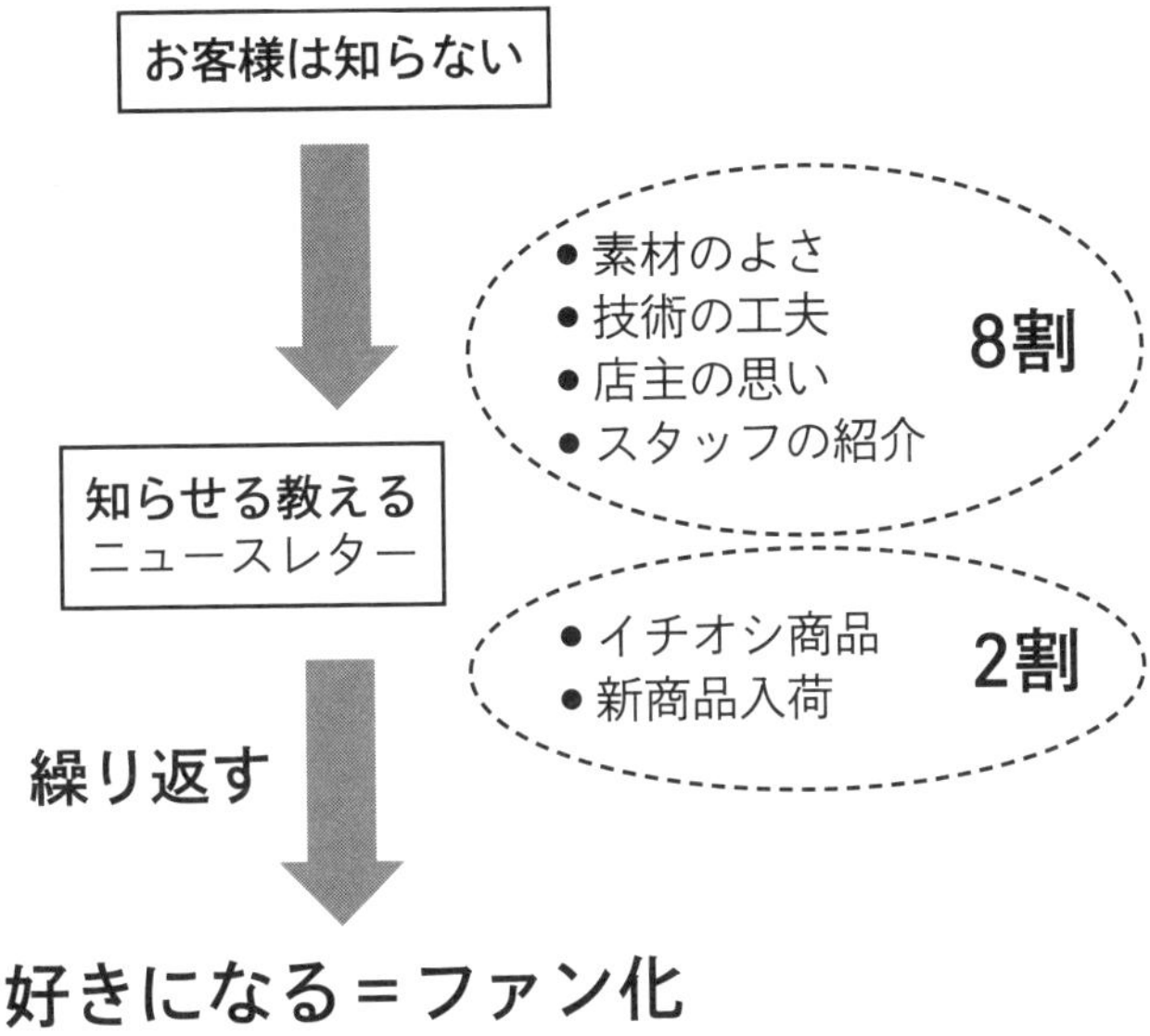

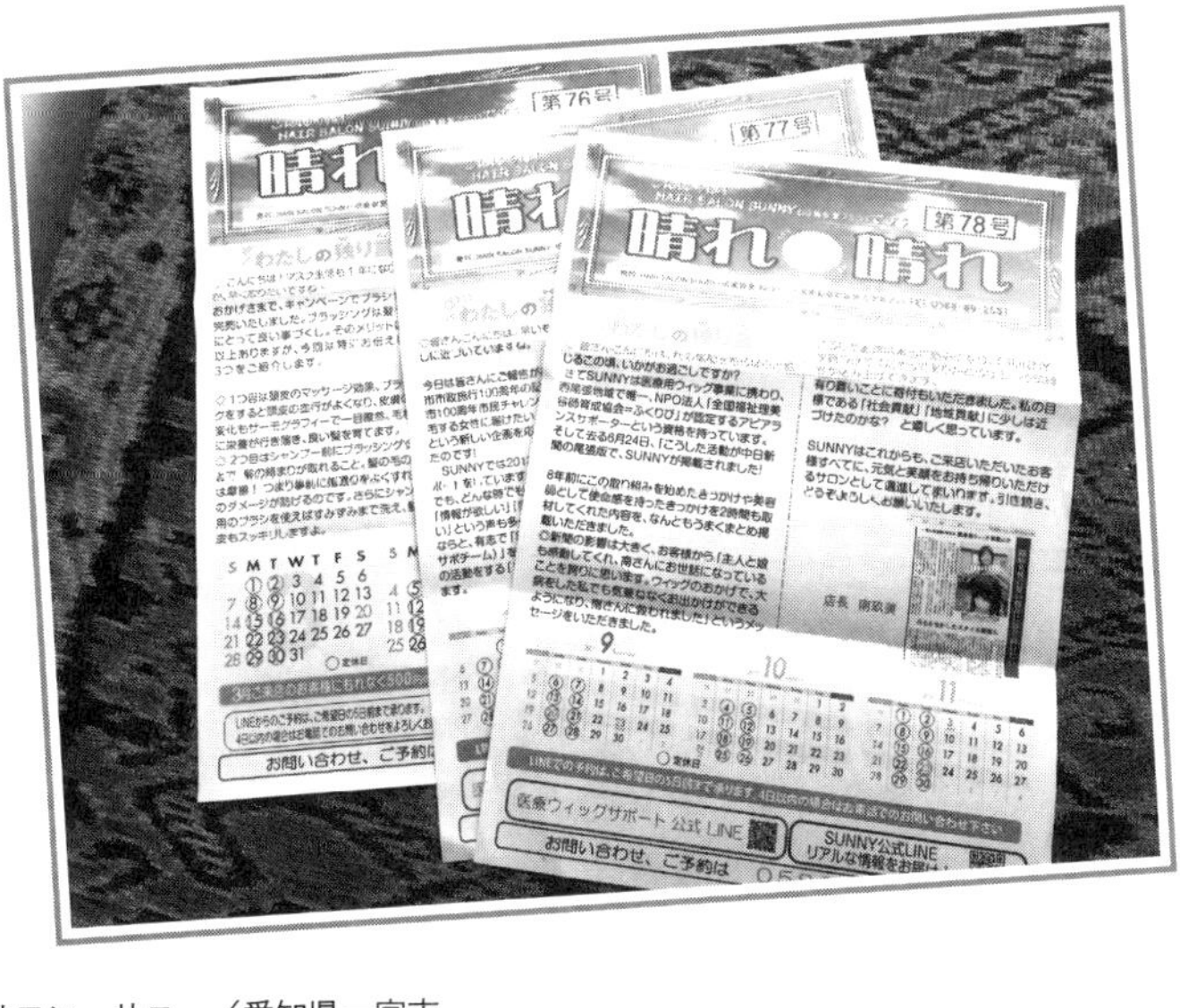

ヘアサロン・サニー／愛知県一宮市
https://sunny-sunny.info/

おわりに

この本を手にしていただき、最後までお読みいただきありがとうございます。

あなたのお店にあてはまる話はありましたでしょうか？　それぞれお店、その時期、その商品ごとで、折に触れて、本書からあてはまる部分を見つけて、ご活用いただければうれしいです。


店づくりでは「これで絶対売れる」「こうしたら繁盛する」という正解はありません。


でも、経験値を上げて正解に近づいていくことはできます。

まず、気づいたらすぐにやってみましょう。経験は数が勝負です。

もし、うまくいかなくても元に戻すだけです。また別の工夫をすれば、前よりは正解の方向に近づきます。

店づくりには「確実なゴール」もないけれど、だからこそ、工夫と改善は無限に繰り返すことができます。そのなかで、「あなたのお店らしさ」も磨かれていくし、この積み重ねのトレーニングで、ミセヂカラ®がどんどん鍛えられていきます。

オフィスアールエスは、これからもリアル店舗を応援し続けます。そのなかで得た、新しい気づきを、常にアップデートし続けるので、こちらからご覧ください。

ホームページ　：https://office-rs.net/
アメーバブログ：https://ameblo.jp/office-rs
YouTubeチャンネル：https://www.youtube.com/channel/UCua1xG50ROfesVuJXg4CKbA
ＬＩＮＥ公式アカウント：https://lin.ee/zhnkaC0

謝辞

初めての著書を送り出すにあたり、お世話になったみなさまに御礼申し上げます。

私の最初の一歩、ＶＭＤの基礎を教えてくださった深沢泰秀先生に感謝申し上げます。売場塾®で学んだことが、この本の骨組みになっています。

また、ここまでの間に関わってくださった店舗のみなさんから、多くの学びを得て、この本の血肉になりました。ありがとうございます。

そして、この本を形作る助言をくださった、同文舘出版株式会社ビジネス書編集部の古市達彦編集長、ならびに名古屋出版会議の参加者のみなさんにも、深く御礼申し上げます。

お世話になった皆さま
この本を手に取ってくださった皆さまの、ご健康とご多幸を祈りながら

オフィスアールエス　佐藤玲子

ＱＲコード

ホームページ

アメーバブログ

ＹｏｕＴｕｂｅチャンネル

ＬＩＮＥ公式アカウント

著者略歴

佐藤　玲子（さとう　れいこ）

オフィスアールエス代表。店舗の見せ方アドバイザー
国立岐阜工業高等専門学校建築学科卒。建築設計事務所勤務の後、専業主婦のときに、趣味の手芸品を販売する中で、VMD（ビジュアルマーチャンダイジング）を知り、売場塾®へ入塾。建築設計とVMDの親和性を強く感じ、2010年11月、オフィスアールエスを開業。
VMDのフレームワークをもとに、脳の働きや身体の動き、購買心理、色の仕組みなどを多角的にとらえた独自の見せ方「ミセヂカラ® 理論」で、さまざまな業種の店舗、催事売場・展示会ブースを提案。各地の商工会・商工会議所の経営支援の専門家としても、相談や提案を行なう。
再現性を重視した社員研修・商工会セミナーは、「わかりやすい、すぐに実行できる」と好評。
・二級建築士
・VMDインストラクター

入りやすい　選びやすい　買いやすい
売場づくりの法則

2021年12月2日　初版発行
2023年1月20日　2刷発行

著　者 —— 佐藤玲子

発行者 —— 中島豊彦

発行所 —— 同文舘出版株式会社

東京都千代田区神田神保町1-41　〒101-0051
電話　営業03（3294）1801　編集03（3294）1802
振替 00100-8-42935
http://www.dobunkan.co.jp/

ISBN978-4-495-54094-4
印刷／製本：萩原印刷
Printed in Japan 2021